治 安 学 文 库

地铁安全理论与实务

万向阳 著

武汉大学出版社

图书在版编目(CIP)数据

地铁安全理论与实务/万向阳著. —武汉:武汉大学出版社,2023.10
治安学文库
ISBN 978-7-307-24008-7

Ⅰ.地… Ⅱ.万… Ⅲ.地下铁道运输—旅客运输—交通运输安全
Ⅳ.U293.6

中国国家版本馆 CIP 数据核字(2023)第 181689 号

责任编辑:田红恩　　责任校对:鄢春梅　　版式设计:韩闻锦

出版发行:武汉大学出版社　(430072　武昌　珞珈山)
（电子邮箱:cbs22@whu.edu.cn　网址:www.wdp.com.cn）
印刷:武汉邮科印务有限公司
开本:720×1000　1/16　印张:16.5　字数:249 千字　插页:1
版次:2023 年 10 月第 1 版　　2023 年 10 月第 1 次印刷
ISBN 978-7-307-24008-7　　定价:88.00 元

版权所有,不得翻印;凡购我社的图书,如有质量问题,请与当地图书销售部门联系调换。

序

"交通是现代城市的血脉。血脉畅通，城市才能健康发展。"①地铁既是城市立体交通系统的关键组成部分，又是现代大都市解决公共交通问题的首选方案，给居民提供了安全、快捷、便利、舒适的通行选择。然而，地铁封闭式地下空间、隧道式运行线路、高架式闭合轨道、开放式特色站点和人性化安全管理，产生的治安漏洞和事故隐患也越来越多，加重了地铁产生事故灾难、恐怖袭击和公共安全等突发事件的风险，主要表现出以下几个方面的问题：

第一，安全立法问题，亟需转变国家法律尚待制定、地方法规还需完善、部门规章效力欠缺等窘境；

第二，风险管控问题，亟需对风险源进行有效识别、系统评测、科学管控；

第三，安全疏散问题，亟需化解因人流超负荷、进出口通道狭窄、候车区缺乏容留地、换乘驳接不匹配等阻滞因素带来的疏散隐患；

第四，应急救援问题，亟需化解集合逃亡心理危机、打通逆向救援通道、规范避险程序；

第五，反恐防暴问题，亟需评估恐袭风险、修补安防漏洞、完善反恐预案和进行常态化演习演练；

第六，安全检查问题，亟需攻克安检成本高、效率低，风险链增长等难点；

第七，治安管理问题，亟需探讨乘车中的失德行为、违法行为、犯罪行为

---

① 2023年5月10日，习近平总书记在河北省雄安新区考察时的重要讲话。

的防范打击对策，积极实施主动警务、预防警务、数字警务。

为此，本书围绕"地铁安全"的主题，系统研究疏散、救援、反恐、治安等风险问题，梳理了各种危险源，以上述七个方面的问题为主干，尝试求解风险方程式，力求提出的对策更具有针对性和实践性。同时，本研究过程中开发出计算机软件《城市轨道交通安检集成系统 V1.0》，已取得了国家版权局软件注册权；发明的地铁视频监控显示屏安装架和连接件，均获得国家知识产权局实用新型专利证书。以上研究和成果，希冀对地铁安全实务工作的从业者有所提示，对共同安全的研究者有所参考。

笔者在研究过程中，得到了湖北省公安厅治安总队、反恐总队，武汉市公安局轨道交通管理分局、武汉地铁集团有限公司、湖北警官学院治安管理系等单位的大力帮助，同时借鉴和引用了许多专家、学者的相关研究成果，在此一并表示真诚的谢意！需要说明的是，本书内容不涉及公安机关业务秘密，书中参考、引用的行政法规、规范性文件等，均引自政府、公安机关和企业官方网站及公开出版物，所有案例和数据均可在互联网上公开查询，并已注明了出处。

本书出版过程中得到了湖北省高校人文社科重点研究基地社会治安治理研究中心的倾力帮助，得到了一定额度的经费资助，在此深表谢意！

由于笔者学术水平和研究能力所限，研究视角局限、研究资料不足，本书难免存在一些疏漏或错误，恳请各位专家、学者和读者不吝赐教，在此先表谢意！

目　录

第1章　绪论 ·· 1
 一、地铁类型释义 ·· 1
 二、地铁发展历史 ·· 6
 三、地铁安全理论 ·· 22
 四、本书研究内容 ·· 29

第2章　地铁安全管理立法 ·· 31
 一、地铁安全立法需求 ·· 31
 二、地铁安全立法基础 ·· 37
 三、安全管理立法内容 ·· 43
 四、地铁安全立法建议 ·· 54

第3章　地铁运营风险管控 ·· 59
 一、地铁运营风险因素 ·· 59
 二、地铁运营的危险源 ·· 68
 三、地铁危险评测工具 ·· 87
 四、地铁危险源的管控 ·· 90

第4章　地铁安全疏散策略 ·· 95
 一、地铁轨道疏散线路 ·· 95

二、地铁站厅疏散线路 103
　　三、人群行走疏散线路 118
　　四、人群疏散路径优化 120

第5章　地铁应急救援行动 128
　　一、应急救援理论研究 128
　　二、应急救援难点分析 130
　　三、应急救援心理干预 137
　　四、逆向救援积极措施 139

第6章　地铁反恐防暴斗争 144
　　一、地铁反恐防暴难点 144
　　二、地铁反恐风险评估 149
　　三、地铁反恐防暴重点 156
　　四、地铁反恐防暴对策 159

第7章　地铁安全检查工作 164
　　一、地铁安全检查争议 164
　　二、地铁安全检查范围 167
　　三、地铁安全检查方法 173
　　四、地铁安全检查改进 183

第8章　地铁防狼反扰攻略 186
　　一、地铁色狼法律释义 186
　　二、地铁防狼国际经验 189
　　三、地铁色狼现状特征 192

四、地铁防狼反扰对策 ································· 200

第9章 地铁全线治安管理 ································· 207
一、地铁失德行为处理 ································· 207
二、地铁违法行为管理 ································· 211
三、地铁犯罪行为处置 ································· 215
四、地铁警务行动重点 ································· 217

第10章 共同缔造平安地铁 ································· 221
一、共同缔造理念溯源 ································· 221
二、共同缔造五共机制 ································· 222
三、共同缔造社会动员 ································· 228
四、共同缔造制度安排 ································· 230

附：城市轨道交通运营管理规定 ································· 237

参考文献 ································· 249

跋 ································· 256

第1章 绪　　论

"城市轨道交通是现代大城市交通的发展方向。发展轨道交通是解决大城市病的有效途径，也是建设绿色城市、智能城市的有效途径。"①地铁作为现代化大城市解决公共交通的特殊形式，具有客运载量大、全天候服务、快速且准时、绿色又环保等特点，能够有效缓解交通拥堵、分担城市公共交通压力、充分保障市民安全出行、提高城市生活品质；它既是城市综合交通体系的重要组成部分，又是城市社会发展的经济新增长点，备受国内各大城市管理者的青睐。但由于地铁的隧道式运行线路、高架式闭合轨道、封闭式地下空间、开放式站台以及人性化安全管理等实情，当面临地震、垮塌、水淹、火灾等灾难情形，或者遭受爆炸、毒气、纵火、枪击、砍杀等恐怖袭击，或者遇到停电、碰撞、故障、停运等事故，或者发生打斗、争执、霸座、强行拦车、跳轨自杀等紧急事件，极易发生群死群伤的重大险情和突发事件。

一、地铁类型释义

地铁与城市公共交通的发展密不可分，按照城市路权的使用性质，现代城市公共交通可以分为共用路权的道路交通和专用路权的城市轨道交通。其中，公共道路交通是在城市"道路"②上服务公众的公共交通系统，主要包括公共汽

---

① 2019年9月25日，习近平在乘坐轨道列车前往北京大兴国际机场时的讲话。
② 按照《中华人民共和国道路交通安全法》第119条："道路"是指公路、城市道路和虽在单位管辖范围但允许社会机动车通行的地方，包括广场、公共停车场等用于公众通行的场所。

车、快速公交系统、出租车、无轨电车，等等；城市轨道交通则是"以电能为动力，采取轮轨运转方式的快速大运量公共交通的总称"，① 通常有地铁、轻轨、空轨、磁浮、有轨电车，等等，因其类型五花八门而时常被弄混，有必要对轨道交通及地铁进行释义。

（一）国铁集团运营线路不属城市轨交

顾名思义，城市轨道交通是由"城市（属地政府的国资公司）"投资并运营的；而"高铁、城铁、普铁"都是由国铁集团②负责投资、修建、运营、维护的，其中：

"高铁"是城市之间主要的交通方式，它设计标准等级高、可供列车安全高速行驶，《中国国家铁路局高速铁路设计规范》将其定义为"新建设计时速为250km/h（含）至350km/h（含），运行动车组列车的标准轨距的客运专线铁路"；③

"城铁"是"城际铁路"的简称，它专门服务于相邻城市间或城市群，旅客列车设计速度200km/h及以下的快速、便捷、高密度客运专线铁路；

"普铁"是"普通速度铁路"的简称，是在高铁时代才有的概念，指设计速度低、只能让火车以普通速度行驶的铁路，它是世界铁路系统的主体，中国普速铁路标准不大于160km/h速度级别的非客运专线以及不大于140km/h速度级别的客运专线。

另外，"市域铁路"是连接都市圈中心城市城区和周边城镇组团，为通勤客流提供快速度、大运量、公交化运输服务的轨道交通系统，又称为"市域快线"如2019年建成的温州轨道交通S1线。随着京津冀、粤港澳大湾区、长三

---

① 国家标准局：《城市公共交通常用名词术语（GB/T 5655—1985）》，1985年11月22日发布，1986年9月1日实施。

② 国铁集团，即中国国家铁路集团有限公司，是中央管理的国有独资公司，2019年6月18日在北京挂牌成立，其前身是中国铁路总公司。

③ 高铁，全称高速铁路，包括线路、机车、站台、信号、人员等整个高速铁路系统，国家发改委在《中长期铁路网规划》中，又将部分时速200km/h的轨道线路纳入中国高速铁路网范畴。

角、成渝、长江中游等地区1小时市域铁路通勤圈的建设,"市域铁路"出现混合投资和跨市运营等复杂情况,按照国务院办公厅2020年12月17日印发的《关于推动都市圈市域(郊)铁路加快发展的意见》,其责任主体是都市圈所在地城市政府,因此,"市域铁路"属于城市轨道交通系统。

(二)城市轨道交通具有多种轨交形式

随着火车和铁路技术的多元化发展,轨道交通除了传统双轨形态,又出现了索轨、齿轨、单轨、磁浮等特殊轨交类型。其中:

"索轨"(Cable Rail Transit)也称"空中轨道交通"或"空中客车",是在普通缆车索道的基础上,经改造和创新形成的悬索式新型城市轨道交通;

"齿轨"(Rack Railway)是在普通路轨中间轨枕上另外放置特别齿轨,在上坡时车轮跟齿轨啮合着行走,能增加摩擦力而把列车拉上高达48%的陡峭斜坡,多见于爬坡线路;

"单轨"(Mono Railway)①是车辆与特制轨道梁组合成一体运行的中运量轨道运输系统,其轨道梁不仅是车辆的承重结构,同时是车辆运行的导向轨道,主要有跨座式单轨和悬挂式单轨这两种方式;

"磁浮"(Maglev Railway)是依靠磁力将列车悬浮于导轨上,利用直线电机驱动列车前进的铁路系统,研究成果表明,磁浮列车从结构上抱住轨道梁而不会脱轨,没有传统铁路轮轨接触时的噪声和振动,运行速度可达600km/h以上,每座位千米的能耗仅为飞机的1/3~1/2,安全可靠性高。

另外,"胶轮路轨"(Rubber Tyred Metro)也是城市轨道系统的一种特殊形式,它采用了道路交通的轮胎技术,即列车的车轮不再是传统的钢轮,取而代之的是橡胶车轮,其行走的轨道亦有别于传统钢轮用路轨并不适合高客运量,法国巴黎地铁11号线就是全球首个胶轮路轨的城市轨道交通路线。

---

① 根据原建设部2007年发布的《城市交通分类标准》(CJJ/T 114—2007),单轨占地面积很少,与其他交通方式完全隔离,运行安全可靠,适用于单向高峰小时最大断面客流量1.0~3.0万人次的交通走廊。

表 1-1　　　　　　　　城市轨道交通的主要技术指标

指标		单位	地铁	轻轨	单轨	有轨电车
平均站间距离	市区	m	500~800	800~1000	700~1500	600~1200
	市郊	m	1000以上	1000以上	2000以上	1000以上
最高行车速度		km/h	90	80	80	60
运行速度		km/h	30~45	25~35	18~43	16~20
行车最小间隔		s	50~90	90	90	90
每辆车容量		人	150~310	190~336	80~180	110
列车编组		辆	4~10	2~6	2~6	1~3
单项运输能力		万人次/h	3~8	2~4	1~2	1~1.4

(三)地铁仅指地铁集团专营轨交线路

"地铁"(Metro、Subway、Underground、Tube),我国台湾地区又称之为"捷运"(Rapid Transit),其线路从早期单一的地下隧道发展成地下隧道、高架、地面相结合的线路系统,成为一个包括重型地铁、轻型地铁、微型地铁的"家族":①

"轻轨"(Light Rail Transit,LRT)是城市轨道交通线路制式的一种,它的机车重量和载客量要比一般列车小,具有运量大、速度快、污染小、能耗少、准点运行、安全性高等优点,与地下铁道、城市铁路及其他轨道交通形式共同构成城市快速轨道交通体系;

"空轨"(Sky Train)是悬挂式单轨交通系统,其轨道在列车上方,由钢铁或水泥立柱支撑在空中,适用于中小城市交通工具,在建造和运营方面具有很多突出的特点,改线或扩建容易;

"云轨"(Sky Rail)是比亚迪研发的跨座式单轨产品,属于比亚迪旗下轨道

---

① "重型地铁"是传统的普通地铁,它的运量大,以地下、隧道和高架线路为主;"轻型地铁"是一种在轻轨线路和车辆的设备、工艺基础上发展起来的地铁,运量中等;"微型地铁"又称"小断面地铁",它的隧道断面、车辆车轮直径和电动机尺寸、功率均小于普通地铁,运量小、造价低。

交通产业子品牌的特有名称，最高时速60km/h左右，采用2~8节车厢编组，有爬坡能力强、转弯半径小、综合建设技术要求和总体造价成本低、施工周期短等优点。

另外，"有轨电车"（Tram、Streetcar、Tramcar）是采用电力驱动并在轨道上行驶的轻型轨道交通工具，亦称"路面电车"，简称"电车"，列车一般不超过五节，在街道上行驶，占用道路空间。

本书研究的"地铁"专指地铁集团负责运营的城市轨道交通系统，包括上述地铁、轻轨、空轨以及与之相连的旅客捷运系统（Automated People Mover System，简称AMP），但不包括云轨和有轨电车，这通常与城市轨道交通运营主体的实际情况相契合。

武汉轨道交通2号线（地铁）

武汉轨道交通1号线（轻轨）

武汉光谷光子号无人驾驶空轨

武汉现代有轨电车

图1-1　地铁主要类型图示

二、地铁发展历史

地铁的历史比汽车长,当1863年英国伦地铁运行时,汽车还只是"3个轮子架1台锅炉的实验品",直到1886年1月29日德国人卡尔·本茨才向德国专利局申请了汽车发明专利。① 地铁作为一种常见的城市轨道交通工具,它便捷日常出行、速度快、不堵车,深受人们的喜爱,至此开始迅速发展起来。

(一)都会地铁的"出生"

第一条地铁诞生在英国伦敦。19世纪中叶英国在工业化浪潮的推动下,经济蓬勃发展、农村人口涌入城市,伦敦城区人口从1801年的100多万人迅速上升到1851年的260多万人,伦敦成为庞大帝国的中心。然而伦敦市政并没有为此做好准备,当数以万计的新房、新店、新楼和新厂为日益膨胀的劳动大军而建造起来时,伦敦城区几乎要"爆炸"了。伦敦交通委员会(London Transit Commission,LTC)记录过一组数据,1854—1855年间,每天大约有20万人进出伦敦,虽然大家只靠马车和双腿出入,但道路狭窄、拥堵事件经常发生。与此同时上千辆马车所带来的马粪也令人难以忍受,解决交通问题势在必行。然而,那时现代蒸汽机车才刚刚起步,建造地下铁路简直就是"穿越剧",把铁路搬到地下更是天方夜谭。1860年有"地铁之父"之称的英国律师皮尔逊(Pearson)向英国议会申请了整10年之后,终于在伦敦帕丁顿的法林顿街(Farringdon Street)和毕晓普路(Bishop Road)之间,世界上第一条地铁开工了;1863年1月10日该地铁全线通车,这就是世界上首条地下铁路——伦敦大都会铁路(Metropolitan and District Railway),全程只有6.5km,但都修建在地下,所以人们普遍称地铁为"The underground",运行第一年就载运了950万人次。

---

① 世界上第一辆汽车是由德国工程师卡尔·苯茨(Kart Benz)于1885年10月研制成功,并于1886年1月29日向德国专利局申请了汽车发明专利。因此,1886年1月29日被公认为是世界汽车的诞生日。

或许因为当时的地铁空间看上去就像根大管子，人们口语中更常用"管子"（The Tube）表示"地铁"。

地铁站标识

第一条地铁线

图 1-2　伦敦地铁

1897年美国第一条地铁线路——波士顿地铁通车，该地铁系统由马赛诸塞湾交通运输局运营，由 Boylston 站至 Park Street 站，位于波士顿公园东侧。或许是为了与英国的地铁作区分，美国使用"Subway"一词来称呼地铁①，地铁的标志位以英文字母"T"字为代表的，地铁月票也叫 TPass，公交卡则名为"Charlie Card"。街道上那大大的"T"字牌是地铁站标志，而小一些的 T 字牌则是公交车标志。其实在1870年2月间，美国纽约市民就已经乘坐过一条"名副其实"的地铁：从曼哈顿下城市政府附近的华伦街到隔壁的一条莫瑞街，全长312英尺（约95米），这可是 Alfred Ely Beach 先生②偷偷摸摸地工作了整整58个晚上的杰作，但毕竟太短了，走路都比坐地铁快。可能预示纽约今后将成为美国的地铁大都会吧，1904年10月27日时任纽约市长的乔治·麦克莱兰手握支配杆，开端了纽约地铁的处女行，用26分钟的时间跑完了全长9.1英里、途经28个车站的全市第一条地铁线路。时至今日，纽约地铁是世界上最庞大

---

① 在我国的地铁系统中，除北京地铁、长春地铁等官方英译为"Subway"，其他城市的地铁英译基本都采用"Metro"。

② Alfred Ely Beach 是名专利权律师，他发明了缆车铁道、风力管道、液压钻洞机，制造了第一架实用的英文打字机，是《纽约太阳日报》（New York Sun）的发行人、《科学美国人》（Scientific American）的编辑。任何讲纽约地铁故事的人都应该从他开始说起，一方面是向自费挖地铁的创建人致敬，另一方面是为了这条最稀奇古怪的地铁。

的地铁系统之一，拥有 472 座车站、商业营运路线长度为 394 公里、总铺轨长度达 1370 公里，约 40%的路轨形式为地面或高架，覆盖纽约的曼哈顿、布鲁克林、皇后区和布朗克斯，是世界上拥有最多车站的城市地铁系统，也是世界上唯一 24 小时全年无休的地铁系统，长期被"犯罪地铁"所诟病。

图 1-3　波士顿地铁站 T 字标

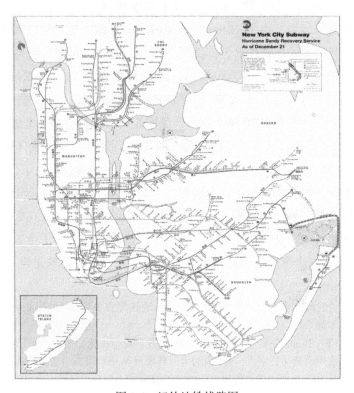

图 1-4　纽约地铁线路图

第1章 绪　　论

1900年7月19日，法国巴黎为召开"万国博览会"而启用了首条地铁线路——"大都会铁路"（法文Cheminde Fer Métropolitain），缩写是"Métro"，后来被英语吸收后演变为"Metro"，并逐渐被很多国家的地铁采用。巴黎地铁由巴黎大众运输公司（RATP）负责营运，该公司亦同时营运巴黎区域快线的一部分，以及巴黎路面电车中的1号线、2号线、3号线、3号线b线以及巴黎及其近郊的公交车路网。由于地质条件不均一，大部分地底路段深度很浅，建造地铁时较多采用明挖回填法，因而路轨随马路前行常显得弯弯曲曲，地铁线路亦有17公里位于地面或架空位置，包括市区内的高架路段和近郊的地面路段。巴黎地铁不以规模宏大称雄，也不以站台华丽取悦于人，车站占地面积不大，不讲求气派，但每个车站又各有特色，如巴士底车站的墙壁上贴满了关于攻占巴士底监狱的图片并摆放着一些历史文物；在罗丹博物馆附近的车站则竖立着巴尔扎克和罗丹的雕塑，仿佛一座艺术课堂；卢浮宫车站直接与卢浮宫入口的金字塔相连，工艺美术馆站被装饰成潜水艇的模样，新桥站贴满硬币造型使人联想到附近的巴黎造币厂，这些车站布置都很特别，一方面是缓解乘客在地下的压抑感，另一方面展现了城市的不同魅力。

潜艇装修风格

工业朋克风格

图1-5　法国巴黎地铁11号线工艺美术馆站

德国柏林于1902年通车，是继英国伦敦、匈牙利布达佩斯、英国格拉斯哥和法国巴黎之后第5个建成地铁的城市，共有10线173站，总长度达332

公里，其中90%轨道位于地下，每年客运量达超5亿人次。值得一提的是，柏林地铁没有验票机制，所有车站都没有票闸，乘客在车站及月台自由进出，但使用柏林地铁车票前，务必找到一个小小红色或黄色打票机器做打票启用车票的动作，这样才算有这张票的使用权，否则在车上遇到有工作人员抽查，未持有有效车票乘车将会被罚款。这种奇特的验票和查票制度来源于柏林地铁的票务制度，柏林-布兰登堡交通局（Berlin-Brandenburg Transit Authority，VBB）管理售票系统，制定了A/B/C三个票价区的通票券，票价是以区域划分，只要在区域内点到点都是一样的价位，不会因为距离长短而有影响，其中A区位于柏林市中心、S-Bahn环线内，B区涵盖柏林其余的地方，C区以行政区分为八个部份。此外，还出售短途票（不限收费区，打票后可以两小时内乘坐地铁）；单日票（打票后可于指定收费区内无限次乘搭地铁、市郊铁路、巴士、电车和渡轮，可使用至隔日凌晨三时）；周票；月票；旅游票等，另外，柏林地铁允许单独购买自行车和犬只携带票，小型犬可免费。

图1-6 《经济日报》2022年3月27日第12版

日本东京是亚洲第一个开通地铁的城市，1927年12月30日东京地铁第一条线路——银座线首段(浅草站至上野站,长 2.2 千米)正式开通运营,由东京地下铁道株式会社营运。众所周知,东京作为亚洲的一个经济中心,市区面积约为 621 平方公里,人口 829 万人,人口密度达到 1.33 万人/平方公里,远超北京的人口密度。为了缓解人口密集带来的巨大交通带来压力,轨道交通系统当仁不让地成为东京消除拥堵的利器。与各大国际都市相比,东京地铁系统非常给力,绝对称得上领先世界。据东京的统计,目前东京的交通出行总量中,地铁系统占 86%,远远高于纽约的 54%、巴黎的 37% 和伦敦的 35%。东京汽车出行只占交通总量的 11%,另外公交巴士、摩托车及其他(自行车、步行)分别占 1%。所以日本的地铁仅仅承担了交通运输的功能,同时也是日本文化宣传的最好载体。东京地铁有四个特色:一是储备防灾应急物资,由于日本是地震多发国,所以抗震物资的准备是非常有必要的,东京地铁全线储备了足够 10 万人使用的防灾必备物资,包括饮用水、毛毯、携式小便器、简易型大便座椅等;二是座位可折叠,在东京为了缓解不断增加的客流量带来的拥挤状况,日本政府和地铁公司都采取了很多措施,比较特别的招数是地铁车厢里座椅可以折叠,在上下班高峰时地铁里的工作人员会把车厢里的座椅折起来,以空出更多的空间来供乘客站立;三是设置女性专用车厢,在早晨上班和上学的高峰时段为方便妇女与小学生以下的儿童和让残障人士安心乘车,东京地铁在该时段设置了女性专用车厢,一般在车头或车尾,月台设有"女性专用车厢"的标志,表示该位置的车厢在高峰时段为妇女儿童的专用车厢,残障人士及其护理人员也可以乘坐;四是手机要静音,东京地铁要求乘车时请把手机切换为静音模式,并且不要通话,一个原因是影响休息的人,另外一个原因是有些人装有心脏起搏器,所以要求优先席附近关机或静音模式;五是挤车有推手,随着地铁日渐火热,乘坐地铁的人群也变得更多,时常有人挤不上地铁而困扰,为解决这一问题,东京地铁诞生了一种奇怪的职业——地铁推手,负责在背后推人上地铁,可别小看了这个特殊的职业,地铁推手的年收入高达 12 万~25 万元(人民币)。

女性专用车厢　　　　　　　　　　　地铁推手

图 1-7　日本东京地铁图览

　　1935 年 5 月 15 日俄罗斯莫斯科地铁线（1 号线）通车，总长度为 11.6 公里，从索科里尼基站到文化公园站，沿途设有 13 个车站，每个车站都由国内著名建筑师设计，各有其独特风格，建筑格局也各不相同，来自乌拉尔山、阿尔泰、中亚、高加索及乌克兰等 20 多种不同产地的的大理石、花岗岩、陶瓷和五彩玻璃镶嵌出各种浮雕，雕刻和壁画装饰，照明灯具十分别致，好像富丽堂皇的宫殿，是世界上最豪华的地铁站，享有"地下的艺术殿堂"之美称。各地铁站除根据民族特点建造外，还以名人、历史事迹、政治事件为主题而建造，其中最突出的就是以爱国主义为主题的地铁站，这些地铁站如革命广场站，雕塑的是以十月革命胜利和苏联红军反法西斯战争为主题；有观光客必访的共青团车站，里面金碧辉煌如同沙皇宫殿；还有些是以著名文学家为主题，配上各种人物的雕塑和历史题材的浮雕画面，在明亮的灯光照耀下，既展示了历史画卷，又显得富丽堂皇，使人们既获得艺术上的享受，又从中获得精神上的教益；另外，还有不少地铁站以俄国大文豪命名，如"普希金站""契诃夫站""屠格涅夫站""马雅可夫斯基站"等。莫斯科地铁建造时就考虑了战时的防护要求，可供 400 余万居民掩蔽之用，1941 年 10 月苏联国防委员会就曾下令关闭莫斯科地铁并在 3 小时内将地铁里的设备拆除。2021 年 10 月莫斯科 240 多个地铁站完成改造，增加了人脸识别支付系统，成为世界上应用规模最大的地铁面部识别系统。

第 1 章 绪　　论

图 1-8　莫斯科地铁站的豪华装饰

　　韩国首尔地铁又称韩国首都圈电铁，开通于 1974 年 8 月 15 日，至 2020 年底已开通运营线路 23 条，以地铁线路号为首位数自东向西或从北到南按次序进行三位数的站台编号，这样乘客可以从一晃而过的车厢窗户中迅速判断到了哪个

13

站头；地下铁路线有9条，分别用紫、绿、橙、浅蓝、紫红、土黄、豆绿、大红、淡黄等9种颜色区分，站内指示牌与相应线路的颜色是一致，走廊、墙壁、楼梯上的两侧面往往画有长长的色带，上面还有相应数字和箭头之类的标记，配有韩文、英文甚或中文说明，顺着颜色按图索骥地乘车；车站数量376座仅次于纽约地铁和东京地铁，配有哺乳室、轮椅升降机、移动式安全踏板、电动轮椅快速充电器、残疾人卫生间、物品保管箱、自助信访签发机、现金取款机、卫生用品自动售货机、自助照相机等设施，不设安检但垃圾桶是透明的以防安放炸弹。首尔地铁线路与国铁线路修得一模一样，收费也是一个系统，区别只是地铁靠右行驶、国铁靠左行驶，两种运营体制下的轨交线路共同组建起一个庞大的覆盖市区、近远郊、相邻大城市的高效通勤网络，无缝换乘极其便利。此外，首尔地铁文化特色鲜明，地铁标识和吉祥物具有较高辨识度。

首尔地铁(Seoul Metro)采用"S"来象征，寓意把安全(Safety)与服务(Service)放在首位。标志采用行驶在地面与地下、充满活力的交通工具图片勾勒出"S"形，预示着首尔交通公司对公共交通进行整合运营的未来展望；标志采用象征循环、地球、世界等的圆形及象征信任的蓝色，表现出首尔交通公司想要一跃成为全球No.1企业并屹立于世界舞台的企业精神。

图1-9　首尔地铁标志

新加坡地铁开通于1987年，是继菲律宾马尼拉轻轨运输系统之后，东南亚地区第二个兴建的地铁系统，又叫大众捷运系统(Mass Rapid Transport，MRT)，拥有世界上第一条全自动的重型地铁线路(东北地铁线)，服务从早上5点30起到凌晨1点结束，班次约1到5分钟一次。该系统分6条路线，东西线(绿线)、南北线(红线)、东北线(紫线)、环线(橘黄)、滨海市区线(蓝线)、汤申-东海岸线(棕线)互相联系各个角落，并且通往数个观光胜地，公众只有要查看站名记住其颜色及号码即可使用。另外，新加坡地铁车厢的座椅也是彩色的,方便旅客突发意外或者是疾病时描述所在位置。作为世界上最为发达、高效的公共交通系统之一的新加坡地铁,其人性化设计比较突出,所有车站均为无障碍通行,地铁语音播报还配有闪烁的到站指示灯,站内有轮椅指示器,方便老年人和残疾人士使用;扶梯分时分速运行,高峰期正常使用,低峰期缓慢运行,既不影响人们使用,又可以节能环保;当地上线路穿过公园、居民区等地点时,智能化的地铁玻璃会在靠近住宅范围6米远的距离时自动进行模糊化处理,看起来就像天冷结了窗花一样,这样不会影响乘客欣赏沿途的风景,也保证了地铁沿途居民的生活隐私;每个车站都设有黄色"Shelter"三角指示标的避难所,如遇地震、恐袭等突发事件或灾难,乘客就可以躲进这里等待危险过去;地铁商业设施十分完善,一些大型车站中甚至还拥有不少大型商场,成为一个逛街的好地方,地铁十分注重环境卫生,无时无刻都有保洁人员来打扫卫生,有"世界上最干净的地铁"之美誉。

站内分时分速扶手电梯

自动马赛克玻璃车窗

车厢内分色分区座椅

地铁运行情况语音和信号指示

图1-10 新加坡地铁人性化设施

（二）中国地铁的"成长"

中国首条地铁线路是1965年7月1日开工的北京地铁1期工程，全长23.6km，设计17座车站和1座车辆段，时任全国人大委员长朱德为北京地铁破土、北京市长彭真主持开工典礼，赶在1969年的国庆日建成通车，但1个月后因路线供电方式有缺陷发生大火，所幸无人员伤亡，遂封闭运营直至1981年9月11日正式对外开放。地铁初动工时，国人出行大多依赖自行车，期初地铁更多地被用作备战工具，[①] 而人们若是想看地铁也是不简单的，只能凭单位的介绍信参观，在那个朴素的时代，地铁就是一座稀有罕见的"地下宫殿"。之后，北京地铁第2期工程开始动工，至北京地铁复兴门至八王坟线完成，整整修了30个年头。进入21世纪以来，北京地铁的掘进速度简直开了外挂，年年都有新线开工、老线完工，尤其是为了迎接2008年北京奥运会，机场线一期和8号线一期同步建成使用，还启用了北京地铁自动售检票系统，停用纸质车票并开始使用非接触式IC卡，现在的北京地铁全线实现了刷二维码乘车和北京公共交通"一码通乘"服务，乘客使用北京公交、亿通行、北京一卡通三款APP中任意一款均可刷码乘坐北京地面公交及轨道交通。另外，北京地铁从2020年5月起推广车站配置"自动体外除颤器（AED）"，4个月即实现了地铁车站AED设备全覆盖。截至2023年3月，北京地铁运营线路共有27条，居全国首位；运营里程807千米，仅次于上海地铁，全球排名第二；车站475座，其中两线换乘站70座、三线换乘站8座、虚拟换乘1座、出站换乘2座，而西二旗换乘站则"最挤"；[②] 新开通运营的北京地铁大兴机场线采用世界最高等级的全自动驾驶系统，不仅可实现无人驾驶，还可实现列车自动唤醒、自检、运行、休眠等全过程，是北京市轨道交通建设新里程碑，也是世界城市

[①] 20世纪50年代毛泽东提出，北京要从战备和民用角度搞城市地下铁道，且"很多大城市也要搞"；1965年2月4日，毛泽东审阅北京地铁建设方案，并批示确定了"精心设计、精心施工"的八字方针。

[②] 北京地铁5号线天通苑站与地铁13号线和昌平线的西二旗换乘站分列进站人数和出站人数的榜首。

轨道交通普轨运营的最高时速;① 形成了"平安型地铁、人文型地铁、高效型地铁、节约型地铁、法治型地铁、创新型地铁"的优秀企业文化,2020年度国际地铁协会(CoMET)对北京地铁进行了综合业绩评比,创造了世界排名第一的最好水平。

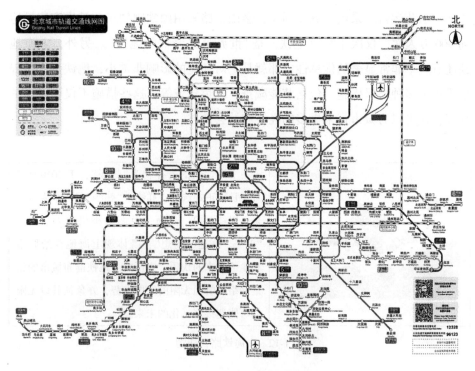

图 1-11 北京城市轨道交通线网图

上海地铁是全球运营里程和站点数量排名第一的城市轨道交通系统,其第一条线路上海地铁1号线于1993年5月28日正式运营,使上海成为中国内地第3座开通地铁的城市,截至2021年12月,上海地铁运营线路共20条,运营里程共831千米(不含金山铁路),其中上海磁浮线总长30千米,是中国第

---

① 北京地铁大兴机场线全长41.36公里,从北京市丰台区的草桥到大兴区的新机场仅需19分钟,车辆最高时速可达160km/h。

1条磁悬浮铁路,平均速度为430km/h,是目前世界上最高端且运行速度最快的列车;设车站508座,其中四线换乘2座,三线换乘11座,两线换乘70座;使用的车辆主要由长春轨道客车、南京浦镇车辆、株洲电力机车、上海电气集团、西门子、安达、庞巴迪、阿尔斯通等中资和外资企业制造,其中浦江线采用全自动胶轮路轨的APM(全自动旅客捷运系统)无人驾驶列车,上海磁浮列车示范运营线采用磁悬浮列车,金山铁路采用国铁制列车;日均客流量达到900万人次,仅次于东京地铁,是"世界第二繁忙的地铁"。另外,上海地铁还有一个非常显著的优越性,那就是它对环境的影响非常小,地铁建设过程中采用了多种环保措施,包括节能减排、绿色建筑等,这些措施不仅可以保护环境,还可以为城市带来更多的经济和社会效益。

上海地铁的吉祥物为"畅畅",于2010年2月4日被正式选为吉祥物。"畅畅"是一个来自未来,以红、白、蓝为主色调的小机器人,寓意"欢畅、畅通、畅想",既体现上海地铁给城市和生活带来的快乐,也反映了地铁遍布城市的密集网络和畅通无阻的发展态势,并象征其以无限的可能迎接多元化的未来。

图1-12 上海铁路吉祥物

香港大众运输铁路(Mass Transit Railway, MTR)是香港市民和游客出行的主要交通工具,也是国际地铁联盟(CoMET)的成员之一,由2007年12月2日"九广铁路公司"与"香港地铁公司"合并成"香港铁路有限公司"(简称港铁)负责营运。因"九广铁路公司"的第一条铁路(英段)[①]于1910年10月1日建成通车,遂"港铁"将其历史追溯到了清宣统二年,但真正的"地铁"其实是1975年

---

① 1911年10月5日,九广铁路(华段)开通,九龙至广州的直通车开始营运。

第1章 绪　论

应急疏散

黄色阻燃扶梯毛刷

应急救援演习

加装屏蔽门

拆弹专家地铁排险

反恐特勤组支援地铁

图 1-13　香港地铁的安全措施一瞥

11 月动工兴建的中环至观塘"修正早期系统"，① 设有 15 个车站，包括 12 个地

---

① 1975 年初，香港政府集体运输临时管理局将早期地铁线路略予缩减，并更改部分技术指标，称"修正早期系统"。

底车站及3个架空车站，将香港岛中环与九龙的主要住宅及工业区联接起来，其中12.8km在地底建造，其余的2.8km则为架空路段。截至2022年，"港铁"运营线路共10条，其中包括铁路线路及地铁线路9条、机场快线1条；里程共245.3千米，其中市区线201.8千米设车站96座，机场快线35.2千米设车站5座(其中3座与港铁东涌线共用)，轻铁线路36.2千米设车站68座；乘客使用"深圳地铁""Alipay HK""支付宝"App均可在香港跨城扫码乘车互联互认。

地铁能够克服地面交通拥堵的先天缺陷，因此国内想建地铁的城市不少，2022年中国内地城轨交通运营线路规模迈进10000公里大关，运营城市达到55个，运营线路总长度10287.45千米[①]，城市轨道交通规模持续扩大。但有的城市因地铁造价太高，或者地铁建设标准太高而未能实施，仍然用传统的公共汽车和无轨电车来维持客运的做法，已经越来越不能满足城市居民高频率出行的需要，因而目前很多大城市又在考虑新建轨道交通系统；北京、上海、天津、广州、长春、大连、重庆、武汉、香港、台北、深圳、南京等城市虽已有地铁线路在运营，但远远不能较为普遍地满足需要，又在考虑扩建轨道交通系统。但2003年下发的《国务院办公厅关于加强城市快速轨道交通建设管理的通知》中，对申建地铁城市的要求是"地方财政一般预算收入在100亿元以上，国内生产总值达到1000亿元以上，城区人口在300万人以上"；但在2018年《国务院办公厅关于进一步加强城市轨道交通规划建设管理的意见》，又将标准变更为"地铁主要服务于城市中心城区和城市总体规划确定的重点地区，申报建设地铁的城市一般公共财政预算收入应在300亿元以上，地区生产总值在3000亿元以上，市区常住人口在300万人以上。拟建地铁线路初期客运强度分别不低于每日每公里0.7万人次，远期客流规模分别达到单向高峰小时3万人次以上、1万人次以上"。而按照城区人口300万的标准，目前我国有34个城市达标(不含港澳台)，却有40个城市已经拥有了地铁，其中6个人口数量

---

① 见中国城市轨道交通协会：《2022年度城市轨道交通效能评价指标分析报告》，2023年7月14日发布。

不达标的城市分别是无锡、兰州、常州、徐州、呼和浩特、绍兴，①从而也间接印证了这些城市重要的政治地位和经济实力。

(三) 世界地铁的"未来"

地铁很早就作为世界大都市主要公共交通形式出现，随着科学技术和城市化的发展，畅通的轨道交通在现代大城市中起着越来越重要的作用。经济发达国家城市的交通发展历史表明，只有采用大运量的地铁系统，才是可以从根本上改善城市公共交通运量不足的有效途径。我国发展地铁建设也不短，而且今后还想建地铁的城市也不少，因为这些城市明白地铁的客运功能、"城市名片"效应和治理环境污染等"城市病"，必须加快发展以轨道交通为骨干的城市客运公共交通系统，未来的世界地铁，将会在以下几个方面取得突破：

1. 运营管理更科学

地铁是城市建设史上最大的公益性基础设施，作为准公共产品的地铁系统，政府的投资起到重要作用，但沿线的商业开发和经营，需要政府和社会资金的共同参与，建设资金不足的问题也迫切需要通过面向社会融资来解决，实现多元化的投资组合将是轨道交通发展的必由之路；同时，投资主体的多元化可以充分发挥各投资主体的优势，起到相互约束和监督的作用。从市场机制角度来看，地铁运营受经济规律影响较大，政府垄断经营或政府干预过多会使建设和运营成本相对较高而效率较低，导致公司亏损严重，引入市场竞争机制可以促使地铁经营主体能够根据市场信息作出较好的反应，提高经营效率；同时，通过市场化经营将吸引更多的社会资金参与，这些资金在追求利润最大化的同时提高了经营的效率，也必然放大了政府资金的乘数效应，将会有效弥补地铁建设耗资巨大但资金回报很慢的现实。

2. 网路优化更快捷

社会对地铁提出更加多元化的功能需求如运行环境更加友好、应用场景更加丰富、服务层次更加立体等，随着地铁科技的不断发展和管理能力的持续增

---

① 统计数据截至2022年12月31日。

强，使地铁网路形态优化更加合理与便捷。地铁常见的网路形态是网格式、无环放射式、有环放射式三种，其中网格式中各条线路纵横交叉，形成方格网，这种结构线路分布比较均匀，换乘站较多，线网的连通性好；无环放射式线网由若干穿过市中心的直径线或从市中心发出的放射线构成，可使全市各区域至中心点的绕行距离最短，区域可达性最好；有环放射式线网由穿越市中心区的径向线及绕市区的环行线共同构成，这是对无环放射式线网的改进，又克服了其中交通联系不便的缺点。未来各型城市交通功能层次，将会统筹城市布局，地铁网路选择将视各个城市自然地理环境而定，尽快使地铁形成网络化运营，使线路之间"零换乘"成为现实。同时，高速列车的研发与应用将会使地铁普遍提速，高频次的运行使网络具有更大流动性，拥挤会成为过去式。

3. 人工智能更普遍

地铁是世界公认的低能耗、少污染的绿色交通，是解决城市病的一把金钥匙，对于实现城市的可持续发展具有非常重要的意义。人们普遍认为，未来地铁发展将更加注重技术创新和人工智能，如自动驾驶、实时调度、智能安检、无人售票、智能客服将会成为主流；随着智能制造以及双碳政策的实施，地铁行业交通车辆将朝着高性能、节能环保、舒适安全发展，地铁设备将会标准化和高质量，建设将会更注重环保和节能如采用新型材料、新能源等，多元人性化措施如提供无线网络、电子书、咖啡会更普遍，5G将带给人们更优越的乘车体验，地铁会成为人们舒适的生活场所，那些目前只存在于科幻电影里的地铁就是中国智慧城轨的未来。

三、地铁安全理论

（一）国外理论研究

1. 疏散理论

国外对城市轨道交通安全研究主要是在避险疏散行为方面，并把反恐怖和救援策略作为避险疏散策略的后续行为。20世纪偶发规范学说、灾害心理和行为的相关研究广泛展开。其中对疏散行为的研究最早始于美国，1909年纽约市对Hudson楼房设计中基于人流流动速度的空间进行计算，于1927年颁布实施了NFPA建筑安全出入口设计规范；第二次世界大战后更推动了火灾中人的行为研究，1956年美国马里兰大学Bryan，J. L. 首次对Arundel Park火灾事故幸存者的行为进行了调查；从1958年开始，Hankin和Wright等开始对人员流动进行研究，此时的研究主要借助于观测数据和照片、录像等方式，基于这些直接观察所得到的数据提出评估模型，除了对行人行为的调查，这些研究的主要目的是为了建立控制人员流动的指导方针，但是这些概念仅在一般简单条件下使用，对于复杂区域的尤其是城市轨道交通而言，其流动有极限条件下的人员流动和疏散却无能为力；20世纪70年代至80年代中期对火灾疏散中人的行为研究主要集中在美国和英国，在美国和英国分别召开了三次关于"火灾与人"的专题研讨会，最终《火灾与人的行为》一书正式出版；1972年英国专家Wood对火灾疏散中人员的心理行为进行了调查研究，1980年他又采访了不少亲身经历火灾的人，总结了火灾中人员行为特征的几种主要类型：逃生型、灭火型、检查火灾的真实性、通知他人或其他行为等；之后Yuhaski和Macgregor Smith提出的队列模型，Garbrecht提出的跃迁矩阵摆型，Mayne提出的随机模型等，这些模型的局限在于没有考虑人在流动中的自我调控因素；日本率先利用实验室模拟技术、行为科学的研究方法和计算机模拟研究了灾害中人员疏散行为，既包括人群整体的行为，也包括个体攻击行为或让步行为，还研究了引导行为；近年来采用计算机大数据和云计算，为地铁疏散的情景分析和疏散策略提供了事前模拟和现场验证的可能性，但即便理论进展飞速，国外地铁还是频频遭遇恐怖袭击和出现集合逃亡的死伤事故。

2. 致因理论

安全是地铁管理永恒的主题，很多事故如地震、洪涝、垮塌、火灾等灾害事故，或者传染性疫情等公共卫生事件的发生，都对地铁安全构成威胁，学者们主动从多元化的视角切入进行研究，积极寻求对策以降低灾害事故的发生率，并有效处置相关灾害事故。其中，Kang等采用结构方程模型的方法进行探索，发现心理资本水平越高，组织认同感越强，职场排斥感越弱，进而员工行为偏差出现的可能性就越低；Goh、Nkurunungi、Hung 等通过技术性调查方法，得到技术、物理、环境、人为等因素成为建筑工地事故主要原因的结论；Williams、Boadu 等对各种事故的成因进行分类研究，将事故影响因素归类为"人"的因素，如管理部门、建设方、承包商、建筑工人，以及采购供应人员和大量非正规部门等；Khosravi 等通过文献综述得出结论，建筑工地的不安全行为及意外事故的发生除了与近端因素（如现场条件和个人特征）之外，还与社会、组织和项目管理等远端因素有关；此外，安全激励措施、安全氛围、事故和险情调查、安全领导也被确定为影响建筑施工安全管理的重要因素。当然，地铁施工环境的不确定性使得地铁项目远比一般建筑项目更复杂，它是一个融合了人、机、环境、组织等诸多因素的复杂系统，地铁事故灾害就是系统中的某些因素失效，或错误组合而造成的，只有厘清事故灾害发生的影响因素以及各因素间的复杂关系，才能针对事故灾害的发生机理采取相应措施，有效地进行事故预防。

3. 爆轰理论

对地铁实施爆炸恐怖袭击是国际恐怖组织和暴恐分子经常采用的恐袭方式，由于地铁空间封闭，地下洞隧、内部壁面、车站立面、出入口和上下电梯等都会对炸药爆炸形成的破坏效果产生极大影响，爆炸冲击波会产生相应的反射效应、透射效应、绕射流等，在受限空间很容易发生叠加，产生爆轰现象，其波速能达到每秒数千米、反应区压力达到数十万倍大气压、温度数千以上。为此，Berthlot、Vielle、Mallard 对气相爆炸物和凝聚相爆炸物的爆轰过程进行了系列实验表明，爆轰过程乃是爆轰波沿爆炸物一层一层地进行传播的，且不同的爆炸物爆轰之后的爆轰波都趋向于该爆炸物所特有的爆速进行传播；20 世纪早期，Chapman、Jouguet 别提出了关于爆轰波的平面一维流体动力学理论，认为爆轰反应在一个超薄间断面上进行并瞬间完成，形成产物，忽略化学反应的过程细节，简称爆轰波的 C—J 理论；之后，Zeldovich、Von. Neumann、Doering 对 C—J 理论假设和论证进行了相应的改进，将化学反应的动力学过程考虑进去提出 ZND 模型，认为爆轰过程中还没有反应的炸药会进行一个冲击波预压缩的过程，形成高温高压状态然后才开始发生化学反应过程到达终态；

后来学者在实验研究过程中又发现了爆炸的波阵面出现复杂的三维结构，即波的正/斜反射波、入射波以及马赫波；另外，Wood、Kirwood 等通过爆炸模拟软件如 Ansys/Ls-Dyna、Ansys/AutoDyn 进一步推广了以为定常理论，还有一些学者从小模型试验中总结出爆炸冲击波的衰减规律，并取得了一些可观的研究成果。

4. 心理干预

面对突如其来的灾难，人在没有任何心理准备的情况下遭受打击，目睹死亡和毁灭，会造成焦虑、紧张、恐惧等急性心理创伤，甚至留下无法弥补的长久心理伤害。心理干预就是指在心理学理论指导下有计划、按步骤地对一定对象的心理活动、个性特征或心理问题施加影响，帮助灾难亲历者最大限度地利用积极应对技能，面对和走出可能的心理阴影，使之发生朝向预期目标变化的过程。心理干预的手段包括诊断性评估、预防性干预、紧急心理治疗、心理危机干预、心理康复介入等，其中：诊断性评估是在进行危机干预之前，心理咨询师需要先对病人进行诊断性评估，以确定导致危机事件发生的原因，并根据病人的表现为其量身定制有效的治疗方案；预防性干预是指有针对性的采取降低危险因素和增强保护因素的措施，包括普遍性干预、选择性预防干预、指导性预防干预等方式；紧急心理治疗是在个体遭遇突发的危机的情况下，心理卫生机构可以提供紧急服务，以缩短危机周期，提高个体对危机的调适能力，以及提高个体的心理健康水平；心理危机干预是一种短期的、针对特定危机情况的心理咨询和辅导技术，主要用于在个体及其社会环境的关系中，弥补个体在危机期间缺乏的心理力量，以促进个体的调整与心理健康；心理康复介入是指当个体的危机状况得到妥善控制之后，可以通过后期介入的方式对个体进行长期性的心理治疗，以帮助个体认识到自身的心理问题，并进行心理健康状况的逐步改善。需要说明的是，事故灾难发生后要及时对受害者进行心理援助，同时对抢险救援人员的心理疏导也不能忽视，满目疮痍的事故灾难现场同样会带给他们极大的心理压力，如地震后的心理危机干预。

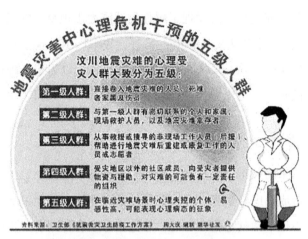

图 1-14 心理干预的五级人群示意图

(二) 国内理论研究

我国的相关研究起步较晚,国内学者分别对疏散行为、事故致因、爆轰现象以及地铁治安管理等进行了研究,如肖国清对建筑物火灾疏散中人的行为的基本理论、人的行为的动态模拟、人的行为失误与可靠性、人的行为控制等几个方面内容进行了深入研究;朱俊鸿等对火灾疏散中人的心理及行为进行了研究,并对火灾进行了事后调查,得出人的心理反应在火灾疏散中占有重要地位;张树平等对火灾中人的行为反应进行了调查研究,从多个方面进行了调查对多起火灾当事人进行调查,主要分析了人员得知火警后的第一行为反应特征;闫卫东对火灾中人员行为规律进行了研究,通过问卷调查和疏散演习运用统计分析法对火灾疏散中人的心理行为问题进行了定性和定量的分析研究,总结出了人员应急疏散心理特点和行为规律;杨立兵对火灾疏散中人员的心理行为特征进行了研究,首先采用系统聚类分析法减少同类相似变量的重复性,然后通过 PASW 软件进行列联表法统计分析来研究火灾疏散中人的行为及心理特征规律;孔维伟等运用 STEPS 软件对北京复兴门地铁换乘站不同场景进行模拟分析,研究得出楼梯是整个疏散过程的瓶颈以及不同疏散路径对疏散时间的影响;张艳芬运用 Anylogic 软件对北京南站高架层应急疏散进行仿真研究,对不同方案的疏散时间、疏散比例及疏散瓶颈等参数进行了动态仿真模拟实验，并为北京南站提出了应急管理对策；姚斌等运用 Evacent4 软件，研究了在紧急情况自动扶梯停止运行作为疏散楼梯使用时的通过能力以及下行扶梯反转上行时的疏散能力；王彦富等利用对南京地铁一号线三山街站台火灾进行了实地演练验证了用网格优化计算方法建立地铁火灾人员安全疏散模型的有效性；王驰运用 BuildingExodus 软件对积水潭站进行人员疏散模拟，通过模拟统计得出必需安全疏散时间为 5.9 分钟，人员能够进行安全疏散，然后将人员疏散模拟与实地拍摄对比，提出了具体建议；张莉运用 STEPS 软件模拟了北京西直门站高峰期时应急疏散过程，研究出了人员疏散过程的薄弱环节，并提出了相应的解决方案；周志鹏等基于改进的事故能量释放模型(MAERM)和网络理论的集成框架来分析杭州地铁施工坍塌事故，发现人、物、机器和环境是事故的直接和直接因素，而管理是中间因素。北京工业大学的杜修力、廖维张建立了三维双层地铁的结构，对地铁结构内部爆炸与结构上爆炸不同情形进行过冲击波压力衰减的数值分析，并给出一定比例距离内峰值压力数值分析的有效性，并对地铁电梯的位置对爆炸泄爆效果进行了考察，为地铁的安全设计与抗爆性提供一些参考。由于国内对地铁人员疏散中的人员特性参数的统计数据非常匮乏，这已经成为地铁人员疏散研究的瓶颈，因此采用定性定量的分析方法如问卷调查、实验观测、实验模拟等对地铁人员疏散心理行为进行研究，也是研究地铁人员疏散过程中人员心理行为问题可行的研究方法；而对事故影响因素的分析虽然已经开始关注组织、安全氛围、社会环境等远端因素的影响，但仍然没有超越人为错误焦点。另外，北京、上海和广州的地铁运营公司专门对城市轨道安全进行过分项调研，但其工作经验不可移植；武汉市城市轨道交通公司每年都专门进行逃生演练，但这些"演练"采用事前编写臆断脚本方式，基本流于形式。

(三) 国际研究比较

总的来说，国际上对地铁安全的研究集中在疏散、事故、爆轰、反恐等方面，将地铁安全影响对象分成三类，并主要形成解决疏散问题的两种不同的思路：第一种思路认为人是独立的个体，通过计算机模拟每一个人通过某一区域的情况，行人被类比为颗粒模型、行人在行走过程中选择所走的路线是当前情况下最优、假设行人行进路线是事先确定的。使用此思路建模，可用拉格朗日的观点跟踪给定区域的某个或多个个体的行动，也可用欧拉的观点描述区域整体的性质。第二种思路考虑人的群体特性，只能处理大规模高密度的人流——将人群看做一个整体，此方法将人群视为真实流体、受当前位置影响的连续体，如受身边人员的影响、为达到某种最优化而做运动的连续体，取其时间短、路程近的策略。因此人员疏散研究，就研究内容来说可分为疏散行为和疏散过程两个方面的研究，疏散行为包括心理行为规律和行为模式等，疏散过程研究包括人员疏散影响因素、人员疏散时间和疏散模型研究等。由于人员疏散过程中人员心理行为的研究，是一个复杂的涉及多学科的研究课题，通过近30年的科学研究，人员疏散心理行为的研究已经取得了较大的发展，但如果仅局限于疏散过程中人员心理与生理因素方面的研究，也就相当于把疏散中人员的心理行为研究引入一个狭隘的处境。第三种思路是既管个人，也管群体，即将地铁安全风险作为整体"风险事件"，基于地铁安全风险的发生原因如人群聚集引发的踩踏挤压，或者个人违反管理进行的互相殴打，在预防策略上重视风险评估、对现场危险进行排查；在现场管理上尽量避免人群的过度聚集，缩减地铁发生危险的概率；当危险发生时要对集合逃亡心理进行矫正，采用避难引导、选择逃亡路径和潮汐管制等措施；事后还必须对管理者麻痹、缺位和不作为、错误履责等行为进行责任倒查和追究。这三种思路均具有自己的特点，应该看作是互补互证的三种方法。对于地铁事故的研究，国内虽然已经有大量关于建筑行业安全绩效影响因素的研究，但针对地铁建设项目安全影响因素的研究很少，虽然探究事故影响因素的方法呈现出多元化特征，不同学者采用文献研究法、问卷调查、事故致因模型、社会网络分析法等多种方法来确定事故影响因素，但基于统计学理论的定量分析方法使用还是比较广泛。此外，由于地铁的地下洞隧结构具有封闭性，客流量大且身份复杂，难以对每个的乘客进行仔细的检查，因而恐怖分子很容易伪装进入地铁实施爆炸恐袭，然而现实中地铁结构内部的复杂性、内部建筑设备材料的多样性等，国内专家学者在对地铁的原型试验研究比较少，各地铁安全涉及单位依据《中华人民共和国突发事件应对法》有关规定设计预案或安排演练，但理论性和系统性明显欠缺，针对性也有所不够。

四、本书研究内容

（一）研究结构

地铁作为一种资源节约型和环境友好型的绿色交通工具，具有明显的发展优势，成为城市居民出行时首选的公共交通方式，但地铁安全风险也越来越突出。本书研究分十章：其中第1章绪论，对地铁类型、发展历史、安全理论作了归纳；第2章地铁安全管理立法，探讨了地铁安全立法需求、立法基础、立法建议；第3章地铁运营风险管控，总结了地铁运营风险因素和危险源，并对危险评测工具和危险源管控方法进行了研究；第4章地铁安全疏散策略，优化了以地铁轨道、站厅、人行道为标识的疏散路径；第5章地铁应急救援行动，借鉴了应急救援理论，探讨了集合逃亡心理危机化解、打通逆向救援通道和规范避险程序；第6章地铁反恐防暴斗争，重点对恐袭风险进行评估，提出了地铁反恐防暴对策；第7章地铁安全检查工作，总结了地铁安全检查范围、方法，并针对安检漏洞提出改进思路；第8章地铁防狼反扰攻略，研究了地铁"性骚扰"问题；第9章地铁全线治安管理，对地铁失德行为、违法行为、犯罪行为的处置技巧和注意事项进行了经验性归纳，并探讨了警务行动的重点。第10章共同缔造平安地铁，将"决策共谋、发展共建、建设共管、效果共评、成果共享"等共同缔造理念融入平安地铁建设，既是全文的总结，又是本书的要旨。

（二）研究思路

当前国内城市轨道交通已经进入快速发展时期，城市轨道交通线路陆续建设并投入运营，地铁路网已经初具规模、网络化特征日益凸显。虽然地铁是一个独立的、封闭的系统，有单独的信号指挥中心，比其他的公共交通工具更加安全，但是由于地铁交通运量大、人流量密集、科技含量高，一旦发生事故灾难和治安突发事件，就会造成非常严重的后果。本书研究思路首先作"风险分解"，将地铁安全风险分解为安全疏散、应急救援、反恐防暴、安全检查、防狼反扰、治安管理等6种类型；然后作"风险归纳"，提取这些风险本质属性即危险源识别，进行风险评估；最后作"风险演绎"，如图1-15。在分析过程中多使用经验法则，其规范处置方法对地铁安全管理从业者较有裨益。

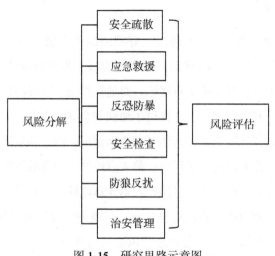

图 1-15　研究思路示意图

(三)研究方法

本书采用"调查研究+归纳法+演绎法+规范分析"：一是调查研究法，利用相关检索工具和相关研究资料，充分吸收、分析和借鉴学术理论和研究成果；二是归纳法，将安全疏散、应急救援、反恐防暴、安全检查、防狼反扰、治安管理的风险因素作分述；三是演绎法，如风险源识别、处置规范和风险评估；四是规范分析，针对地铁安全风险提出经验性对策；五是系统分析，将地铁安全上升到平安地铁建设高度，系统阐述了平安地铁"决策共谋、发展共建、建设共管、效果共评、成果共享"的共同缔造理念。

第 2 章 地铁安全管理立法

"我们必须把防风险摆在突出位置,'图之于未萌,虑之于未有',力争不出现重大风险或在出现重大风险时扛得住、过得去。"①新时代的地铁行业蓬勃发展,它充分利用城市的地下空间,与地面建筑搭建成自然且立体的可视感城市,具有快捷、准时、方便、舒适、宁静、安全、环保等诸多优点,是现代化大都市的首选,但由于自然灾害、事故灾难、治安事件带来的基本风险和特定风险,使得发生各类突发事件的几率骤然上升。虽然有关地铁安全的法律法规可散见于一些部门规章,但全国人大并未制定有地铁法,而某些省市即使制定了有关城市轨道交通安全管理的专项法规,但普遍存在位阶较低的窘境,而有些还尚属于企业内部规范性文件,缺乏普遍约束力,不能适应地铁发展的需求,必须对地铁安全进行科学、系统、全面、规范立法,这是城市轨道交通发展中必须要面对的挑战,也是当前地铁发展急需解决的问题之一。

一、地铁安全立法需求

各城市的地铁营运模式、运载方式、运行线路等都具有同质性特点,但有关地铁安全立法却是各行其是,缺乏统一的权威和标准,为了更好地维护公众利益,确保地铁安全运营,促进地铁行业持续健康发展,有必要对地铁安全立法做深入研究,更好地规范政府公共行为、地铁企业经营行为和乘客乘坐行为。

---

① 2015 年 10 月 29 日,习近平在十八届五中全会第二次全体会议上的讲话。

（一）地铁快速发展迫切需要配套的法律法规

城市轨道交通必须与城市经济发展相适应，按照《国务院办公厅关于进一步加强城市轨道交通规划建设管理的意见》要求，申请建设地铁的城市"一般公共财政预算收入在 300 亿元以上，地区生产总值在 3000 亿元以上，市区常住人口在 300 万人以上"，此类城市一般包括超大城市（人口 1000 万以上）、巨大城市（人口 500 万~1000 万）、特大城市（人口 300 万~500 万）；申请建设轻轨的城市要求"一般公共财政预算收入在 150 亿元以上，地区生产总值在 1500 亿元以上，市区常住人口在 150 万人以上"，此类城市一般是大城市（人口 100 万~300 万）。① 其实，以上标准在"人口发展呈现少子化、老龄化、区域人口增减分化的趋势"，② 以及经济增长缓行压力增大的现实情形下略显较高。以湖北省为例，该省内 17 个市州中只有武汉、襄阳、宜昌达标，黄冈、孝感、黄石、十堰、荆州与上述标准差距不大。可是各地市对轨道交通系统的需求都很强烈，于是各地市采用各种轨道交通形式来跨越"交轨建设门槛"，仅 2020 年湖北省内各城市投资建设城市轨道交通项目就多达 18 项，总投资超千亿；武汉市作为国内第 5 个拥有"地铁"的城市，将建成 32 条线共 1600 公里的城市轨道交通网，市民地铁出行率 40% 以上；宜昌市作为省内第 2 座拥有城市轨道交通的城市，"地铁一期工程"124 公里的线路全面开工；襄阳市已启动 5 条城市轨道共 173 公里的近期规划；十堰市申报了"东风专用线"改造"重轨轻用"的项目；黄石市"现代有轨电车一期"设计全长 26.88 公里共有 30 个车站，总投资 45.8 亿元；其他市州也在争先恐后积极进行城市轨道交通建设的规划和准备。按照这种经济发展态势，未来全省将建设更多的城市轨道交通线

---

① 国务院办公厅《关于进一步加强城市轨道交通规划建设管理的意见》（国办发〔2018〕52 号），"严格建设申报条件。城市轨道交通系统，除有轨电车外均应纳入城市轨道交通建设规划并履行报批程序……以上申报条件将根据经济社会发展情况按程序适时调整"。

② 2023 年 5 月 5 日，中共中央召开 20 届中央财经委员会第 1 次会议，专门研究了人口问题并作出重要判断：当前我国人口发展呈现少子化、老龄化、区域人口增减分化的趋势性特征。

路,城市间交规也将由"单城"运营步入"多城"的网络化运营。城市轨道交通在公共交通中的占比将进一步增大,但是与城市轨道交通或地铁相关的法律法规建设却相对滞后,难以为城市轨道交通或地铁建设、安全运营管理提供有效的法律保护,很难支撑城市轨道交通的持续发展。

图 2-1　黄石现代有轨电车

(二)地铁高危受袭迫切需要专项的法律保障

城市轨道交通无论是地下式(地铁),或是高挂式(轻轨),还是地面式(有轨电车),由于普遍存在的系统设计缺陷、人流量过大、安检漏洞多,以及公安机关管线资源配置的站点局限,易成为恐怖组织为实现自身政治诉求,或极端个人暴力行为严重威胁的首选攻击目标,如"1995.3.20 日本东京地铁沙林毒气事件"造成 13 人死亡、5510 人受伤;"2003.2.18 韩国大邱地铁纵火案"致使 198 人死亡、146 人受伤、298 人失踪;"2004.3.11 西班牙马德里地铁爆炸袭击案"使得 191 人死亡、1800 多人受伤,是继"9·11 事件"之后针对西方最严重的恐怖袭击;"2005.7.7 英国伦敦地铁连环爆炸案"当天 52 人死亡、700 人受伤;"2011.4.11 白俄罗斯明斯克地铁换乘站爆炸案,有 15 人死亡,约200人受伤;"2016.03.22比利时布鲁塞尔机场与地铁恐袭案"造成32人死亡,300人受伤;以及从1996年起俄罗斯莫斯科地铁发生的一系列连环爆炸案等。这些恐怖主义袭击行动策划周详、组织严密、情报机密,既可采用爆炸、纵火、枪击、砍杀等常规恐怖袭击方式,亦可采用生、化、核等大规模杀伤性武器,极易发生群死群伤的大事件,使地铁交通遭受恐怖袭击的风险剧增。

图2-2　2004.3.11西班牙马德里地铁爆炸袭击案

(三)地铁致险生灾迫切需要完备的应急预案

由于地铁站尤其是换乘站的人流超负荷,进出站口通道狭窄,候车区域缺乏滞留场地,加之驳接不匹配等设计缺陷,致使地铁交通系统特别拥挤,一旦发生意外,人群极易集合逃亡,其间夹杂部分乘客为了自己逃生而发生相互攻击的行为,极易引起群死群伤等重大安全事故。且地铁轨道交通空间布局限制,以及线路深埋入地,沟渠桥隧特征使得洪水转瞬成为没顶之灾,如"2021.7.20河南郑州地铁5号线暴雨淹水事故";而夹杂各种建筑复合材料的地下通道会使地铁火灾产生"烟囱效应",其间烟雾、气体、放射性物质和其他污染物等加持更急剧，如"1995.10.28 阿塞拜疆巴库地铁火灾事故"①"2016.1.26 日本东京地铁火灾事故"②"2020.3.27 美国纽约地铁火灾"③等，都是因机车电气故障诱发大火，机车在隧道中燃烧产生大量的毒气和烟雾，而地铁系统得避险、照明、呼吸等救生设施不足，加之在避险过程中形成的异质逆向逃亡人群和同质拥挤集合人群，救援难度极大，所以针对地铁发生的事故灾难，必须完备法律保障，制定各类专项应急预案，并开展疏散救援演练或演习。

图 2-3　1987 年 11 月 18 日伦敦国王十字地铁站自动扶梯火灾原因是一根被丢弃的火柴。致 31 人烧死，12 人烧伤，这起事故之后即颁布了地铁禁烟令。

---

① 1995.10.28 阿塞拜疆巴库地铁火灾事故共造成 558 人死亡。

② 2016.1.26 日本东京地铁火灾事故系因银座车站通气口的不明物质燃烧而引起，车站内随即充满烟雾。消防人员赶到后，用了两个多小时将火势控制住，幸未造成人员伤亡；但由于事件发生时恰为上班早高峰，车站因故关闭后，约 6.8 万人的出行受到了影响。

③ 2020.3.27 美国纽约地铁火灾发生在凌晨 3 时 20 分左右，美国纽约曼哈顿北部一个地铁站的列车在驶入时开始冒烟。列车停靠后，驾驶员和地铁工作人员迅速疏散乘客，但仍旧造成一名列车驾驶员死亡、包括 5 名消防员在内的 16 人受伤。

(四)地铁治安案件迫切需要务实的执法规范

由于乘客在乘坐地铁系统时,经常会发生违反《治安管理处罚法》的行为如携带违禁物品、扒窃、斗殴、猥亵、诈骗等,为此国内各个地铁出入口普遍都实施了机器安检与人工安检相结合的模式。但由于地铁站点众多、线路过长、人群拥堵,致使隔栏塞包、乘乱带物、私藏危化品等行为难以发现并制止。且由于旅客携带物品五花八门,机器安检漏检率较高,而安检人员也无法对旅客的每个部位和每件行李都进行有效安检,使得风险链增长;还有旅客为了尽快上车、焦急等车、不想开包而滋生对安检不配合,有的演变成个人扰乱和集体愤怒行为,甚至发生攻击安检人员事件,如2019年2月7日武汉李女士拒绝安检强闯闸机,并强行穿越地铁6号线江城大道厅东安检区,在遭到站务员阻止后,以携带行李过多为由狡辩,将地铁站务员手背咬伤。① 此外,安检需要大量的人财物的支撑,而国外轨道交通普遍不安检的现实,造成对公众对设置安检、安检效率的质疑。至于在车厢内发生的偷盗、打斗、猥亵等行为,则存在知情难、取证难、抓获难,往往当这些案件发生时,车厢密闭空间的人群密集造成现场处置风险较高,事发信息传导的迟滞致使管理人员难以及时到达现场,而且报警人也往往难以判断是乘坐车次及所达区域,造成民警接警后只好判断车次在下一站的时间去蹲守,而当事人此时往往都早已离站,或混迹人流中难以找寻。

(五)地铁失德行为迫切需要健全的制度约束

由于地铁交通客运量大,乘客守法程度和个人素质参差不齐,必然会产生一些违背公序良俗或不遵守文明道德的行为,如在地铁站台或车厢中出现的乞讨、卖艺、霸座、侧卧、污损、进食、外放、异味、插队、冲挤等不文明行为,随地吐痰、吸烟、骂人、把尿、不雅装扮等明显违反公序良俗的行为,以

---

① 姚传龙:《罚得好!女子强闯武汉地铁站安检,还一口咬向站务员》,载《长江日报》2019年2月10日,第4版。

及搭讪、偷窥、贴身、尾随、对视、过度亲昵、极度暴露等不道德行为,媒体也多次曝光但仍屡禁不止,如在乘坐京沪地铁均被拍曝光的"地铁凤爪女"、上海地铁出现的两中学生"腻歪像"、武汉地铁两女士戴口罩蒙眼"霸睡车座"等。这些行为既难以用法律法规来惩治,又无明文公约来明确定性,不仅难以及时被地铁管理方发现,还很不容易搜集证据;加之多数乘客秉承"多一事不如少一事"的局外者心态,或隐忍、或宽容、或逃避;而地铁运营公司制定的规范性文件和《乘客守则》等位阶太低、约束力很弱,致使此类失德行为很难得到及时制止和惩戒。

二、地铁安全立法基础

地铁是便民惠民的重大民生工程,其运营安全、服务水平能力,与城市经济社会发展、人民生命财产安全、社会稳定,以及群众幸福感和获得感高度相关。因而地铁必须安全管理、科学管理、依法管理,而之前国家行政管理部门的行业立法和城市轨道交通的地方立法实践,为地铁安全管理立法奠定了一定基础。

(一)国家层面对地铁安全管理立法的指导

现阶段我国城市轨道交通管理立法尚处于起步阶段,迄今为止全国人大尚未发布专门针对城市轨道交通安全的法律法规,其内容散见于《安全生产法》《消防法》《突发事件应对法》《治安处罚法》《反恐怖主义法》《道路交通安全法》等法律法规中,且多数条文尚未有司法解释,造成一些专用术语容易被误解[1]。2003年国务院办公厅印发了《关于加强城市快速轨道交通建设管理的通知(国办发【2003】81号)》,但其中对地铁安全管理方面的具体指导意见比较少;2015年4月下发了《国家城市轨道交通运营突发事件应急预案》;2018年

---

[1] 如"客货混装"的"货(物)",到底是"用来经营的商品",还是"持有的物品",没有明确的解释。

又制发《关于进一步加强城市轨道交通规划建设管理的意见》《关于保障城市轨道交通安全运行的意见》，明确提出要根据实际需要，及时制修订城市轨道交通安全管理的各种法规规章，同时废止了前述（国办发【2003】81号）文件。鉴于地铁行业管理特性，2005年建设部就出台了《城市轨道交通运营管理办法》；2018年因涉及政府机构改革等因素，住房城乡建设部决定予以废止；同年交通运输部出台了《城市轨道交通运营管理规定》，明确了城市轨道交通运营管理的各项政策措施，要求城市轨道交通的建设发展，从规划、运营方面都需要有法律保障，制定具有地域特色的轨道交通法律制度，以约束管理者、生产者、经营者以及参与者等多方主体；同时交通运输部又分别制定了城市轨道交通运营中《突发事件应急预案编制规范》《技术规范》《指标体系》《设施监测技术规范》，以及《行车组织规则》《列车驾驶员技能和素质要求》《行车值班员技能和素质要求》等多个规范性文本；2019年5月司法部就《城市公共交通管理条例（征求意见稿）》还公开征求了意见，但迄今并未正式颁布，已开通地铁的城市只好各自出台《城市轨道交通条例》。可见，现有国家层面有关地铁安全管理的专项法规基本归类到相关行业规范和标准当中，且这些规范和标准制定时间较早，有些并未从区外发展战略角度和行业特殊性角度加以考虑，所以存在着针对性不足、缺乏重点的情况，在地铁安全管理中的作用有限；而我国发展较早公路和铁路行业均采用统一基本法为管理基础，日常运营按照相应的法律法规实施与执行，但地铁行业没有相应的安全法律和综合性行政法规，在实际安全管理过程中采用地方性或临时性的文件进行指导，这种状况无法支持地铁行业的健康发展。

（二）各地轨道交通安全管理的立法借鉴

城市轨道交通建成后，必然需要相应的安全制度来保障其运营。英国伦敦在1807年营运的"有轨电车"是世界上第一条的城市轨道交通系统，为了有效安全监管，1840年英国就成立了"女王陛下的轨道交通督查机构"，可直接向议会报告，而彼时世界上第一条"地铁"即伦敦地铁尚未建设，直至1863年伦敦大都会地铁才建成投运，足见英国轨道交通立法的前瞻性；美国纽约在1868年也建成"高架铁道"并投入客运，但是由于噪声及污染严重，除保留少量郊区线路其余的都陆续拆除了；直到1904年开通了"地铁"，其拥有地下车站472座之多和年17.6亿人次以上的客流量，是世界上最复杂的地下铁路系统，但纽约地铁现在并不隶属纽约市政府，而是转给了州政府创立的"大都会交通署（MTA）"，这种"委托-代理"的制度安排双双降低了市、州政府对地铁投资的预期，财政紧张致使纽约地铁格外破旧；莫斯科地铁出于军事方面的考虑于1935年开通，大部分线路都建在地面50米以下，可供400余万居民作掩体，每座地铁站都拥有独特建筑风格，被公认为世界上最漂亮的地铁，但由于俄罗斯境内恐怖组织活动以及地铁从不安检等因素，致使莫斯科地铁频发恐怖袭击事件，造成大量的民众伤亡；巴黎地铁为迎接万国博览会于1900年建成投入运营，现有地铁16条，全长215公里，最小运行间隔50秒，城区乘客徒步5分钟均可到达最近地铁站，被称为世界上最密集、最便捷的城市轨道交通系统，当局为保障市民乘坐地铁文明出行，专门制作了《现代旅客礼貌手册》，列举12条禁令并配有图示，以确保乘客文明守礼。虽是我国城市轨道交通起步较晚，但是发展却是世界上最迅速的，截至2023年5月31日，全国省级行政区只剩下西藏、宁夏没有城市轨道交通[①]，有43个城市开通了地铁，并配套出台了地铁安全管理有关《条例》《办法》《规定》等[②]，有的城市还配套制定了《城市轨道交通运营突发事件应急预案》，但因与其城市地位相配的法律位阶一般较低，对非区域所属部门的约束力很差。另外，还有"北京、天津、上海、重庆、江苏、广东"等制定了城市轨道交通管理条例或规定，为地铁安全管理立法实践提供了参考并奠定了"后发优势"。

---

① 青海省德令哈市的"有轨电车"有较强的旅游观光属性，不符合交通运输部统计口径。

② 许多法规或文件使用"城市轨道交通"称谓，是为了避免"地铁"词汇的局限与误解。

表 2-1　　　　　　　　城市轨道交通安全管理立法简况

直辖市	北京地铁	《北京市轨道交通运营安全条例》 《北京市轨道交通运营突发事件应急预案》
	天津地铁	《天津市轨道交通管理规定》 《天津市轨道交通安全检查操作规范》 《天津市处置轨道交通突发事件应急预案》
	上海地铁	《上海市轨道交通管理条例》 《上海市轨道交通运营突发事件应急预案》
	重庆地铁	《重庆市城市轨道交通管理办法》 《重庆市城市轨道交通运营突发事件应急预案》
河北	石家庄地铁	《石家庄市轨道交通管理条例》 《石家庄市轨道交通运营突发事件应急预案》 《石家庄市轨道交通建设管理办法》
山西	太原地铁	《太原市城市轨道交通运营管理办法》 《太原市城市轨道交通运营突发事件应急预案》
内蒙古	呼和浩特地铁	《呼和浩特市轨道交通运营管理办法》
辽宁	沈阳地铁	《沈阳市城市轨道交通建设管理办法》 《沈阳市地铁建设与运营管理条例》
	大连地铁	《大连市城市轨道交通管理办法》 《大连市轨道交通条例》
吉林	长春地铁	《长春市轨道交通管理条例》
黑龙江	哈尔滨地铁	《哈尔滨市城市轨道交通管理办法》
江苏	南京地铁	《南京市轨道交通管理条例》 《南京市有轨电车交通管理办法》
	南通地铁	《南通市轨道交通控制保护区管理暂行办法》 《南通市轨道交通管理条例》
	无锡地铁	《无锡市轨道交通条例》
	常州地铁	《常州市轨道交通条例》 《常州市轨道交通运营突发事件应急预案》
	徐州地铁	《徐州市轨道交通条例》
	淮安有轨电车	《淮安市现代有轨电车交通运营管理办法》
	苏州地铁	《苏州市轨道交通条例》 《苏州市有轨电车交通管理办法》 《苏州市城市轨道交通运营突发事件应急预案》
	昆山地铁	《昆山市轨道交通运营突发事件应急预案》

续表

浙江	杭州地铁	《杭州市城市轨道交通管理条例》 《杭州市城市轨道交通运营突发事件应急预案》
	宁波地铁	《宁波市轨道交通运营管理条例》
	金华轨道交通	《金华市轨道交通运营管理条例》
	绍兴地铁	《绍兴市城市轨道交通管理条例》 《绍兴市城市轨道交通运营管理办法》
	温州轨道交通	《温州市城市轨道交通管理办法(试行)》 《温州市城市轨道交通运营突发事件应急预案》
	嘉兴有轨电车	《嘉兴市有轨电车管理办法》
	航海城际铁路	《海宁市城市轨道交通管理办法》
安徽	合肥地铁	《合肥市城市轨道交通管理办法》
	芜湖轨道交通	《芜湖市轨道交通管理办法》
福建	福州地铁	《福州市轨道交通条例》
	厦门地铁	《厦门经济特区轨道交通条例》 《厦门市城市轨道交通运营突发事件应急预案》
江西	南昌地铁	《南昌市轨道交通条例》 《南昌市轨道交通运营突发事件应急预案》
山东	济南地铁	《济南市城市轨道交通运营管理办法》
	青岛地铁	《青岛市轨道交通条例》
河南	郑州地铁	《郑州市轨道交通管理条例》 《郑州市城市轨道交通运营管理办法》
	洛阳地铁	《洛阳市城市轨道交通条例》
湖北	武汉地铁	《武汉市轨道交通管理条例》 《武汉市有轨电车管理暂行办法》
湖南	长沙地铁	《长沙市轨道交通管理条例》 《长沙市轨道交通运营突发事件应急预案》

续表

广东	广州地铁	《广州市城市轨道交通管理条例》
	深圳地铁	《深圳市城市轨道交通运营管理办法》 《深圳市龙华现代有轨电车运营管理暂行办法》
	佛山地铁	《佛山市城市轨道交通管理办法》
	东莞地铁	《东莞市城市轨道交通运营管理办法》
	珠海地铁	《珠海市轨道交通局管理暂行办法》 《珠海市有轨电车管理办法》
广西	南宁地铁	《南宁市城市轨道交通管理条例》
海南	三亚有轨电车	《三亚市有轨电车示范线运营管理暂行办法》
四川	成都地铁	《成都市城市轨道交通管理条例》
贵州	贵阳地铁	《贵阳市城市轨道交通条例》
云南	昆明地铁	《昆明市城市轨道交通管理条例》
陕西	西安地铁	《西安市城市轨道交通条例》
甘肃	兰州地铁	《兰州市城市轨道交通管理办法》
	天水有轨电车	《天水市有轨电车运营管理办法》 《天水市城市轨道交通运营突发事件应急预案》
青海	德令哈有轨电车	《德令哈市有轨电车运营服务规范(试行)》
新疆	乌鲁木齐地铁	《乌鲁木齐市轨道交通管理条例》

(三)典型城轨交通安全管理的立法经验

有些城市在地铁安全管理方面作了大量的立法探索,如湖北省武汉市位于中部地区,"九省通衢",武汉市的经济实力①和地理优势为地铁发展提供了良好的支撑。2004年7月武汉地铁1号线(轻轨)正式开通,使武汉成为中国内地第7座开通轨道交通的城市;2012年12月武汉地铁2号线(一期工程)投入运营,这是我国首条穿越长江的地下轨道交通线路;2017年7月建成"车都有

---

① 2019年湖北省和武汉市的GDP均在全国省份和大城市中排名第7位。

轨电车T1线"，这是整个华中地区第一条有轨电车线；2017年12月，又实现全线通车试运行"光谷有轨电车T1T2"线。截止到2021年9月，武汉轨道交通运营线路共12条，运行里程409.1公里，客运量达8425.1人次，在全国城市轨道交通运营里程排第6位，客运量在中部地区第1位，已经实现"主城连网、新城通线"。同时，为了解决武汉城市轨道交通建设及运营中存在的突出问题，武汉市在学习借鉴国内外其他大中城市轨道交通管理立法经验的基础上，分别出台了《武汉市城市轨道交通条例》《武汉市轨道交通运营安全管理办法》《武汉市有轨电车管理暂行办法》，制定了《武汉市轨道交通安全检查管理规范》《武汉市城市轨道交通(地铁)反恐防范标准》《武汉市轨道交通乘客须知》《武汉市轨道交通实名登记乘车操作指南》等规范性文件和市民公约，将近些年来武汉城市轨道交通运营管理中的成功经验进行了梳理、固化和升级。但是，湖北省并没有出台省级层面的城市轨道交通管理的法律法规和应急管理专项预案，这与省内各地如火如荼地进行城市轨道交通建设的局势极不相称，也与湖北省政治经济社会地位不相匹配。虽2012年12月湖北省人大常委会批准了《武汉市轨道交通管理条例》，但该条例对城市轨道交通行政执法委托模式未予明确，对运营服务规范、乘客乘坐规则、地铁保护区范围及安全管理等内容仍需进一步完善，也对全省其他地区缺乏普遍效力，亟需尽早从省级层面为城市轨道交通立法，尽可能规范城市轨道交通建设和安全管理活动，厘清政府与公司的"委托-代理，运营-管理"关系，拟定城市轨道交通安全强制性规范标准，统一协调省内各单位和部门，约束城市轨道交通管理下的各类社会行为，为湖北城市轨道交通安全运营提供法治保障，让城市轨道交通系统更加便捷，带动湖北省经济高速健康发展。

三、安全管理立法内容

对于地铁安全管理立法内容，可从"总则、规划和建设、安全保护区、运营管理、安全管理、应急管理、法律责任、附则"八个方面入手，其中《总则》是地铁安全管理的纲领，《规划和设计》是地铁安全的前提保障，《安全保护区》是地铁建设和经营的安全管理区域,《运营管理》要便捷合理,《安全管理》要周密细致,《应急管理》要科学决策,《法律责任》和《附则》要处罚有据、惩戒相称。

(一)纲领统筹的《总则》

1. 提出制定法规的立法目的,即为了加强城市地铁管理,促进地铁建设,保证地铁交通正常、安全运营,维护地铁交通运营秩序,保障乘客和地铁交通运营者的合法权益,根据相关法律和行政法规的规定,结合实际情况制定。

2. 界定地铁类型即专用轨道导向运行的城市公共客运交通系统,包括地铁系统、轻轨系统、单轨系统、现代有轨电车、磁浮系统、自动导向轨道系统、市域快速轨道系统等,防止将"地铁"狭隘地理解为"只有地下部分才是地铁";并将地铁安全的空间扩展到地铁交通设施范围,即地铁的轨道、隧道、高架、车站(含出入口、通道)、车辆、机电设备、通信信号系统和其他附属设施,以及为保障地铁交通运营而设置的相关设施。

3. 厘清各方职责,通常属地政府指导本辖区的地铁运营安全,负责运营突发事件应对工作的指导协调和监督管理;属地政府交通运输主管部门负责指导属地城市轨道交通运营安全的具体工作,建立地铁运营突发事件应急处置联动工作机制,监督相关运营安全管理政策法规和标准规范的实施;属地公安机关负责会同交通运输主管部门制定地铁反恐防暴、内部治安保卫等政策法规及标准规范并监督实施,指导、监督做好相关工作;属地政府住房城乡建设主管部门负责指导、监督相关部门做好地铁建设与运营衔接、安全保护区施工监督管理工作;属地人民政府发展改革、自然资源、卫生健康、应急管理等有关部门及消防救援机构应当按照各自职责做好地铁运营安全管理的相关工作。

4. 明确安全职责,应当按照属地原则对本政府行政区域内的地铁运营安全负总责,建立地铁运营安全统筹协调工作机制,确定负责地铁运营安全监督管理工作的部门,统筹地铁安全保护区的监督管理工作;属地交通行政管理部门主管本辖区地铁交通管理工作,负责法规的组织实施,负责指导、监督地铁运营单位执行运营安全监督管理规章制度,组织开展地铁运营安全检查和评估，按照有关规定组织制定和牵头实施地铁运营突发事件应急预案，参与运营安全事故调查处理，督促落实整改措施等工作，并可以委托其所属的交通行政执法机构实施行政处罚；属地政府确定的轨道交通企业具体负责本行政区域内地铁建设和运营，并按照本条例的授权实施行政处罚；属地公安机关负责巡逻查控地铁交通区域，依法查处危害地铁运营安全、扰乱地铁运营秩序、侵犯人身安全等违法违规行为，搜集、分析、研判、通报和预警危及地铁运营安全的涉恐等情报信息，指导、监督运营单位做好进站安检、治安防范等工作；属地政府发展改革、自然资源、住房城乡建设、交通运输、卫生健康、公安、应急管理、财政、城市管理综合执法等有关部门及消防救援机构应当按照各自职责实施相关法规。

5. 提出投资需求，由于地铁所需资金巨大，一般其建设和运营资金实行政府投资与多渠道筹集，政府有关部门应当加强资金筹集，实行科学有效的投融资模式，加强对地铁建设资金、运营和综合开发收益等情况的监督，保障地铁建设和运营需要，坚决打击各种侵占国家财产的情形，尤其要注意对地铁集团领导的监督审计，如安徽纪检监察对合肥城市轨道交通有限公司进行重点巡查，先后发现连续两任党委书记(姚凯、陈华)、总经理崔磊、副总经理吴四二、资产管理部副部长葛健等违法违纪问题。另外，对于社会资本投资地铁建设和运营，其合法权益应受法律保护。

(二) 科学致密的《规划和建设》

1. 科学规划，设计人性化，体现前瞻性，统筹考虑地铁、机场、铁路、公路、轮渡等公共交通规划的衔接，预留必要的换乘以及疏散空间，实现不同交通系统便利换乘。

2. 科学编制，应当根据国民经济和社会发展规划编制，并按照国家和属地省市规定的程序报经批准后，纳入相应的城乡规划。其中地铁专项规划包括网络系统规划、选线专项规划以及系统配套设施规划，规划资源行政管理部门应当会同发展改革、建设、交通等相关行政管理部门和地铁企业组织编制网络系统规划、选线专项规划，并划定地铁交通规划控制区；交通行政管理部门应当会同规划资源行政管理部门和地铁企业组织编制地铁系统配套设施规划，涉及的运营安全设施、用地应当纳入国土空间详细规划；在编制地铁专项规划时，应当按照法定程序听取沿线人民政府、有关单位和公众的意见，统筹安排地铁不同线路之间、地铁与其他交通方式之间的换乘衔接，统筹考虑地铁与其他交通运输方式及周边城市轨道交通的衔接。

3. 地铁工程可行性研究报告、初步设计应当设置运营服务专篇和公共安全专篇，有关部门在审批可行性研究报告、初步设计时应当以书面形式听取同级人民政府交通运输主管部门、公安机关意见，运营安全设施应当与城市轨道交通工程同步规划、设计、施工、验收和投入使用；公安机关应当会同交通运输主管部门根据城市之间轨道交通对接情况，制定安检等事项的统一标准，推动地铁运营安全管理实现一体化；运营单位应当对地铁列车驾驶员、行车调度员、行车值班员、信号工、通信工等重点岗位人员进行安全背景审查，公安机关应当予以协助。

4. 交通运输主管部门应当制定地铁运营安全监督管理系统建设标准，同时要与地铁运营主管部门在"数字政府"改革建设框架下，统筹建立地铁信息化平台，并通过政务大数据中心实现数据共享交换，地铁运营单位应当按照要求提供相关信息数据。

5. 地铁规划主管部门应当依据批复的地铁近期建设规划以及线网规划，划定线路和场站的规划控制范围，明确规划控制条件。地铁规划控制区内不得擅自新建、改建、扩建建筑物、构筑物。确需新建、改建、扩建建筑物、构筑物，规划资源行政管理部门应当书面征得交通行政管理部门同意后，依法作出审批。规划控制范围内的新建、改建、扩建建设项目，以及桥梁、隧道、管廊等重大建设项目，因方案、技术、建设时序等因素可能对地铁建设产生不利影响的，规划主管部门在实施建设用地规划许可时，应当征求地铁经营单位的意见。发展改革行政管理部门应当会同规划资源、建设、交通等相关行政管理部门组织编制地铁建设规划，按照国家规定的程序批准后组织实施，未经法定程序调整的城乡规划地铁用地，不得改变用途；鼓励对新建地铁设施用地按照市场化原则实施综合开发，收益应当用于地铁建设和运营；相关人民政府和规划资源行政管理部门在编制地铁车站所在区域的控制性详细规划时，应当预留换乘枢纽、公共汽(电)车和出租汽车站点、停车场、公共厕所等公共交通和公共设施用地；地铁企业应当在地铁建设项目可行性研究阶段，对建设项目的安全风险及其对周边环境影响进行评估，并按照建设程序报批，地铁企业应当采取措施，防止和减少对上方和周围已有建筑物、构筑物的影响，保障其安全。

6. 地铁交通勘察、设计、施工、监理等活动应当符合有关法律、法规和技术标准的规定；地铁企业在组织工程项目建设时，应当根据国家、属地规定的技术标准以及地铁运营功能配置规范，配置安全可靠的地铁交通设施，建设完善的地铁安全监测和施救保障系统，保障乘客乘车安全、便捷。

7. 在地铁建设期间，地铁经营单位、施工单位应当采取措施确保安全生产，保护地铁在建工程自身安全；防止和减少对线路上方和周边建(构)筑物、地下管廊、管线以及设施的影响，保障其安全。发现可能是文物的，应当采取相应保护措施，并立即报告文物主管部门，因地铁建设对相关所有权人、使用权人利益造成损失的，应当依法承担法律责任；要依法使用地下空间的，其上方、周边土地和建(构)筑物的所有权人、使用权人应当配合，需要临时占用地表、地上、地下空间的，有关单位和个人应当提供便利。根据规划要求，地铁出入口、通风亭和冷却塔等设施需要与周边建(构)筑物结合建设的，周边建(构)筑物的所有权人、使用权人应当配合，地铁建设采取技术保护以及监测措施的，相关单位和个人应当配合。需要移植树木、迁移管线或者其他设施的，相关产权单位和个人应当配合，并依法办理相关手续。地铁规划与建设应当统筹考虑周边建(构)筑物连通需求，预留必要空间。周边建(构)筑物需要与地铁设施连通的，应当经地铁经营单位同意，并依法向相关主管部门申请办理审批手续；地铁经营单位可以按照规定收取一定的费用，用于地铁建设和运营。

8. 地铁工程完工后，地铁企业应当按照设计标准进行工程初步验收，并按照国家有关规定进行不载客试运行。地铁工程投入试运营前，交通行政管理部门应当组织有关部门和专家认定，具备基本运营条件的，报上级政府备案，经本级政府批准后，方可进行试运营。轨道交通工程竣工，按照国家有关规定进行验收。经验收合格后，方可交付正式运营。

（三）职责明确的《安全保护区》

1. 地铁建设阶段、运营阶段（含初期运营）安全保护区的监督管理，由地铁所在的属地建设、交通运输主管部门分别负责，其他部门按照职责协助做好相关工作。在建、建成的地铁安全保护区范围如下：（1）地下车站与隧道外边线外侧五十米内；（2）地面和高架车站以及线路轨道外边线外侧三十米内；（3）出入口、通风亭、冷却塔、主变电所、供电杆塔、高压供电电缆通道、无障碍电梯等建（构）筑物结构外边线和车辆基地用地范围外侧十米内；（4）过湖（江河）桥梁、河堤外缘线外侧一百米内；（5）过湖（江河）隧道外缘线外侧二百米内。安全保护区内的下列区域为特别保护区：（1）地下车站与隧道外边线外侧五米内；（2）地面和高架车站以及线路轨道外边线外侧三米内；（3）出入口、通风亭、冷却塔、主变电所、供电杆塔、高压供电电缆通道、无障碍电梯等建（构）筑物结构外边线、停车场和车辆基地用地范围外侧五米内；（4）过湖（江河）桥梁、隧道、江河堤外缘线外侧五十米内。因地质条件或者其他特殊情况，确需扩大安全保护区和特别保护区范围的，由地铁经营单位提出申请，由规划主管部门审核确定。安全保护区安全警示标志由地铁经营单位负责设置，任何单位和个人不得损毁或者擅自移动。

2. 在安全保护区内进行下列建设（作业）活动，建设（作业）单位和个人应当制定地铁安全保护方案，报地铁经营单位审查同意后，依法办理相关手续，并对建设（作业）影响区域进行动态监测：（1）新建、改建、扩建或者拆除建（构）筑物的；（2）打桩、钻探、打井取水、基坑施工、灌浆、喷锚、降水、地基加固、挖掘、地下顶进、架设或者敷设管线、爆破、水域疏浚、挖沙的；（3）需要跨越或者穿越轨道交通设施的；（4）大面积增加或者减少地铁结构荷载的；（5）其他可能危害地铁安全的。对于地铁经营单位认为前款建设（作业）活动可能危及地铁安全的，可以要求建设（作业）单位和个人在开工前委托有相关资质的单位进行安全评估。建设（作业）单位和个人应当按照地铁经营单位同意的方案组织实施并接受建设主管部门或者交通运输主管部门监督。建设

(作业)单位和个人在安全保护区内组织地下勘探等作业前,应当向城乡建设档案管理机构查询地铁相关档案。

3. 在特别保护区内,除必需的市政、公路、绿化、环卫、人防、水域疏浚工程,与地铁建设有关的工程,以及经依法办理许可手续的现有建筑改建、扩建工程以外,不得进行其他建设(作业)活动;如需在安全保护区内进行建设(作业)活动的,应依法行政审批,相关审批部门应当告知建设(作业)单位和个人安全保护区范围。相关审批部门认为必要的,应当在作出行政审批决定前,通过多规合一管理综合平台书面征求轨道交通经营单位的意见,地铁经营单位应当在收到书面征求意见后作出答复。地铁经营单位应当对安全保护区进行日常巡查,及时劝阻、制止违法行为。地铁经营单位有权进入安全保护区内的建设(作业)活动现场进行巡查。地铁经营单位发现建设(作业)活动危及或者可能危及地铁安全的,应当立即制止并向建设主管部门或者交通运输主管部门报告。建设(作业)单位和个人应当立即停止建设(作业)活动并采取防范或者补救等措施。

(四)便捷合理的运营管理

1. 地铁运营企业应当设置售票、检票、自动扶梯、公共厕所、通风、照明、废物箱等地铁服务设施,并定期检查,及时维修、更新,保持完好,确保地铁设施处于可安全运行的状态;路政管理部门、地铁企业应当按照国家有关标准和有关规定,在车站周边、车站出入口以及车站内设置地铁交通导向标志、安全标志等运营服务标志,共同做好运营服务标志的日常管理和维护工作;地铁企业应当按照国标,在地铁车站配套建设无障碍设施,设置指导和提示标志,并进行日常养护和维修,任何单位或者个人不得损坏、擅自占用无障碍设施,或者改变无障碍设施的用途。

2. 交通行政管理部门应当制定属地地铁运营服务规范,并向社会公布。地铁运营企业应当按照服务规范的要求,提供安全、便捷的客运服务,保障乘客的合法权利,要根据地铁沿线乘客出行规律及变化,以及其他相关线路的列车运行情况,合理编制运营计划,其列车运营时间、运营间隔应当向社会公布。同时，地铁运营企业应当按照要求向乘客提供信息服务：(1)通过广播、电子显示屏等向乘客提供列车到达、间隔以及安全提示等信息；(2)在车站醒目处公布首末班车行车时刻、列车运行状况提示和换乘指示；(3)在车站提供问讯服务，车站工作人员在接受乘客问讯时，应当及时准确提供解答；(4)需要调整首末班车行车时间，或者发生非正常情况、设施故障影响正常运营时，及时通过多种信息发布手段对乘客进行告知。

3. 地铁运营企业应当采取管理措施，为乘客提供良好的乘车环境：(1)建立车站卫生保洁和防疫制度，保持站内设施和车厢清洁，出入口和通道畅通；(2)建立急救协助制度，按照规定在车站配备医药箱；(3)建立紧急关闭装置巡查制度，轨道交通运营期间遇有紧急情况时，及时启动紧急关闭装置。另外，地铁经营企业的驾驶员、调度员、车站值班员等工作人员必须经培训考核后，统一着装、佩戴标志，持证上岗，礼貌待客、文明服务。

4. 地铁车站、车辆的广告设置应当合法、规范。广告设置不得影响服务标志的识别，不得影响地铁运营安全和服务设施的使用。车站商业网点的设置应当符合运营安全、方便乘客、统筹规划、因地制宜的要求。除地铁车站设计方案确定设置的商业网点和设置在站台的自动售货机、书报亭外，禁止在车站出入口、站台及通道设置商业网点。地铁经营企业应当定期对广告设施、商业网点进行安全检查。广告设施、商业网点使用的材质应当采用难燃材料，并符合消防规定。广告设施、商业网点的设置作业或者维护作业应当在地铁非运营期间进行。

5. 地铁票价应当与本区域其他公共交通的票价相协调，最好能"一卡通乘"。票价的确定和调整应当依法召开听证会，广泛听取社会各方面意见，经物价管理部门审核并报政府批准。地铁运营企业应当执行政府批准的票价并予以公布，物价管理部门应当对地铁票价的执行情况进行监督检查。地铁因故障不能正常运行15分钟以上的，地铁运营企业应当出具延误证明(宜采用网上申办)，乘客有权持有效车票要求地铁经营企业按照原票价退还票款。乘客应当持有效车票乘车，乘客越站乘车的，应当补交超过部分的票款；乘客无车票或者持无效车票乘车的，地铁运营企业可以按照地铁网络单程最高票价补收票款，并可加收5倍票款；享受乘车优惠的乘客应当持本人有效证件乘车，乘客有冒用他人证件、使用伪造证件乘车和其他逃票行为的，有关信息可纳入个人信用信息系统。

6. 交通行政管理部门应当制定《轨道交通乘客守则》。乘客进站、乘车应当遵守《轨道交通乘客守则》。在轨道交通设施范围内禁止下列行为：(1)拦截列车；(2)擅自进入轨道、隧道等禁止进入的区域；(3)攀爬或者跨越围墙、栅栏、栏杆、闸机；(4)强行上下车；(5)吸烟，进食，随地吐痰、便溺，乱吐口香糖渣，乱扔纸屑等杂物；(6)擅自涂写、刻画或者张贴；(7)擅自设摊、停放车辆、堆放杂物、卖艺、散发宣传品或者从事销售活动；(8)乞讨、躺卧、收捡废旧物品；(9)携带活禽以及猫、狗(导盲犬除外)等宠物；(10)携带自行车、电瓶车进站乘车；(11)使用滑板、溜冰鞋；(12)违反防疫规定；(13)严谨喧哗，不得使用手机、播放器等外放功能等。同时，禁止乘客携带易燃、易爆、有毒、有放射性、有腐蚀性以及其他有可能危及人身和财产安全的危险物品进站、乘车。危险物品目录和样式由市公安、交通行政管理部门公告，由地铁运营企业在车站内予以张贴。同时，地铁经营企业应当按照有关标准和操作规范，设置安全检查设施，并有权对乘客携带的物品进行安全检查，乘客应当予以配合。对安全检查中发现的携带危险物品的人员，地铁经营企业应当拒绝其进站、乘车；不听劝阻，坚持携带危险物品进站的，地铁经营企业应当立即按照规定采取安全措施，并及时报告公安部门依法处理。公安部门应当对轨道交通安全检查工作进行指导、检查和监督，并依法处理安全检查中发现的违法行为。

(五)周密细致《安全管理》

1. 地铁经营企业是地铁运营安全的责任主体，应当按照有关规定设置安全生产管理机构，保证安全生产条件所必需的资金投入，配备专职安全生产管理人员，建立健全安全生产管理制度和操作规程，维护轨道交通运营安全。要按照反恐、消防管理、事故救援、卫生防疫等有关规定，在地铁设施内，设置报警、灭火、逃生、防汛、防爆、防护监视、紧急疏散照明、救援、卫生防疫、隔离等器材和设备，定期检查、维护，按期更新，并保持完好。同时，要负责地铁设施的管理和维护，定期对土建工程、车辆和运营设备进行维护、检查，及时维修更新，确保其处于安全状态；检查和维修记录应当保存至土建工程、车辆和运营设备的使用期限到期；对地铁关键部位和关键设备的长期监测工作，评估地铁运行对土建工程的影响，定期对地铁进行安全性评价，并针对薄弱环节制定安全运营对策。

2. 地铁应当在以下范围设置控制保护区：（1）地下车站与隧道周边外侧50米内；（2）地面和高架车站以及线路轨道外边线外侧30米内；（3）出入口、通风亭、变电站等建筑物、构筑物外边线外侧10米内。在地铁控制保护区内进行作业的，作业单位应当制定安全防护方案，在征得运营单位同意后，依法办理有关行政许可手续：（1）新建、扩建、改建或者拆除建筑物、构筑物；（2）敷设管线、挖掘、爆破、地基加固、打井；（3）在过江隧道段挖沙、疏浚河道；（4）其他大面积增加或减少载荷的活动。同时，上述作业穿过地铁下方时，安全防护方案还应当经专家审查论证。

3. 地铁经营企业应当建立相关制度，在安全保护区内组织日常巡查，同时按照技术审查意见，对有关作业的安全性进行日常监督，对作业项目相邻的轨道交通设施加强监护监测。在地铁线路弯道内侧，不得修建妨碍行车瞭望的建筑物、构筑物，不得种植妨碍行车瞭望的树木，禁止危害城市轨道交通设施的行为，如向轨道、高架或者隧道内抛掷杂物，非紧急状态下动用应急装置，损坏车辆、隧道、轨道、路基、车站等设施设备，损坏和干扰机电设备、电缆、通信信号系统，污损安全、消防、导向、站牌等标志，防护监视等设备等危害地铁交通设施的行为。

（六）科学决策的应急管理

1. 政府地铁主管部门应当会同公安等行政管理部门按照有关法律、法规以及国家突发事件总体应急预案的规定，组织编制地铁突发事件应急预案，报批后实施。地铁运营企业应当根据《地铁突发事件应急预案》以及实际运营情况，制定本企业有关"地震、火灾、浸水、停电、反恐、防爆、防疫"等分专题的应急预案，建立应急救援组织，配备救援器材设备，并定期组织运营应急演练。如发生自然灾害、恶劣气象条件或者发生运营安全事故以及其他突发事件时，相关行政管理部门和地铁运营企业应当及时启动应急预案，报警和疏散人员，并按照操作规程进行安全处置；当突发事件发生时，无法采取措施保证安全运营情况下，运营单位应当停止线路运营或者部分路段运营，并事前或事后向社会公告；地铁运行过程中发生故障而影响运行时，地铁运营企业应当组织力量及时排除故障，恢复运行，一时无法恢复运行的，地铁运营企业应当组织乘客疏散和换乘，并及时向交通行政管理部门报告。

2. 因节假日、大型群众活动等原因造成客流量上升的，地铁运营企业应当及时增加运力，疏导乘客；当发生轨道交通客流量激增而可能危及运营安全等紧急情况时，地铁运营企业应按照有关规定采取限制客流量的措施，确保运营安全；采取限制客流量等措施后仍然无法保证运营安全时，轨道交通企业可以停止地铁线路部分区段或者全线的运营，并应当立即报告市交通行政管理部门；采取限制客流量、停运措施，造成客流大量积压的，交通行政管理部门应当组织采取疏运等应对措施。

3. 地铁运营企业应当采取多种形式向乘客宣传安全乘运的知识和要求。发生地铁运营安全事故时，地铁运营企业应当立即排查事故原因；经查清原因、消除妨碍后，经检查合格后，在确保运营安全的情况下，及时恢复正常运行。人民政府及其应急、交通等行政管理部门应当按照国家和属地的有关规定对地铁运营安全事故组织调查和处理，公布事故原因和处理结果；地铁运营中发生人员伤亡事故，应当按照先抢救受伤者，及时排除故障，恢复正常运行，后处理事故的原则处理，并按照国家有关规定及时向有关部门报告；人民政府城市轨道交通主管部门、地铁运营单位应当配合公安部门及时对现场进行勘察、检验，依法进行现场处理；地铁运营过程中发生乘客伤亡的，地铁运营企业应当依法承担相应的损害赔偿责任；能够证明伤亡人员故意或者自身健康原因造成的除外。

另外，对于《法律责任》和《附则》，都应该根据相关法律、法规的规定给予适度的奖惩处罚。

四、地铁安全立法建议

(一)立法对象应整合不同地铁类型

城市轨道交通系统主要运载形式有地铁、轻轨、磁悬浮、市郊铁路、空轨、云轨以及有轨电车等轨道公共客运系统,具备相当大的投资乘数和挤出效应,据推算,"地铁项目每投资 1 亿元,将带动 GDP 增长 2.63 亿元,将创造 8000 个就业岗位,以'十二五'期间地铁建设投资 1 万多亿计算,将拉动 3 万亿以上的 GDP 增长,将创造约 1 亿个工作岗位",所以各个城市都争相上马各种型式的城市轨道交通系统,如武汉将"城市轨道交通"与"有轨电车"分别立法,制定出《武汉市轨道交通管理条例》和《武汉市有轨电车管理暂行办法》。鉴于交通运输部在统计全国城市轨道交通有关数据时,明确将"有轨电车"统计在内,且"有轨电车"本质上仍是属于"城市轨道交通系统",其运行方式、载客车厢、运营管理等与地铁、轻轨等基本趋同的实际情况,如黄石市即将建成的"有轨电车"和武汉市正在运行的"现代有轨电车"等,所以城市轨道交通安全管理立法不应把"有轨电车"排除在外,且要有所预见性和保留性,只有符合"轨道"特征如磁浮系统、旅客捷运系统、空轨、云轨等,都应列入城市轨道交通系统的统计范畴。鉴于此,"城市轨道交通"应界定为"地铁、轻轨、有轨电车、空轨、磁悬浮、旅客捷运系统、云轨等采用专用轨道导向运行的城市公共客运系统";很多开通"地铁"的城市往往不使用"城市轨道交通",而是直接使用"地铁"来指代城市轨交系统,或许这种"冠名"方式更能彰显城市品牌,所以地铁安全管理法规宜涵盖这些不同类型的城市轨道交通系统,避免出现管理规定过于零散或包容力不强等问题。

另外,对于专业术语的解释要完整,如"试运行"是指在地铁建设工程完工、冷滑和热滑实验成功,系统联调结束,行车基本条件具备的情况下,通过不载客运行,对运营组织管理和设备设施系统的可用性、安全性和可靠性进行检验的活动;"试运营"是指在地铁新线建设工程完工并验收合格,整体系统可用性、安全性和可靠性经过试运行检验合格，并满足其他试运营基本条件的情况下，进行的载客运营活动；"正式运营"是指在地铁新线经过试运营，各系统符合设计要求，整体系统、设备和设施保持正常稳定运行，运营安全和服务水平达到规定标准，试运营阶段各项任务完成并满足正式运营基本条件的情况下，进行的载客运营活动。

（二）立法内容应包含地铁公安管理模式

地铁具有封闭的站点、封闭的线路、封闭的车厢，这些特殊结构特征对反恐防爆的要求极高，尤其是随着地铁线路的不断建成，沿线的反恐怖压力越来越大。通常市级公安机关会专门成立主管轨道交通治安的专门公安分局，但当地铁掘进到别的地市管辖的范围之后，如《武鄂同城化发展2022年工作要点》披露武汉地铁30号线将通达鄂州红莲湖和梧桐湖，如果按照"属地管理"规定，鄂州市也应成立一个轨道交通管理公安分局，但传统铁路"线性管理"模式将使这两个互不隶属的单位产生"管理真空"或"插花地带"；与此相类似，北京轨道交通22号线也即将进入河北30公里，在冀设站5座成为京津冀交通一体化的标志性线路，为避免出现暂时的"真空地带"，河北三河市路段的轨道交通线治安管理只能暂定仍由北京轨道交通公安分局代管；还有上海轨道交通11号线将与苏州轨交S1线进行驳接，届时两地轨道交通公安机关也会出现"插花管辖"等问题。根据《突发事件应对法》对"分级负责、属地管理为主"原则，第7条规定，"涉及两个以上行政区域的，由有关行政区域共同的上一级人民政府负责，或者由各有关行政区域的上一级人民政府共同负责"，这种重叠事权收归上级管辖的制度安排对涉及两个或多个地市的轨道交通治安管理提供了具有可操作性的启发，成立省级直属的轨道交通公安管理局也是一项优解，这同时也契合了《中华人民共和国反恐怖主义法》第56条第2款的要求。[①]

---

① 《反恐怖主义法》第56条第2款"跨省、自治区、直辖市发生的恐怖事件或者特别重大恐怖事件的应对处置，由国家反恐怖主义工作领导机构负责指挥；在省、自治区、直辖市范围内发生的涉及多个行政区域的恐怖事件或者重大恐怖事件的应对处置，由省级反恐怖主义工作领导机构负责指挥"。

此外，由于地铁的线性特征造成轨道交通分局设置派出所时一般以"包线"为主，这种警力配置致使各站点的警务站警力资源分散且出警里程长，而轨道交通公安部门处置的常规警务类型比较单薄，也极少有公安派出所居民辖区管理和社会面管理的职责，所以宜按照《公安机关组织管理条例》规定设置执法勤务机构实行"队建制"。

(三)立法细节应统一地铁价乘优惠标准

作为公共物品的地铁降低了个人交通成本，便捷了公众日常出行，但其投资实在巨大，通常地铁建设成本5亿元/公里，轻轨建设成本2亿元/公里，有轨电车建设成本3000万元/公里，如武汉目前正在建设的地铁12号线全长约60千米共设37个站台，预计投资541亿元，平均1公里造价高达9亿元，建成之后将会是亚洲最长的地铁。但是地铁的营收能力却比较弱，2020年武汉地铁集团营收84.74亿元，其中票款收入22.1亿元，房地产收入53.2亿元，而营业成本高达67.11亿元，净利润仅为17亿元；而这几年的新冠疫情更是"雪上加霜"，南京地铁2022年中报披露当期亏损3.6亿元，较2019年同期多亏2.87亿元。如果凭"票款"单项营收算，全国所有城市的地铁项目都是"入不敷出"的，需要靠补贴"续命"，如2020年北京政府补贴104.63亿元稳居榜首，成都政府补贴91.44亿元紧随其后，南京、长春、宁波、青岛、天津政府补贴都在20至40亿元之间成为第二梯队，剩下的城市也享受数额不等的政府补贴。另外，地铁的房地产收入大幅领先票款收入，如2020年深圳地铁的房地产收入高达149.43亿元，是票款收入的4倍；武汉是2.4倍，宁波更是达到22倍多，这也印证了地铁是项公共物品和惠民项目。为了让改革发展的成果更好地惠及全省百姓，充分体现城轨的公共品属性和城市通勤特点，2019年11月交通运输部会同国家发改委制定《关于深化道路运输价格改革的意见》身高标准，即"每一成人旅客可携带1名6周岁(含6周岁)以下或者身高1.2米(含1.2米)以下、且不单独占用座位的儿童免费乘车，需单独占用座位或者超过1名时，超过的人数执行客票半价优待，并提供座位；6~14周岁或者身高为1.2~1.5米的儿童乘车执行客票半价优待，并提供座位"，所以地铁立法还应增加优惠票价的"年龄依据",并简化证明材料如使用《居民身份证》直接办理优惠票务;同时,区域内各种轨道交通系统的"转接驳"采用统一的"价格——里程"标准,还应规范各种优惠票证的使用如《退役军人优待证》等,这不仅凸显社会经济发展对改善民生的支持,还能有效较少各种因票务产生的矛盾纠纷。①

(四)立法重点应培育地铁安全共同责任

地铁运营一般以公司化形式运作,并适当授权地铁公司对乘客影响运营秩序、违反乘客守则等行为予以行政处罚②,这种国资主体成分承担了地铁安全管理、服务质量、乘客权益保护等诸多功能,而政府行政主管部门、地铁安检外包公司、乘客等,都应有维护地铁安全的共同义务,如政府负责地铁运营成本费用评价制度和补贴机制,使乘客能够充分享受公共物品的效用;地铁运营行政主管部门做好服务规范和乘客守则,细化地铁设施范围内的禁止行为,进一步保障地铁的运营安全,对影响地铁秩序和公共场所的行为制定行为规范,共同维护国家、社会和乘客安全利益;地铁运营公司负责经营管理、内部管控机制、安全教育和演练,设置好、维护好地铁导向标识、安全标识等,为乘客提供安全、舒适的乘车环境等;外包安保企业负责对乘客携带物品的安全检查,以及防疫、应急等,保障地铁安全;地铁公安部门作为反恐应急的主要力量,负责各类治安管理和刑事侦查工作,同时指导地铁运营公司和安保企业;乘客应该遵守《乘客守则》要求,做到文明乘坐、安全出行。另外,对地铁相关行政管理部门的工作人员存在未依照规定组织地铁试运营认定的、违法实施地铁安全保护区作业许可的、未履行安全检查或安全评价等安全监管职责的,以及其他滥用职权、玩忽职守、徇私舞弊的行为,要及时给予相应处分以儆

---

① 中国城市轨道交通协会:《城市轨道交通2020年度统计和分析报告》,https://www.camet.org.cn/.

② 轨道交通系统涉及的公共场所环境卫生和秩序管理属于"公共事务",符合《行政处罚法》关于"法律、法规授权的具有管理公共事务职能的组织可以在法定授权范围内实施行政处罚"的规定。

效尤。

(五)立法核心应妥善处置各类突发事件

地铁独特的隧洞结构、密闭运行线路,以及狭窄的地下空间,存在很大的风险,一旦发生事故灾难、公共卫生事件或社会治安事件,就会严重威胁群众生命财产安全。为此,地铁安全管理立法的核心是日常安全制度和应急管理制度,这就要求除了要制定各项法律法规章制度以外,还应按照《突发事件应对法》要求,详细做好各类专项预案,并开展演练演习,严防各类突发事件。根据各地轨道交通运营管理或运营单位的信息披露,目前全国尚有城市未查询到相关应急预案。[①] 由于地铁往往与城市交通枢纽相关联,如地铁与火车站、机场航站楼、港口等无缝驳接,可这些交通枢纽会因公安管理体制的制约,造成若干"插花地带",以武汉市汉口火车站为例,其火车站候车楼内由武汉铁路公安局负责,经过火车站的地铁区域又由武汉市公安局轨道分局负责,而火车站地面广场则由武汉市公安局江汉分局负责,另外还有湖北武警总队和武汉公安局特警支队驻守,加上火车站和地铁换乘站内的辅警、安检人员和工作人员,这么多的治安力量共同联防联治和群防群治,亟需立法明确相应权责和工作程序,坚决防止出现类似"2014.3.1昆明火车站暴恐案"等重大突发治安事件,共同维护好城市安全和人民安宁。

---

① 各类总体预案和专项预案属于信息公开事项,能够在相关网站查询。

第3章 地铁运营风险管控

"对易发重特大事故的行业领域采取风险分级管控、隐患排查治理双重预防性工作机制,推动安全生产关口前移。"①安全生产是保护劳动者的安全、健康和国家财产,促进社会生产力发展的基本保证,也是保证社会主义经济发展,进一步实行改革开放的基本条件。地铁的出现也伴生着多种事故危险,其危险源既有物理性的、化学性的、生物性的,又有心理的或者生理性的、行为性的等。识别威胁地铁安全的风险,加强隐患排查治理和预防控制体系、安全生产监管信息化和应急救援、监察监管能力等建设,构建责任全覆盖、管理全方位、监管全过程的安全生产综合治理体系和长效机制,是全面提高地铁安全生产水平的有效路径。

一、地铁运营风险因素

(一)人为因素

地铁运营安全与许多活动有关,各项活动都依赖于安全、高效、可靠的人的行为。运营工作每项作业、每个环节都是由人来参与,并处于主导地位的,即便是无人驾驶技术的运用,也离不开后台的人工设计、控制、监督等各项隐形作业。可谓说,正是由于人在地铁运营工作中的重要地位,才使得人的因素

---

① 2021年8月11日,习近平总书记在中央政治局常务会议上对安全生产工作提出的明确要求。

在地铁运营安全中起着关键的作用。随着地铁系统设备安全性的不断提高，由设备故障所导致安全事故的可能性总体呈现下降趋势。经统计人为因素的原因占全部事故的直接原因的90%以上。由此可见，加强安全管理对于重大安全事故的预防有着极为重要的意义。

1. 运营系统工作人员

地铁运营系统工作人员包括机车车辆系统、车辆段检修设备系统、自动售检票系统、通信系统、信号系统、防灾与报警系统、供电系统、给水与排水系统、通风空调系统、环境与设备监控系统等部门的各级管理人员、技术管理人员、作业人员，他们都是保证运营安全的关键的人。地铁运营实践表明，几乎每一起重大事故都与工作人员特别是作业人员和管理人员的失职有关系，如"2021.7.20郑州地铁5号线事件"，由于极端暴雨引发严重城市内涝，涝水冲毁五龙口停车场挡水围墙、灌入地铁隧道，郑州市地铁集团有限公司和有关方面应对处置不力、行车指挥调度失误，违规变更五龙口停车场设计、对挡水围墙建设质量把关不严，造成14人不幸遇难的责任事件①。因此，对运营系统工作人员进行安全教育和培训是十分必要的，也是非常紧迫的。

2. 运营系统以外人员

运营系统以外的人员主要指乘客、轨道交通沿线的居民、可能穿越或攀扒轨道交通线路的以及可能影响地铁运营安全的其他人员等。在常见的地铁运营安全事故中，由人员侵入限界导致的伤亡事故占地铁事故的六成以上，如2021年6月，无锡李女士为了不错过即将关门的地铁，快速冲进车门，结果随身携带的拖车被夹住，在用力拉拽拖车过程中，她自己不仅腰椎受伤骨折，而且造成列车暂时停运、全线乘客留滞。

---

① 2021年8月，时任总理李克强考察郑州地铁5号线隧道受灾现场指出，城市建设要把搞好"里子工程"摆在更加重要位置，首先是安全工程。要整治城市设施安全隐患，提高建设和安全标准，提升管理水平。强化预警和应急响应机制，在撤离避险标准上留足富余，生命至上，避险为要，紧急情况下地铁、隧道等该停就停、该封就封，保护群众生命财产安全。

（二）设备因素

设备是除人之外影响地铁运营安全的另一个重要因素，设备质量的良好是地铁运营安全的置要保证，1995年12月12日北京地铁就发生了因车辆挂钩销子松动酿成的重大事故，当时2023次列车在玉泉路站因故障紧急制动，2024次列车搭载部分乘客前往进行重联救援，两车链接的十字头钩头未按照相关要求固定销子，导致溜车而相撞。影响地铁运营安全的基础设施设备主要有：土建设施(站台、隧道、桥涵、路基、轨道)、线路设备、机车车辆、供电系统设备、通信系统设备、信号系统设备、屏蔽门、电梯与自动扶梯、通风管道和空调、给水排水设施等。

1. 供电系统设备

供电系统主要危险是电气火灾和触电。电气火灾原因主要有：当电路发生短路时，电流可能超过正常时的数十倍，致使电线、电气温度急剧上升，远远越过最大值，而且常伴有短路电弧发生而造成火灾；线路、变压器超载运行，将导致其绝缘材料过热起火；导线接头连接不牢或焊接不良，均会使接触电阻过高导致接头过热起火；接触不良的电线接头、开关接点、滑触线等还会迸发火花，引燃周围易燃易爆物质；变压器一般都配备有散热设备如风叶、散热器等，如果风叶断裂、废压器油面下降等，会导致散热不良，使电器热量累积起来；电缆沟、电缆井内电缆过密，散热不良易会引起火灾。引起触电事故的主要原因除了设备缺陷、设计不周等技术因素外，大部分那是违章作业、违章操作，如2020年6月22日，在深圳盐田区地铁8号线一期工程8132标段盐田路站C出口施工中，电气带班组长兼职安全管理人员何某某安排杨某某、龙某某连接C出口的应急照明，以及大厅广告灯箱插座等工作，后杨某某在接线操作时不慎触电倒地，送往盐田人民医院急诊科抢救无效死亡，项目现场负责人高某担心因安全生产事故导致停工等后果，伪造事故现场，隐瞒生产安全事故真相。事故调查组建议，公安机关依法追究高某刑责[①]。因此，要对运营工作

[①] 见李莹莹：《深圳官方披露一地铁施工事故：工人触电身亡，负责人试图瞒报》，载《澎湃新闻》2020年9月29日。

人员操作正确性进行监督,防止在实际运营过程中由于人的精力和体力出现不适应而造成运营事故。

2. 车辆系统设备

地铁列车车型是指地铁系统①所使用大运量的列车车辆的类型。世界各地轨道交通车型没有统一的标准,而是往往取决于各地客流量与建设传统,依据标准定制;我国地铁系统主要分为使用 A 型、B 型、As 型、Ah 型和 Lb 型车辆的地铁列车,使用 C 型和 LC 型车辆的轻轨列车,亦有行业内普遍达成共识的市域 A 型、市域 B 型、市域 C 型、市域 D 型的市域铁路车辆。根据建标 104—2008《城市轨道交通工程项目建设标准》,地铁各类车辆主要技术规格应符合规定,见表 3-1。地铁列车在运营过程中可能存在的危险有:列车失控、列车脱轨、列车相撞等,从而造成严重的伤亡事故;车辆的安全标志不醒目,可能造成机械伤害事故,并且在事故发生后,不利于人员疏散,也不利于应急救援;列车内空调供暖等易引起火灾,且列车装饰材料选择不环保,燃烧就会产生有毒、有害烟气,加重事故后果。有数据表明,80%以上的重大和特大地铁运营安全事故是车辆事故,而列车追尾是最为多见的事故类型,其次是出轨。事故的头号原因是司机或者调度人员的违规操作或者操作失误。同时,受经济状况影响,部分线路和列车的设备陈旧、缺少维护,也是造成事故的重要客观原因,如 2023 年 1 月 7 日,墨西哥城地铁 3 号线发生了地铁车辆相撞事故,造成 1 人死亡,106 人受伤;1 月 11 日,地铁 5 号线科技学院站发生火灾事故,起火原因是地铁车辆的轮子发生爆胎,导致金属轮圈与轨道发生剧烈摩擦,引发了电气线路的短路进而引发起火,有 500 名乘客被疏散,人员伤亡不详。② 有专家指出,墨西哥地铁设施老旧、车辆系统设备维护保养经费不足,是导致近年来地铁事故频发的原因。

---

① "地铁系统"专指地铁集团专营的轨交线路,一般包括有地铁、轻轨、空轨、磁浮、有轨电车等。

② 见盛嘉迪、吕兴林:《墨西哥城一地铁站内发生起火事故,超 500 人被疏散》,载《央视新闻》2023 年 1 月 12 日。

表 3-1 轨道交通系统各类车型主要技术规格

项目名称		A型车	B型车	C型车	D型车	L型车	单轨车
车辆驱动特征		钢轮/钢轨					胶轮/跨座单轨
		旋转电机				直线电机	
车轴数		四轴		4、6、8轴		四轴	四轴
车辆轴重		≤16	≤14	≤11		≤13	≤11
车厢基本长度(m)	单司机车厢	23.6	19	—	—	17.2	14.6(5.5)
	无司机车厢	22.0	19	—	—	16.84	13.9(14.6)
车厢基本宽度(m)		3.0	2.8	2.6		2.8	2.9
车辆高度	受流器车 有空调	3.8		3.7		≤3.625	车辆总高≤5.53 轨面以上高3.84
	受流器车 无空调	3.6		—		—	
	受电弓工作高度	3.9~5.6				—	
	受电弓落弓高度	3.81		3.7		3.560	
车内净高(m)		2.10~2.15		≥2.1			2.2
地板高度(m)		1.13	1.10	0.95	0.35	0.93	1.13
转向架中心距(m)		15.7	12.6	11.0	10.70	11.14	9.6
固定轴距(m)		2.2~2.5	2.2~2.3	1.8~1.9	1.7~1.8	1.9~2.0	走行轮 1.5 / 导向轮 2.5
车轮直径(mm)		840		760	660	730	走行轮 1006 / 导向轮 730
车门数		5	4	—	4	3	2
车门宽度(m)		≥1.3~1.4		1.3~1.4		1.4	1.3
车门高度(m)		≥1.8				1.86	1.82
定员	单司机车厢	310	230	—	238	217	151(211)
	其中：座席	56	36	—	66	28	32
	无司机车厢	310	250	—	242	165(230)	
	其中：座席	56	46	—	32	36	

续表

项目名称		A型车	B型车	C型车	D型车	L型车	单轨车
车辆最高速度(km/h)		80~100		80		90	80
启动平均加速度		0.83~1.0		0.85		0.95	≥0.833
常用制动减速度		1.0		1.1		≥1.0	≥1.1
紧急制动减速度		1.2		1.5		≥1.3	≥1.25
等效噪声(dB)	司机室内	≤80		≤75		—	≤70
	客室内	≤83		≤75		75	≤75
	车外	80~85		≤80		80	≤75

3. 通信信号系统

地铁专用通信系统是保证列车及乘客安全，以及列车快速准点、高效运作的必不可少的信息传输系统。当发生紧急情况时，通信系统应能迅速转为应急通道，为防灾、救援和事故处理提供方便。同时，若通信系统的电源发生故障或通信设备本身发生故障等问题时，各种行车、票务及控制信息出现间断性不可靠传输，易会引发事故或使事态扩大。信号系统是整个地铁运营的大脑，它保证列车和乘客的安全，实现快速、高密度、有序运行的功能。信号系统的不完善或信号系统设备故障，相当于大脑瘫痪，则运营整体处于瘫痪状态，或者不能保证运营安全，如2014年11月29日港铁荃湾线荔景站附近有信号故障，当时正值荃湾线上班繁忙时段，全线列车延误，乘客受阻后纷纷"丧闹"港铁。

4. 环控通风系统

地铁的地下环境密闭、空间狭窄，连通地面的疏散口相对较少，逃生路径较长；发生火灾时，不仅火势蔓延快，而且积聚的高温浓烟很难自然排除，会迅速在地铁的隧道、车站内蔓延；同时，如果将通风通道或风亭改作自行车停放处、商储或其他管理用房，妨碍了通风系统的正常运作，则势必会加重事故恶果。环控通风系统故障会造成疏散和救援困难，严重威胁乘客、工作人员和抢险救援人员的生命安全，如世界最惨烈地铁火灾事故的"1995.10.28阿塞拜疆巴库地铁火灾案",致 300 人死亡,至少 250 人受伤,事故原因是机车电路故障引起的,导致列车的照明系统、通风系统等设备停止工作,同时也引发了火灾。由于列车内没有足够的灭火设备和逃生通道,导致大量乘客被困在车厢内,最终导致了严重的人员伤亡和财产损失。这起事件的教训是非常深刻的,不仅提醒了人们对于电气设备的维护和管理,也强调了在紧急情况下的应急措施和逃生训练的重要性。

5. 给排水系统

地铁主要运行在地下隧洞中,如果给排水系统不良,如污水乱排以及污水、垃圾排入隧道等影响地铁内环境卫生,造成污染和职业伤害;给排水管道的防腐、绝缘效果不到位,发生渗漏现象等;隧道内排水系统不完善,隧道防水设计等级不够,导致涝灾或地表水侵入,地面塌陷;车站出入口的低平高度低于防洪设防要求,遇水倒灌;杂散电流腐蚀给排水管道等,这些给排水系统问题都可能会给地铁运行带来巨大的风险。浙江杭州地铁 1 号线金沙站在 2022 年 5 月 18 日就因暴雨发生了严重的漏水事故,在地铁站内部的局部区域,形成了从上到下水柱倾泻而下的局面,整体站体内部几乎全部被水淹没,深度差不多有十几厘米,造成地铁线路暂时停运。

6. 屏蔽门系统

屏蔽门系统是地铁的加强设施,具有安全、节能、环保、增加候车的有效面积的特点,为乘客提供舒适的乘车环境,在地铁系统中发挥着非常重要的作用。但是地铁屏蔽门也存在一些安全风险,如乘客不顾警告倚靠屏蔽门、不排队拥挤上车或关门感应失效而造成屏蔽门夹人等,如 2022 年 1 月 22 日下午 4 点 30 分左右,上海地铁 15 号线祁安路站一名老年女乘客下车时被屏蔽门夹住,虽有工作人员急速上前试图帮助她脱困,但其后经送医抢救仍不幸身亡。①

---

① 周卓傲:《上海地铁一乘客被屏蔽门夹住身亡,官方已介入调查》,载《中国新闻网》2022 年 1 月 25 日。

图3-1 "2022.1.22上海地铁15号线事故"现场视频截图

(三) 环境因素

地铁运营安全的环境影响因素分为自然环境和社会环境：自然环境包括作业环境、通过管理所营造的运营系统的内部环境；外部环境包括地震、风、雨、雷、电、雾、雪、冰等气候因素、季节因素、时间因素等；社会环境包括社会的政治环境、经济环境、管理环境、技术环境、法律环境、社会风气等。这些环境因素通过一定接触途径与系统发生相互作用，才能实质性影响到系统的安全状态，进而导致事故发生。这种干扰与系统相接触的途径和环境被称之为运营安全事故的暴露条件或作用场景，简称"暴露"。由于地铁系统的结构和功能的复杂性，以及运营空间的开放性，地铁系统对各种环境因素几乎都是易感的，但对不同的环境因素引起的地铁易感程度不同，轻者停运，重者造成地铁事故灾难，如2021年10月24日13时11分，中国地震台网正式测定，在台湾宜兰县(北纬24.55度，东经121.80度)发生6.3级地震，台北地铁暂时全线停驶，全体作人员尽职尽责引导地铁乘客井然有序地离开危险区域，没有造成人员伤亡。其实，地铁为了抗震，一般都设防烈度为7度，如果附近发生强烈地震，只要地震烈度不超过地铁设防等级，地铁站内是相对安全的；而且建在地底下的地铁并不会受到地面震动的影响，简单来说就是惯力，这就是位于地下的地铁受到损害却小于地面受损程度的原因，但是也并不是说地铁不并不会受到地震的影响。如果地铁的防震级数它低于地震的级数的话，地铁还是会受到地震所带来的的影响。而且在地震时虽然地铁里面没有什么太大的影响，但是地铁口周围地标建筑都会受到影响从而倒塌，如 1995 年 1 月 17 日，日本阪神发生 7.2 级地震，造成地铁车站及区间隧道发生严重损害，有的车站近一半坍塌，这也促使了后来对地铁工程抗震能的深入研究。

（四）管理因素

安全是地铁科学发展之本，是地铁和谐发展之基，是地铁运营效益之道，是地铁员工幸福之源，是地铁的生命线，而管理管理因素就是实现地铁安全运营的基础，其中，管理机构应该分工明确、权责清晰，管理人员应该专业、专职，管理制度应该规范、完备。尽管当前地铁运营管理在应对突发事故的处理上已经有了一定的进步，但由于地铁运营安全管理不完善对地铁的安全运营产生了许多不利影响，比如地铁检修系统的不完善，缺乏及时的检修工作，没有进行明确的人员分工安排，导致在地铁运行中出现列车脱轨、机器故障等设备问题，地铁通讯信号故障问题，电力供应不足等都是由于在地铁安全运营管理中没有做好管理细化，缺乏明确的分工、严格的规章制度的约束，导致了地铁突发事故的发生。在地铁运营管理之中无论是人员管理，还是设备管理上都还缺乏完善的运营管理体制，是造成突发事件高发的重要原因。因此需要重视地铁管理因素，制定规范化、严格的、细致的工作分工和制度体制，保证安全管理工作的严谨性，避免安全事故隐患。例如加强对地铁设备检修工作的管理，制定严格的检修标准，设备正常运行合格标准，做好人员安排责任到人，保证地铁各项设施设备在实际运行工作中都是合格、正常的。建立有效的监督管理体制，对工作人员的工作状态、工作结果做好有效监督，保证工作人员的工作状态，时刻保持警惕，尤其是地面检测人员，对乘客携带物品进行严格检测管理，禁止将违禁物品带上地铁，避免违法犯罪行为的发生。

二、地铁运营的危险源

(一)危险源的含义

1. 危险源的界定

危险源是指可能造成人员伤害、职业病、财产损失、作业环境破坏,或前述情况组合的根源或状态,是危险因素和有害因素的总称。作为危险源,它具有三个基本要素:一是潜在危险性,即一旦触发事故可能带来的危害程度或损失大小,或者说危险源可能释放的能量强度或危险物质量的大小;二是存在条件,即危险源所处的物理、化学状态、约束条件状态;三是触发因素,即转化为事故的敏感触发点。

2. 危险源的分类

根据导致事故的性质,按照《生产过程危险和危害因素分类代码》(GB/T 13816—4009)①的规定,可以将危险源分人的因素、物的因家、环境因素及管理因素4大类、15中类、90个小类和86个细类,如表3-2所示。

表3-2 生产过程危险和有害因素分类与代码表

代码	名称	说明
1	人的因素	
11	心理、生理性危险和有害因素	
1101	负荷超限	
110101	体力负荷超限	包括劳动强度、劳动时间延长引起疲劳、劳损、伤害等的负荷超限
110102	听力负荷超限	

---

① 《生产过程危险和有害因素分类与代码》国家标准(GB/T 13861—2022)由国家市场监督管理总局、国家标准化管理委员会批准发布,于2022年10月1日起正式实施。

续表

代码	名称	说明
110103	视力负荷超限	
110199	其他负荷超限	
1102	健康状况异常	伤、病期等
1103	从事禁忌作业	
1104	心理异常	
110401	情绪异常	
110402	冒险心理	
110403	过度紧张	
110499	其他心理异常	
1105	辨识功能缺陷	
110501	感知延迟	
110512	辨识错误	
110599	其他辨识功能缺陷	
1199	其他心理、生理性危险和有害因素	
12	行为性危险和有害因素	
1201	指挥错误	
120101	指挥失误	包括生产过程中的各级管理人员的指挥
120102	违章指挥	
120199	其他指挥错误	
1202	操作错误	
120201	误操作	
120202	违章作业	
120299	其他操作错误	
1203	监护失误	
1299	其他行为性危险和有害因素	
2	物的因素	
21	物理性危险和有害因素	

续表

代码	名称	说明
2101	设备、设施、工具、附件缺陷	
210101	强度不够	
210102	刚度不够	
210103	稳定性差	抗倾覆、抗位移能力不够,包括重心过高、底座不稳定、支承不正确
210104	密封不良	是指密封件、密封介质、设备辅件、加工精度、装配工艺等缺陷以及磨损、变形气蚀等造成的密封不良
210105	耐腐蚀性差	
210106	应力集中	
210107	外形缺陷	是指设备、设施表面的尖角利棱和不应有的凹凸部分等
210108	外露运动件	是指人员易触及的运动件
210109	操纵器缺陷	是指结构、尺寸、形状、位置、操纵力不合理及操纵器失灵、损坏等
210110	制动器缺陷	
210111	控制器缺陷	
210199	设备、设施、工具、附件其他缺陷	
2102	防护缺陷	
210201	无防护	
210202	防护装置、设施缺陷	是指防护装置、设施本身安全性、可靠性差,包括防护装置、设施、防护用品损坏、失效、失灵等
210203	防护不当	是指防护装置、设施和防护用品不符合要求、使用不当。不包括防护距离不够
210204	支撑不当	包括矿井建筑施工支护不符合要求

续表

代码	名　　称	说　　明
210205	防护距离不够	是指设备布置、机械、电气、防火、防爆等安全距离不够和卫生防护距离不够等
210299	其他防护缺陷	
2103	电伤害	
210301	带电部位裸露	是指人员易触及的裸露带电部位
210302	漏电	
210303	静电和杂散电流	
210304	电火花	
210399	其他电伤害	
2104	噪声	
210401	机械性噪声	
210402	电磁性噪声	
210403	流体动力性噪声	
210499	其他噪声	
2105	振动危害	
210501	机械性振动	
210502	电磁性振动	
210503	流体动力性振动	
210599	其他振动危害	
2106	电离辐射	包括 X 射线、Y 射线、α 粒子、β 粒子、中子、质子、高能电子束等
2107	车电离辐射	
210701	紫外辐射	
210702	激光辐射	
210703	微波辐射	
210704	超高频辐射	
210705	高频电磁场	

续表

代码	名称	说明
210706	工频电场	
2108	运动物伤害	
210801	抛射物	
210802	飞溅物	
210803	坠落物	
210804	反弹物	
210805	土、岩滑动	
210806	料堆(垛)滑动	
210807	气流卷动	
210899	其他运动物伤害	
2109	明火	
2110	高温物质	
211001	高温气体	
211002	高温液体	
211003	高温固体	
211099	其他高温物质	
2111	低温物质	
211101	低温气体	
211102	低温液体	
211103	低温固体	
211199	其他低温物质	
2112	信号缺陷	
211201	无信号设施	是指应设信号设施处无信号，如无紧急撤离信号等
211202	信号选用不当	
211203	信号位置不当	

续表

代码	名　称	说　明
211204	信号不清	是指信号量不足，如响度、亮度、对比度、信号维持时间不够等
211205	信号显示不准	包括信号显示错误、显示滞后或超前等
211299	其他信号缺陷	
2113	标志缺陷	
211301	无标志	
211302	标志不清晰	
211303	标志不规范	
211304	标志选用不当	
211305	标志位置缺陷	
211399	其他标志缺陷	
2114	有害光照	包括直射光、反射光、眩光、频闪效应等
2199	其他物理性危险和有害因素	
22	化学性危险和有害因素	依据 GB13690 中的规定
2201	爆炸品	
2202	压缩气体和液化气体	
2203	易燃液体	
2204	易燃固体、自燃物品和遇湿易燃物品	
2205	氧化剂和有机过氧化物	
2206	有毒品	
2207	放射性物品	
2208	腐蚀品	
2209	粉尘与气溶胶	
2299	其他化学性危险和有害因素	
23	生物性危险和有害因素	
2301	致病微生物	
230101	细菌	

续表

代码	名称	说明
230102	病毒	
230103	真菌	
230199	其他致病微生物	
2302	传染病媒介物	
2303	致害动物	
2304	致害植物	
2399	其他生物性危险和有害因素	
3	环境因素	包括室内、室外、地上、地下(如隧道、矿井)、水上、水下等作业(施工)环境
31	室内作业场所环境不良	
3101	室内地面滑	是指室内地面、通道、楼梯被任何液体、熔融物质润湿,结冰或有其他易滑物等
3102	室内作业场所狭窄	
3103	室内作业场所杂乱	
3104	室内地面不平	
3105	室内梯架缺陷	包括楼梯、阶梯、电动梯和活动梯架,以及这些设施的扶手、扶栏和护栏、护网等
3106	地面墙和天花板上的开口缺陷	包括电梯井、修车坑、门窗开口、检修孔、孔洞、排水沟等
3107	房屋基础下沉	
3108	室内安全通道缺陷	包括无安全通道、安全通道狭窄、不畅等
3109	房屋安全出口缺陷	包括无安全出口,设置不合理等
3110	采光照明不良	是指照度不足或过强,烟尘弥漫影响照明等
3111	作业场所空气不良	是指自然通风差、无强制通风、风量不足或气流过大、缺氧、有害气体超限等
3112	室内温度,湿度、气压不适	

续表

代码	名　称	说　明
3113	室内给、排水不良	
3114	室内涌水	
3199	其他室内作业场所环境不良	
32	外作业场所环境不良恶劣	
3201	气候与环境	雹、暴雨雪、洪水浪涌、泥石流、地震、海啸等
3202	作业场地和变通设施湿滑	包括铺设好的地面区域、阶梯、通道、道路、小路等被任何液体、熔融物质润湿、冰雪覆盖或有其他易滑物等
3203	作业场地狭窄	
3204	作业场地杂乱	
3205	作业场地不平	包括不平坦的地面和路面，有铺设的、未铺设的、草地、小鹅卵石或碎石地面和路面
3206	航道狭窄，有暗礁或险滩	
3207	脚手架、阶梯和活动梯架缺陷	包括这些设施的扶手、扶栏和护栏、护网等
3208	地面开口缺陷	包括升降梯井、修车坑、水沟、水渠等
3209	建筑物和其他结构缺陷	包括建筑中或拆除中的墙壁、桥梁、建筑物筒仓、固定式粮仓、固定的槽罐和容器屋顶、塔楼等
3210	门和围栏缺陷	包括大门、栅栏、畜栏和铁丝网等
3211	作业场地基础下沉	
3212	作业场地安全通道缺陷	包括无安全通道，安全通道狭窄、不畅等
3213	作业场地安全出口缺陷	包括无安全出口设置不合理等
3214	作业场地光照不良	是指光照不足或过强、烟尘弥漫影响光照等

续表

代码	名　称	说　明
3215	作业场地空气不良	是指自然通风差或气流过大、作业场地缺氧、有害气体超限等
3216	作业场地温度、湿度、气压不适	
3217	作业场地涌水	
3299	其他室外作业场地环境不良	
33	地下(含水下)作业环境不良	不包括以上室内室外作业环境已列出的有害因素
3301	隧道/矿井顶面缺陷	
3302	隧道/矿井正面或侧壁缺陷	
3303	隧道/矿井地面缺陷	
3304	地下作业面空气不良	包括通风差或气流过大、缺氧、有害气体超限等
3305	地下火	
3306	冲击地压	是指井巷(采场)周围的岩体(如煤体)等物质在外载作用下产生的变形能,当力学平衡状态受到破坏时,瞬间释放,将岩体、气体、液体急剧、猛烈抛(喷)出造成严重破坏的一种井下动力现象
3307	地下水	
3308	水下作业供氧不当	
3399	其他地下作业环境不良	
39	其他作业环境不良	
3901	强迫体位	是指生产设备、设施的设计或作业位置不符合人类工效学要求而易引起作业人员疲劳、劳损或事故的一种作业姿势
3902	综合性作业环境不良	显示有两种以上作业环境致害因素且不能分清主次的情况
3999	以上未包括的其他作业环境不良	
4	管理因素	

续表

代码	名　　称	说　　明
41	职业安全卫生组织机构不健全	
42	职业安全卫生责任制未落实	包括组织机构的设置和人员的配置
43	职业安全卫生管理规章制度不完善	
4301	建设项目"三同时"制度未落实	
4302	操作规程不规范	
4303	事故应急预案及响应缺陷	
4304	培训制度不完善	
4399	其他职业安全卫生管理规章制度不健全	包括隐患管理事故调查处理等制度不健全
44	职业安全卫生投入不足	
45	职业健康管理不完善	包括职业健康体检及其档案管理等不完善
49	其他管理因素缺陷	

以上标准的编码方法采用层次码，用6位数字表示，共分四层。第一、二层分别用一位数字表示大类、中类；第三、四层分别用二位数字表示小类、细类。如下图。

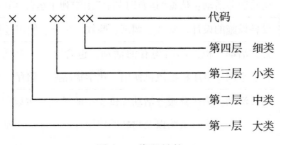

图 3-2　代码结构

3. 危险源的形态

(1) 常规状态，指正常生产过程中的危险源的存在方式。

(2) 非常规状态，可以分成异于常规、周期性或者临时性的作业活动；偶尔出现、频率不固定，但可预计出现的状态；由于外部的原因(如天气)导致的非常规状态，如启动、关闭、试车、停车、清洗、维修、保养等三种情况。

(3)潜在的紧急情况：包括往往不可预见其后果的情况；后果是灾难性的，不可控的情况，如火灾、爆炸、严重的泄漏、碰撞及事故等。

(二)地铁运营危险源的识别

地铁运营危险源是指可能造成人员伤害、职业病、财产损失、作业环境破坏行车等各类事故，或其组合的根本原因或状态。地铁运营危险源的识别，是确认地铁运营过程中危险源的存在并确定其特性的过程，涉及员工的安全、行车安全、设备安全、消防安全、乘客及相关方安全、财产损失和列车延误等范畴。

1. 危险源识别范围

危险源识别范围包括地铁覆盖内工作区域，及其他相关范围内的生产经营活动、人员、设施等。根据地铁管理及其他活动情况可分成常规活动、非常规活动、潜在的紧急情况，各活动所包含的主要内容下表。

表 3-3　　　　　　　　　　地铁活动主要内容表

活动类别	主要内容
常规活动	运营服务活动：依据"运营时刻表"组织列车运营客运服务过程
	设备设施的设计、安装、调试、验收、接管、使用过程
	公共活动：相关部门均有的活动，包含办公、电梯、叉车、消防设施、空调、空压机抽风机使用、化学物品搬运储存、废弃等
	间接活动：为运营服务活动提供支持的活动，主要包括物资部仓库管理、检验、物料采购以及物料的使用管理、食堂管理等
非常规活动	设备设施维护保养，消防及行车疏散演练，因公外出，合同方在总部的活动(如工程施工、维修清洁等)
潜在的应急情况	如火灾、爆炸、化学物品泄漏、中毒、台风、雷击、碰撞等事故事件(潜在的紧急情况的危险辨识需考虑紧急情况发生时和发生后进行抢险救援过程中存在的危险)

2. 危险源事故类型

在进行危险源识别前必须把危险源事故类型确定下来，以防止危险源识别不清晰、不全面，通过借鉴国家标准《企业职工伤亡事故分类》(GB6441—1986)及分析地铁运营过程可能产生的行车事故、列车延误及财产损失等事故类别，确定危险源事故类型如下表。

表 3-4　　　　　　　　　　危险源事故类型表

类别编号	事故类别名称	备注
01	物体打击	伤害事故
02	车辆伤害	伤害事故
03	机械伤害	伤害事故
04	起重伤害	伤害事故
05	触电	伤害事故
06	淹溺	伤害事故
07	灼烫	伤害事故
08	火灾	伤害事故
09	高处坠落	伤害事故
10	坍塌	伤害事故
11	容器爆炸	伤害事故
12	其他爆炸	伤害事故
13	中毒和窒息	伤害事故
14	其他伤害	伤害事故
15	噪声聋	职业病
16	尘肺	职业病
17	视力受损	职业病
18	其他职业病	职业病
19	健康受损	健康危害
20	财产损失 2000 元以上	无伤害事故
21	列车延误	无伤害事故

续表

类别编号	事故类别名称	备注
22	行车事故/事件	有伤害事故
23	可能引发列车事故/事件的设备缺陷或行为	不明隐患
24	其他事件/事故	无伤害事件/事故

3. 危险源识别对象

在各个部门列出识别范围内的活动或流程所涉及的所有方面后，选用适当的设备分析法、工艺流程分析法，或其他划分方法，根据事故类型划分危害事件，并根据以下内容划分危险源识别对象：

(1)对车辆设备大修的活动，可按照其工艺流程分析法划分识别对象。

(2)对设备维修及保养的活动，可按照以设备分析法为依据划分的设备作为危险源识别对象，并结合活动实施过程划分。

(3)使用设备时可根据具体操作过程划分。

(4)根据采购、存放、检测设备的过程划分。

(5)根据行车组织、客运组织过程划分。

(6)针对每一危险源辨识对象，参考危险源事故类型表，识别可能存在的事故，并登记危险源辨识及风险评价登记表中。

表3-5　　　　　　　　危险源辨识及风险评价登记表

序号	部门/地点	活动	设备/设施/物料	危害事故	事故类型	危险源	危险源类别	风险评价			风险级别	控制措施
								危险发生可能性	事故后果严重性	风险值		

(三)地铁运营危险源

1. 行车危险

由于列车晚点会造成列车运力不足或集中到达,使车站客流组织难度加大,客运力量薄弱的车站,易发生客流拥挤甚至旅客受伤的情况;由于晚点列车需要临时调整其停车时间或发车时间,给中央行车调度的指挥带来难度,易发生行车问题;列车运行时由于界限,可能发生列车刮蹭、碰撞等事故发生;由于突发事件的行车组织不当,会造成客流无法及时疏散至安全区域,引发踩踏事故,如1991年8月28日,美国纽约地铁列车在运行中脱轨,10节列车车厢受损,机车随即起火,5人死亡,155人受伤。

2. 线路及隧道危险

由于超出界限,造成隧道内设备设施与列车的碰撞;地铁在突发情况下,人员在区间疏散过程中易发生跌落、机械伤害、踩踏等;由于地质条件,线路周围新建扩建工程等原因造成的隧道坍塌破坏;隧道内的结构渗水、暴雨天气下聚集的雨水及市政水管破损进入隧道等情况对地铁工程的安全运营构成威胁;沿线存在的危险的设备设施(如加油站、加气站等)对安全运营构成威胁;由于隧道结构强度达不到设计及现行标准规范要求,可能造成隧道坍塌的危险,对运营安全造成的影响;若外来闲杂人员进入车辆段基地、隧道区间,将对人员及地铁安全造成影响,如1995年4月28日,韩国大邱市地铁在施工中煤气泄漏发生爆炸火灾,103人死亡,230人受伤。

3. 轨道危险

轨道结构直接承载着列车的运行,对行车安全起着至关重要的作用,因此设计中应加强轨道设备的选型,确保轨道结构具有足够强度和稳定性;整体道床的施工质量将直接影响轨道的平顺性和稳定性,从而影响列车运行安全;轨道设备(如钢轨、扣件、道岔、支承块)的质量对行车安全也将产生重要影响;运营期间可能会出现钢轨断裂、轨道不平顺、扣件松动以及整体道床开裂等危及安全行车。如2000年11月11日,奥地利萨尔茨堡州基茨施坦霍恩山,一组满载旅客的高山地铁列车在隧道内运行中因轨道故障而引发火灾,造成155

人死亡，18人受伤。

4. 车站危险

建筑防火危险包括车站站台层、站厅、出入口楼梯、疏散通道等乘客集散部位，其墙面、地面、顶面及其他部位的装修材料选择不当，可能会引发火灾事故；车站设置防火分区及防烟分隔不当，造成火灾事故发生后不能有效控制；安全疏散距离、安全出口数量、安全门出口、楼梯疏散通道的最小净距必须满足规范要求，设置醒目的疏散指示；地面用房及出入口、风亭等附属设施与相邻建筑的距离必须满足建筑防火规范的要求等[①]；建筑防淹危险包括由于存在因暴雨、洪水及排水设施等缺陷，造成车站内被淹、站厅地面湿滑等危险；车站设备设施危险如自动扶梯运行中可能会发生反转、梯级下陷、驱动链断裂、梯级下滑、扶手带断裂等故障，有可能对乘客造成伤害。此外，自动扶梯在输送旅客时，如果旅客偶尔将头、手或胳膊伸出扶手外，就有被扶梯周围建筑碰伤或挤伤的危险；车站地面材料不防滑或防滑效果不明显，导致乘客及工作人员滑倒；建筑物装修材料选用不当，容易引发火灾且产生有毒烟气；站厅、站台内的盲道设置不齐全或设置不当，会给盲人造成不便，引发意外事故；车站出入口不能按设计要求全部开通，部分车站只能开通极少数入口，影响人员疏散。如1987年11月8日，英国伦敦皇十字街地铁站因自动扶梯下面的机房内产生电火花，引燃自动扶梯的润滑油，浓烟沿着楼梯通道四处蔓延，由于行驶列车带动的气流以及圆筒状自动扶梯的通风作用，致使火越烧越烈，人们争先恐后地冲向出口，32人被烧、压、窒息而死，100多人受伤。

5. 供电系统危险

地铁供电系统是地铁运营的能源保证，地铁系统属于一级用电负荷，必须有可靠的电源保证。地铁工程从城市电业电网取得电源，然后通过供电系统.向地铁车辆提供牵引动力电源；同时为地铁其他各种不同的设施提供安全、可靠的电源，使其发挥各自的功能和作用。地铁供电系统危险主要包括电气危

---

① 风亭进风出风口与最近建筑物的直线距离不得小于5m，否则周边建筑物发生火灾等事故时会影响地铁安全。

险、漏电触电危险、高压配电装置危险、过电压危险、继电保护系统危险、动力照明供电系统危险、接触网危险，以及其他用电危险等。如 2008 年 5 月 23 日，广州地铁 1 号线发生供电设备故障，造成部分路段停运 89 分钟，数万乘客受到影响，甚至一些乘客恐慌奔逃，以为发生了地震或爆炸。

6. 地铁通风、排烟系统危险

地下线部分是一个大型狭长的地下空间，仅有车站出入口、风亭、隧道洞口等少数部位与地面大气部位与地面大气相通。密集的乘客、高速运行的列车、各种机电设备的运行以及连续的照明都会产生很大热量，不及时有效地排除就会导致地铁地下线部分温度逐步上升和环境的恶化。因此应采用空调通风的手段来保证乘客工作人员及机电设备的环境要求。此外地铁地下线内的各种设备及列车运行产生的噪声、有害气体、列车活塞效应对车站空气环境的扰动，以及及隧道内因潮湿所造成的霉烂气味等，都会使地下环境不断恶化。地铁的通风系统由车站公共区通风系统、区间隧道通风系统、设备及管理用房通风空调系统组成。其中，车站公共区通风系统、区间隧道通风系统集成设置通过运行模式的转化，可实现车站与区间的外式运行、闭式运行、区间阻塞通风、区间火灾排烟及夜间通风。通风、排烟系统可能存在的危险主要有：通风系统管理缺陷，会妨碍通风系统的正常工作，如对风亭周边的管理；通风排烟模式设计不合理，积聚的高温浓烟很难排除，并迅速在地铁隧道和车站内蔓延；电动风阀故障以及排烟设施发生故障，无法及时排烟阻烟；人员操作错误，导致隧道火灾反向排烟，产生威胁生命安全。

7. 地铁给、排水系统危险

给排水系统主要负责全线的给水、排水及消防（包括水消防和气体消防）设计，其可能存在的危险因素包括管道的防腐绝缘效果不佳而发生泄露；隧道防水设计等级低导致涝灾或地表水侵入；污水乱排以及污水排入隧道等；管道被杂散电流腐蚀等。如 2003 年 7 月 1 日，上海地铁 4 号线发生管涌坍塌事故，引起隧道受损及周边地区沉降，3 幢建筑物严重倾斜，造成直接经济受失 1.5 亿元人民币，施工负责人被移送司法机关。

8. 地铁通信、信号系统、自动售检票系统危险

通信系统的电源发生故障或通信设备本身发生故障等问题时，就不能保证各种行车信息及控制信息不间断地可靠传输，从而引发事故的发生，如2009年6月22日，美国华盛顿两组地铁列车发生相撞事故，造成至少9人死亡，70多人受伤，事故原因为通信电脑系统故障；信号设备采用先进的电子设备和计算机设备，电子设备和计算机设备故障易引起火灾，电气设备损坏和使用不当会有触电事故发生；用于控制中心及正线地下区段的信号系统电缆，遇明火或其他原因也存在火灾的危险；另外，自动售检票系统由中央计算机系统、车站计算机系统及车站售检票设备组成。地铁运营过程中，自动售检票系统直接处理现金和有价车票、各种财务、票务数据、统计报表等，不仅存储现金和车票的各种终端设备容易受到暴力攻击，而且中央财务票务数据等也可能受到网络病毒、黑客等侵入，引起系统瘫痪，带来重大损失。如2004年7月21日，中国广州地铁1号线出现了运营6年来的首次大停电事故，导致部分路段瘫痪近2小时，3900名乘客退了票。

9. 车辆段基地及综合基地危险

车辆段基地可能存在的危险因素有：大空间厂房存在受雷击的危险；由于设备质量缺陷、安全装置失灵、操作失误、管理缺陷等因素均可发生起重机械伤害事故；进入平交道路的机动车辆由于视野受阻、车况不好、路况缺陷、道路安全设施不全、司机违章操作、行人违规等原因可发生车辆与列车相撞、人员伤害等危险；在检修车间若没有常规防护设施或设置不当，会造成人员伤害如各检查坑内两侧没设安全照明或安全护栏等；设备维修间、机械加工间、综合维修中心机电车间的冲压设备均属于易出事故的关键工位，直接威胁操作人员的人身安全如手指被压、卡断事故；高处坠落；存放的危险油料等危险化学品；车辆段基地内的喷漆室在使用过程中可能引发火灾爆炸危险及粉尘伤害。

10. 车辆危险

车辆作为地铁运输的交通工具载体，其安全性放在首位，发生车辆危险的情形通常有：列车脱轨，这类脱轨事故发生率较高，一般由车辆重大故障、列车调度失误或司机驾驶失误、轨道位移、道岔未设闲挡设施、尖轨和基本轨密贴程度差异、道岔损伤、轨枕损伤、道床损伤、钢轨断裂、列车超速、拱顶异物坠落、防脱护轮设备故障、小半径曲线等导致；列车碰撞，这类碰撞事故一般由列车超速行驶引起车辆追尾、正线无隔挡设施、警戒和曲线标志不明显、列车调度失误、列车自动控制系统故障、隧道出入口断裂、外物侵入列车限界、临时性线路改造、人员误入轨道、施工等所致。此外，其他车辆危险还包括列车内紧急制动装置、带电高压设备、消防设备及电器箱的误操作，以及高压电器设备的安全防护措施不当而引起的人员伤亡事故。

11. 屏蔽门系统危险

屏蔽门系统可能存在的危险因素有：由于屏蔽门的安全标志不清，造成的人员伤害事故；屏蔽门没有与列车门一一对应，阻碍乘客上下车；屏蔽门与列车门之间的间隙卡住乘客，造成人员伤亡的危险；屏蔽门故障导致开关失灵，紧急情况下发生门打不开、关不上、门轧人等事故。其实，对于地铁屏蔽门，乘客普遍有四个认识误区：一是以为屏蔽门遇阻就会弹开。这是因为人们在上下电梯的时候，如果电梯门即将关闭，人们会将手伸到两扇门之间，电梯门感应到物体就会重新打开。但地铁屏蔽门跟电梯门还是有很大不同，只有遇到厚度超过限定的被夹物体才会弹开。由于手的大小及触碰面积大小的不同，当我们伸出手去阻隔屏蔽门时，地铁屏蔽门可不一定会有所感应，这时屏蔽门非但不会弹开，反而会执着地继续关闭，造成不必要的伤害。所以，千万不要把手伸到屏蔽门之间。二是以为屏蔽门遇阻后会完全打开。试想，如果屏蔽门感应到物体后就完全打开，附近的乘客就可能"趁机"进入列车，再打开，再进入。在客流量较大的车站，这样的开开合合可能会反复多次，导致列车延误，危害运营安全。所以，在遇到障碍物时，地铁屏蔽门会再次进行开关门，在保证人能及时移开障碍物的同时，也保证列车能够按照计划及时出站。三是以为屏蔽门会反复开合。屏蔽门和列车门有两次防夹缓冲，反复弹开三次后，如再碰到障碍物，屏蔽门会完全打开。只要有一扇门没有全部关上，列车就不会启动，一直停在站台，直至所有车门、屏蔽门全部关闭。所以，在客流高峰期，大家的抢上、抢下行为，反而会增加大家的出行时间。四是以为只要挤进屏蔽门就能安全上车。有些乘客认为，只要挤进了屏蔽门，就一定能够顺利的挤进车厢。但这恰恰是最危险的，因为你很有可能被困在屏蔽门与车门的中间。虽然在各车站的屏蔽门都有加装障碍物探测保护装置，以防止人员被困在屏蔽门和车门中间。但是这个举动实在是太危险了！所以，当车门发出滴滴警报声，且黄灯闪烁时表示车门即将打开或关闭，请不要靠近车门。

12. 自然灾害危险

地铁在运营期间可能发生台风、暴雨、地震、雷电等自然灾害，这些灾害对地铁项目造成影响地铁项目的人员而且自然灾害还会引发次生灾害造成更大的危险。如2001年9月17日，受第16号台风百合登陆影响，台北市大部地区遭受水淹，交通瘫痪。地铁板南线、淡水线、中和线、新店线等，因遭水淹而停营6个月，造成数十万人交通不便。

13. 危险化学品危险

部分乘客无视地铁运行安全管理的要求，擅自携带易燃、易爆、有毒危险物品乘车，给地铁和乘客安全带来潜在事故隐患。乘坐地铁携带化学危险品常遇到以下一些情况：有人无视警告或心存侥幸，依旧我行我素携带；有人携带烟花爆竹直接进入地铁，极易引起火灾爆炸事故；有人为造成轰动效应而蓄意破坏。另外，车辆段基地在试运营后，会储存一些汽油、酒精、除锈剂等易燃易爆危化品，存在火灾爆炸的危险，应在日常管理中加强对作业人员的安全教育，并加强对危险化学品的管理，防止意外事故的发生。如2004年1月5日，中国香港一组地铁在早间繁忙时段运行时，怀疑有人携带危化品在车厢内纵火，引起火警并冒出大量浓烟，14人被送医院。

14. 作业场所危险

作业场所危险主要包括有噪声[①]，它能引起人听觉功能敏感度下降甚至造成耳聋，也能引起神经衰弱、心血管疾病及消化系统疾病，还能影响信息交流，可导致设备、仪表精度下降，而引发设备损坏或工伤事故；振动，主要由

---

① 噪声是一种在生产劳动中普遍存在的物理性危害，一般分为机械性噪声、空气动力性噪声、电磁性噪声。

车辆运行中车轮与钢轨撞击产生，经轨枕、道床传递至隧道衬砌或桥梁基础，再传递至地面，从而引起地面建筑物的振动，对周围环境产生影响；照度，不足会使操作人员作业困难，眼睛视物不清、分辨力下降，对危险部位如电缆夹层、设备夹层等的危险难以发现；辐射，大功率高频电磁波对人体有损伤；有毒有害气体，主要由通风不良而造成高温、高湿，或由于建筑装修所用材料不当而散发各类有害气体，以及电焊、除锈、吹扫、喷漆、充电等作业产生的各类废气、烟尘、废热污染等。如2009年5月15日，中国广州地铁3号线北延段施工现场出现不明气体，造成3人死亡，多人中毒。

三、地铁危险评测工具

地铁运营安全是非常突出且备受关注的问题，国外的历史数据中可知他们地铁中发生火灾、脱轨、中毒、碰撞、踩踏等事故的概率较高，这就提醒我们一定要对已经识别出的危险源进行测度，根据测度结果进行有针对性的管理和控制，这些地铁危险常用的风险评测工具主要有以下几种：

（一）安全检表法

地铁危险源分析人员按照相关的标准、规范等，列出地铁系统中的各种危险项目，对已知的危险类别、设计缺陷、及与一般工艺设备、操作、管理有关的潜在危险性，利用查项目、列表，逐项进行检查，这种安全检查表使用范围非常普遍，可简单分析，也可分层次分析。《安全检查表》需要有经验和专业知识人员编制，主要依据有关标准、规程、规范及规定，以及国内外事故案例、本单位的经验等，通过分析确定的危险部位及防范措施，还有相关研究成果。这种方法属于定性分析方法，具有简单可行、容易发现系统内部存在的缺陷，而且编制检查表省时省力的优点。

（二）预先危险性分析

预先危险性分析，又叫"初始危险分析"，即在每项生产活动之前，特别是在设计的开始阶段，就对系统存在的危险类别、出现条件、事故后果等进行概略性分析，尽可能评价出潜在的危险性。这是一种事前归纳方法，是从各种局部危险状态而归纳出最终潜在事故风险。地铁预先危险性分析的主要目的是，确定地铁中危险单元、危险状态和潜在事故；确定潜在事故影响的危害性；建立初步安全规范要求，减少或控制所确定的危险状态和潜在事故。进行预先危险性分析必须先建立一系列危险源清单，通过对各清单的分析确定系统危险源，这个过程类似于《安全检查表》，危险源清单通常有通用包括危险单元、危险能源、危险获取功能，危险任务功能等项目清单，由这些预先危险源分析，可以预测硬件、规程和系统接口问题区域；为进一步制订安全性大纲提供信息；确定安全性工作进度的优先顺序；确定安全性试验的范围；确定进一步安全性分析的范围等。

（三）作业条件危险性评价法

该方法是美国学者格雷厄姆（K. J. Graham）和金尼（G. F. Kinney）提出的，他俩认为影响危险性的主要因素只有3个：发生事故或危险事件的可能性、暴露于这种危险环境的情况、事故一旦发生可能产生的后果。为此，作业条件危险性评价法将这三种主要因素进行了简单的赋值，即"$D = L \times E \times C$"。式中，"L"表示发生事故的可能性大小，"E"表示人体暴露在这种危险环境中的频繁程度，"C"表示一旦发生事故会造成的损失后果，"D"表示危险性。通过以上的"公式"计算出的"危险性数值"，再画在《危险程度等级表（图）》上，然后评估其危险性的一种评价方法。这是一种评价具有潜在危险性环境中作业时的危险性半定量评价方法，简单易行，危险程度的级别划分比较清楚、醒目。但由于它主要是根据经验来确定3个因素的分数值及划定危险程度等级，因此具有一定的局限性，且它是一种作业的局部评价，故不能普遍适用。此外在具体应用时，还可根据自己的经验、具体情况对该评价方法作适当修正。

表 3-6 作业条件危险性评价表

事故发生的可能性(L)

分数值	事故发生的可能性
10	完全可以预料
6	相当可能
3	可能,但不经常
1	可能性小
0.5	很不可能
0.1	极不可能

人员暴露的频繁程度(E)

分数值	人员暴露的频繁程度
10	连续暴露
6	每天工作时间内暴露
3	每周一次或偶然暴露
2	每月一次暴露
1	每年几次暴露
0.5	非常罕见暴露

发生事故后果的严重性(C)

分数值	发生事故产生的后果
100	10 人以上死亡
40	3~9 人死亡
15	1~2 人死亡
7	严重
3	重大,伤残
1	引人注意

风险等级判定表（D=L×E×C）

危险度(D)分数值	风险程度	标志色
>320	重大风险	红色
160~320	较大风险	橙色
70~160	一般风险	黄色
<70	低风险	蓝色

四、地铁危险源的管控

（一）地铁危险源管控体系

地铁危险源管控体系是针对地铁运营安全影响因素所采取的所有控制手段的有机结合，是以"管理人员"作为控制者、以"人、车、环境"等三个子系统作为被控对象的控制系统。从本质上讲，地铁危险源管控体系是一个以"管理"为中枢、"人"为核心、"车"为基础、"环境"为条件，共同组成的地铁安全为目标的"人—车—环境"系统。从管理对象的角度出发，可将地铁危险源管控体系划分为不同层次的两个子系统：危险源综合管理子系统和危险源对象管理子系统。危险源对象管理子系统分为人员子系统、设备子系统和环境子系统，这种危险源管控体系如图 3-3 所示。

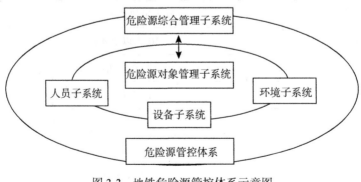

图 3-3 地铁危险源管控体系示意图

1. 危险源综合管理子系统

地铁危险源管理子系统不是单独对人，或者单独对设备，或者单独对环境的危险源的管理，它是对地铁总体的危险源管理，是凌驾于人、机、环境之上，又渗透于其中的危险源管理。从功能上看，地铁危险源综合管理子系统起着系统软件的作用，它既是地铁危险源管控体系的一个子系统，又对整个地铁的行车安全起着控制和监督作用，它执行搜集、记录、整理、传输、存储行车安全信息，进行地铁行车安全分析与评价，行车安全管理决策与支持等功能。

2. 人员子系统

地铁安全依赖高效、安全、可靠的人的行为，在轨道交通行车工作的每个环节、每项作业中都是由人来参与，并处于主导地位。人的操纵、控制、监督设备状态，完成各项作业，与环境进行信息交流，与其他作业协调一致。大量事故统计表明事故的发生多与人的不安全行为有关，影响地铁运营安全的人的因素，包括行车系统内部人员和旅客等，人员子系统担负着对行车相关工作人员工作状态进行实时动态监控、对劳动安全进行评价分析等功能。

3. 设备子系统

"工欲善其事，必先利其器"，地铁设备的好坏直接影响运营安全。设备子系统主要包括行车安全基础设备如线路、桥梁、机车、信号设备等，以及行车安全技术设备如行车安全监测设备等，其主要功能是通过行车安全设备运行状态实时动态监控，采集设备实时动态运行数据，为地铁运营安全管理提供决策支持，使设备因素对地铁安全的影响降到最低限度。

4. 环境子系统

影响地铁运营安全的环境危险源主要来自作业环境和自然环境，检测作业环境的危险源，就是通过对行车作业人员作业空间的温度、湿度、照明、噪声等作业环境指标，进行实时动态监测，保障作业人员具有良好的作业环境；自然环境的危险源则是通过对车站及区间的通风、空调、给排水、照明、自动扶梯等设备状态，以及气候环境等进行动态监测，以便对设备的不良状况口，以及自然环境的不良状况作出及时和适当地反应，保障地铁具有安全的自然行车环境，旅客具有舒适的乘车环境。环境子系统主要功能是通过对影响地铁运营安全的作业环境和自然环境进行动态实时监控，获得各项环境指标的实时动态数据，为系统安全管理提供决策参考，以降低环境因素对地铁运营安全的影响，提高地铁系统运行的可靠性。

(二)地铁危险源管理通则

《中华人民共和国突发事件应对法》中，对自然灾害、事故灾难、公共卫生事件这三类突发事件进行分级，按照社会危害程度、影响范围等因素，划为特别"重大、重大、较大、一般"四级（需要注意的是，对于突发治安事件，是不分级的），分别用"红色、橙色、黄色、蓝色"标示，一级为最高级别。按照这种思路，对地铁危险源的管理，通常也可以将危险源划分为以下5个等级：

第1级，极其危险，朱红色

第2级，高度危险，红色

第3级，中度危险，黄色

第4级，一般危险，蓝色

第5级，安全(可容忍危险)，绿色

对于上述不同的地铁危险等级格，要采取不同的管理措施，如对第1级风险，地铁必须停止运营；对第2级的风险，必须要立即进行整治，并在危险有所控制之后，一定要制订职业健康安全目标和职业健康安全管理政策；对第3级风险，要视情况制订职业健康安全目标和职业健康安全管理方案；对第1、2、3、4级的风险，都要制订运行控制程序，按程序进行管理；对第5级的风险可维持现有的风险控制措施；其他认为需要要管理的风险则根据实际情况的需要制订管理方案；对于潜在的紧急风险情况，应制订应急准备和响应控制程序，按程序进行管理理。

(三)地铁危险源控制细则

1. 一般规定

地铁运营单位应根据当地实际情况和轨道交通的设施状况、人员特点等,制订相应的火源控制管理规定;地铁全线都应严格限制可燃物品的使用,并制订可燃物品安全使用的管理规定。

2. 限制可燃物

车站站厅、站台、列车车厢、管理用房和隧道内严禁吸烟;车站内应严格控制可燃材料,车站建筑装修材料和列车车厢内装饰材料的选用应符合相关的设计规范;车站疏散区、站厅疏散区、各疏散通道内不得设置商业经营场所;车站站厅内严格按相关消防安全技术规范限制商业经营场所,并加强消防安全管理;车站、站厅、列车车厢和管理用房内的垃圾应及时清理,可燃垃圾堆积时间不应超过24小时。地铁中的用油系统应按操作规程操作,并应定期巡检和维护;用油应密闭在专用的防火容器内并及时清运出去,溅洒在地板上的油应及时清理干净,防止废油流入下水道。

3. 明火管理

车站站厅、站台、列车车厢、管理用房和隧道内严禁使用明火,必须使用明火作业时,应在明火前按程序申报,并采取必要的消防监护措施;车站站厅、站台、列车车厢和管理用房内不得采用明火、电炉和电热采暖器采暖。

4. 电气火源控制

机电设备设施中的变压器、带油电气设备应定期巡检和维护;各级配电设备应安装完善的过负荷、漏电、欠压、过压等保护电路和报警装置,各类电气设备应加装防止打火、短路的装置;定期对运行车辆上的电气设备、电气线路进行检查维修,及时清除列车运行线路上的导电体,防止受流器、电缆电线短路放弧引起列车火灾。

5. 易燃易爆化学危险品控制

车站站厅、站台、列车车厢、管理用房和隧道内严禁使用可燃燃气,工程作业中必须使用燃气设备时,应按程序申报并采取必要的消防监护措施;车站入口处应张贴有禁止乘客携带易燃易爆化学危险品进站乘车的警告标志；工作人员对发现有携带易燃易爆化学危险品的乘客，应责令其出站；工作人员因工作需要携带时，应按程序申报并采取必要的消防监护措施；工作人员因工作需要携带的易燃易爆化学危险品，应与乘客分开进出车站和乘坐专用列车；对于车站内无主或无人认领的包裹、行李应立即转移至远离乘客的安全区域。

第4章 地铁安全疏散策略

"要把解决交通拥堵问题放在城市发展的重要位置,加快形成安全、便捷、高效、绿色、经济的综合交通体系。轨道交通特别是地铁,安全保障制度一定要严密,安全检查措施一定要严格,安全运行工作一定要严谨。"[①]地铁的快速发展对地铁安全提出了新的要求和挑战,由于地铁技术性、专业性极强,涉及到工程建设、车辆维护、通信信号、机电保养、运营管理和消防等多个专业领域,是一项复杂的系统安全工程。地铁通常位于地下、线路封闭、空间有限、客流量大、人员密集,一旦地铁发生地震、火灾、水灾、停电、爆炸、恐怖袭击等紧急事件,易引发高温缺氧、浓烟毒气、可见度下降、通信中断等问题,严重影响人员安全疏散,极易造成巨大的财产损失和人员伤亡,并带来严重的政治影响。因此,如何避免地铁事故灾难发生,并在事故灾难发生后最大限度的减少人员伤亡,始终是地铁安全管理的重要任务。

一、地铁轨道疏散线路

(一)车厢结构

地铁车厢里的乘客要疏散,必须通过车厢的"出入口",这些出入口有上下乘客的门、紧急疏散门、驾驶室门,紧急情况下还可以使用地铁车厢的窗

---

① 2014年2月25日,习近平在北京市轨道交通指挥中心调度指挥大厅视察时的讲话。

户、顶部通气孔①。但是这些"出入口"的位置却因不同车型而有所差异,所以必须得了解车厢结构。

1. A 型车:载客量最大的地铁车型

A 型车是地铁列车中型号中,宽度最大、载客量最大的车型,尤其适合人口密度、流量大的特大型城市使用。A 型又分为地铁 A 型列车、市域 A 型列车、地铁 AH 型列车、地铁 As 型列车、地铁 LA 型列车。标准 A 型车车宽 3 米,车高 3.8 米,车体有效长度 22.1 米,一般为 8 或 6 节编组,轴重 16t,单向小时最大客运量 4.5 万~7.5 万人,适用于市区内大客流运输,线路长度 30km 左右,如北京地铁 14 号线、上海轨道交通 1 号线、广州地铁 1 号线等。A 型车中,A1 型为第三轨供电,A2 型为接触网供电。

A 型车采取的是轨行疏散方式,整个列车两端的车头设置了疏散门(司机室的前挡风玻璃旁边),出现紧急情况需要疏散时,司机会播放广播,通知乘客到列车前(后)车头疏散,打开疏散门。疏散人群通过疏散梯走到隧道区间内,沿着轨道走到附近的车站进行疏散;如果当前区间有异常,还需通过隧道内的联络通道,到本区间的另外一侧隧道,再走到附近车站。

图 4-1　A 型车尺寸图

---

① "2021.7.20 郑州地铁 5 号线事件"中,隧道内进水,两侧门无法打开,部分乘客从车顶通气孔攀爬出车厢,然后就顺着列车顶部行走。

2. B型车：应用最广的地铁车型

目前6B车型是我国应用最广的地铁车型，多数的地铁城市和路线采用的就是该车型列车。标准B型车车宽2.8米，车体有效长度19.8米，多数为6节编组，少部分4节编组，轴重14t，单向小时最大客运量3万~5.5万，不同线路运营速度等级有80km/h、100km/h、120km/h。

图4-2 B型车尺寸图

B型车按照受流方式不同还可分为B1型车和B2型车，B1型车为第三轨（接触轨）供电，B2型车为接触网供电。

采用第三轨供电B1型车　　　采用接触网供电B2型车

图4-3 B型车供电图

B型车采取的是侧向平台疏散，在这种车行驶的区间的左侧内设置了疏散平台，高度和司机室的车门、列车的车厢门打开位置齐平，出现紧急情况需要疏散时，司机会播放广播，通知疏散，同时会视情况打开司机室的左车门，或者将部分列车车厢门打开(一般是车头的1~2个客室门)进行人群疏散至隧道内的疏散平台上，人群通过疏散平台走到附近的车站进行疏散。同样，如果当前区间有异常，还需通过隧道内的联络通道到达本区间的另外一侧隧道疏散。

3. C型车：轻轨车型，鲜见于地铁线路

根据我国标准，城市轨道交通中采用中型铁路系统，路面电车每小时可载客约7000人；能适应远期单向最大高峰小时客流量1.5万~3.0万人次的称为轻轨①。若采用大载客量车，能适应远期单向高峰小时客流量为3.0万~6.0万人次的统称为地铁。C型车标准车宽2.6m，车长与B型车差不多19m、轴重11t、编组一般为2~4节，单向小时最大客运量1万~3万人，不同线路运营速度等级有80km/h、100km/h、120km/h。所以C型车一般指轻轨车型，如长春轻轨4号线采用的就是国标C型轻轨电动车，长60米，车体宽2.65米，每列车可载客500人~600人，单向小时最大客运量仅为地铁A、B车型的一半不到。

图4-4　上海地铁6号线

---

① 不是跨坐式单轨。

由于 C 型车客运量较小，所以鲜见于地铁线路的使用。但上海轨道交通 6 号线是极少见的地铁线路上跑 C 型车，也是国内仅有的特例，上海曾因为使用此类型车导致无法容纳高峰客流被媒体爆出，其实在客流预测结果出来前的设计阶段就内定使用 C 型车了。

4. L 型：独立系统，适用于特别规划的线路

L 型列车即直线电机驱动、轮轨导向的中运量城市轨道交通系统。直线电机运载系统是一个专用系统，不能与传统的城市地铁①交通系统通用，所以目前 L 型列车服役的线路不多，它适用于两种情况：一是因为地质地貌所限，在施工架设过程中急需解决大坡度、小半径问题的线路，比如广东地铁 4 号线、5 号线、6 号线；二是城市的郊区线、机场线、观光线因不满足高峰小时单向客流不超过 3 万人的要求，如北京地铁机场线。L 型车分为 LA、LB、LC 三种，车体材质为铝合金或不锈钢，不同型号列车宽度、长度、编组皆不定，在广州每节列车一侧有 3 个门，在北京每节列车一侧有 2 个门，不同线路运营速度等级有 90km/h、100km/h。L 型车和 B 型车的疏散方式相同，不同的是 L 型车使用直线电机供电，采用第三接触轨高压供电，而接触轨在隧道内同样设置在列车前进方向的左侧，高架段设置在列车前进方向的右侧。由于接触轨有高压，且设置在疏散平台的同侧下方，需要额外注意疏散时切勿从疏散平台跳下轨道，接触轨虽然设置了防护罩等防护，但是近距离接触高压线的情况，要注意触电风险。

除了这些，中国还有 APM 列车，为无人驾驶列车，其主要特征是微型化，主要用于 APM（自动旅客捷运系统），其集合了多种传统城市轨道交通工具特点，主要出现在广州（APM 线）、上海（浦江线）、澳门（氹仔线）、北京（北京首都国际机场旅客捷运系统）。

---

① 传统方式上使用 A 型车和 B 型车的线路系统被认为是地铁，而使用 C 型车和 L 型车的线路系统曾经被认为是轻轨。但这些线路均享有专有路权，一般都是属于地铁集团运营，所以通常都属于"地铁"。

图 4-5　北京地铁首都机场线

图 4-6　广州地铁 APM 线

综上，普通乘客怎么能快速知道自己搭乘的列车是什么车型，从而判断紧急情况下可以出入的门呢？其实很简单，A 型车一般是每节车厢单侧 5 个车门，B 型车每节车厢单侧 4 个车门，L 型车每节车厢单侧 3 个车门，D 型车和 APM 列车因为比较短，所以不数也能直接看到。

(二)轨道线路

地铁列车运行速度比较快，一般都在 80km/h 以上，而两站之间距离却比较短，通常不足 1.5km，列车运行 2 分钟即可到达，所以地铁列车在隧道内或线路中运行的时间是十分短暂的，当列车在运行过程中发生事故灾难时应尽可能驶向前方车站，利用车站站台疏散乘客，尤其时发生火灾时，由于列车的全部车辆材料是不可燃烧的，隧道内的设备、电缆、管道以及其他材料也是不能燃烧的，列车运行过程中如在区间隧道内发生火灾时，应尽量驶入前方车站，利用前方车站排烟系统排除烟气并疏散乘客，这种到达车站再疏散的方式又称之为"列车疏散"。

列车的构造不同，门也不同。除了车厢门以外，一般列车的前、后端各有一个紧急疏散门。因此，如果列车不能使入前方车站，停在区间隧道，乘客需要自行步行疏散至最近的车站疏散，这种称之为乘客"步行疏散"：车头着火时，乘客从车尾下车后步行至后方车站；车尾着火时，乘客从车头下车步行至前方车站（车头无专门疏散门时，可以利用驾驶室的门）；列车中部着火时，乘客从列车两端下车后步行至前、后方车站。在轨道上疏散时，由于轨道上有钢轨、道床、电缆等各种设备，且隧道的弯道众多，在没有额外照明的情况下，很容易在疏散时被绊倒，更不用提疏散时一般都是紧急情况，心急火燎的，容易造成人员摔倒之类的伤害；在疏散平台上行进时，按照现有的设计标准，区间隧道内疏散平台的乘客站立面最小宽度 600mm，站立空间最小高度为 2000mm（垂直高距轨面 950mm），为了乘客疏散过程中的人身安全，防止跑的时候掉下轨道，在疏散平台的隧道壁面上一般还设有纵向扶手，但一般疏散平台是一节一节横向拼接起来的，中间有空隙，所以疏散时要把高跟鞋给脱了。

在乘客步行疏散时，隧道通风系统应迅速启动，排除烟气，并向乘客提供必要的新鲜空气，形成一定的迎面风速，引导乘客安全撤离。如果在一侧隧道出现事故的情况下，工作人员和乘客可以通过联络通道到达另外一侧疏散，这两个联络通道的间距按照《地铁设计规范》的要求，一般不应大于 600m，在通道的两侧还设置了双向开启的甲级防火门。同时，本区间的列车当遇到灾害灾难令其运行立刻中止时，另一条隧道也应立即停止正常运营的列车，等待事故或危险的排除。在"2021.07.20 河南郑州地铁 5 号线暴雨淹水事故"中，一个深刻的教训就是"出现极端天气、发生紧急情况危及人民群众生命安全的，运营单位要按照规定立即停止相关区段或全线网运营,该关闭的关闭、该停运的停运。安全评估没有通过之前,不能恢复运营;安全隐患没有清除之前,不能恢复运营;安全没有得到保障之前,不能恢复运营"。①

至于"地铁轨道是否带电?会不会电死人"问题,目前地铁列车供电方式分"受电弓"和"第三轨"这两种:"受电弓"是车顶上支根天线一样的东西,行车过程中一直和接触网相连供电,这种方式电压很高,常见的是1599V,足够"电死人",但是因为"受电弓"比较高,一般人都够不着,不用担心触电,但是这也提醒大家:不能在车厢顶棚上疏散,会有触电危险;"第三轨"就是在轨道旁再铺第三根平行的轨道,列车伸出和车身垂直的一根触点压着第三轨,以此供电②。"第三轨"一般藏在站台下面嵌在墙里面,电压有600V、750V、1500V,"电死人"是肯定的,所以不能去触摸。但是列车运行钢轨和道台是没有电的,并且有相应的漏电保护措施,而且如果发生重大事故或灾难,一般也会切断电源,所以顺着钢轨疏散是没有问题的。

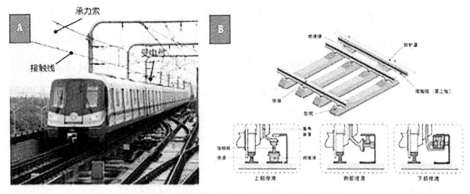

图4-7 受电弓与第三轨供电方式示意图

---

① 见2021年7月30日,交通运输部召开的全国城市轨道交通运营安全视频会议精神。

② 从轨道设计上,第三轨的供电接触轨与地面保持140、200mm的高度差,且中间有绝缘体分隔,上方有防尘罩,不用担心正常雨雪天气的少量积水会带来危险。另外在倒灌水较少时,通过管道及泵能够将其及时抽出,保持轨道的干燥。

二、地铁站厅疏散线路

(一) 地铁车站

1. 地铁站分类

地铁站根据其所处的位置、埋深、运营性质、结构横断面形式站台形式以及换乘方式的不同可划分为不同的车站类型，通常以车站与地面的相对位置，分为地下车站、高架车站、地面车站等三种。

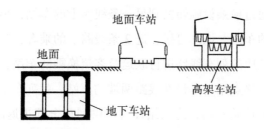

图 4-8 地下车站、地面车站、高架车站图示

地下车站设置于地面以下的岩层或土层当中，车站结构由车站主体①、出入口及通道、通风道及地面通风亭等 3 大部分组成：其中，车站主体是列车在线路上的停车点，其作用是供乘客集散、候车、换车及上下车，它又是地铁运营设备设置的中心和办理运营业务的地方；出入口及通道是供乘客进、出车站的口部建筑设施；通风道及地面通风亭的作用是保证地下部分具有一个舒适的乘车和运营环境。

高架车站设置于地面高架桥上，一般由车站、出入口及通道组成。

地面车站设置于地面，可以仅设车站及出入口。

另外，按车站运营性质划分主要有：中间站，也称为一般站，它仅供乘客

---

① 包括站台、站厅、运营管理、技术设备和生活用房等。

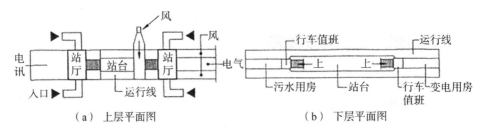

图 4-9　典型地铁站平面图

上、下车之用；区域站，即折返站，它是设在 2 种不同行车密度交界处的车站，站内设有折返线和设备，兼有中间站的功能；换乘站，是位于 2 条及 2 条以上线路交叉点上的车站，它除具有中间站的功能外，更主要的是乘客可以从一条线上的车站通过换乘设施转换到另一条线路上的车站；枢纽站，是由此站分出另一条线路的车站，该站可接、送 2 条线路上的乘客；联运站，是指车站内设有 2 种不同性质的列车线路进行联运及客流换乘的车站，具有中间站及换乘站的双重功能；终点站，是设在线路两端的车站，就列车上、下行而言，终点站也是起点站或称始发站，终点站设有可供列车全部折返的折返线和设备，也可供列车临时停留检修。如线路远期延长后，则此终点站即变为中间站。

2. 地铁站建筑

地铁车站的功能复杂、涉及面广、设备及辅助设施多、专业性强，归纳起来由下列 4 部分组成车站建筑：

(1) 乘客使用空间。乘客使用空间在车站建筑组成中占有很重要的位置，它是车站中的主体部分，主要包括站厅、站台、出入口、通道、售票处、检票口、楼梯及自动扶梯、问讯处、公用电话、商店等。

(2) 运营管理用房。运营管理用房是为保证车站具有正常运营条件和营业秩序而设置的办公用房，主要包括站长室、行车值班室、业务室、广播室、会议室、公安保卫、清扫员室等。运营管理用房与乘客关系密切，一般布设在临近乘客使用空间的地方。

(3) 技术设备用房。技术设备用房是为保证列车正常运行，保证车站内具有良好环境条件及在事故灾害情况下能够及时排除灾情不可缺少的设备用房，主要包括环控室、变电所、综合控制室、防灾中心、通信机械室、信号机械室、自动售检票室、泵房、冷冻站、机房、配电以及上述设备用房所属的值班室、FAS、BAS、AFC室、工区用房、附属用房及设施等。技术设备用房是维持整个车站正常运营的核心。这些用房与乘客没有直接的联系，因此，一般可布设在离乘客较远的地方。

(4) 辅助用房。辅助用房是为保证车站内部工作人员正常工作生活所设置的用房，是直接供站内工作人员使用的房屋，主要包括更衣室、休息室、茶水间、储藏室、盥洗间等。这些用房均设在站内工作人员使用的区域内。

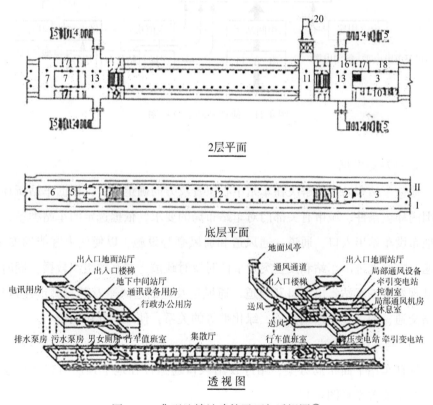

图 4-10 典型地铁站建筑平面与透视图①

---

① 该地铁底层为站台，在两端设为2层，设桥式地下中间站厅。站厅内设有电讯、通风及变电机房。底层的污水用房及变电用房各设一端，并设有行车主副值班室。

以上4个部分之间应有一定的联系和区别，不同的建筑服务于不同的功能，因此车站建筑设计首先应考虑车站应当满足的功能。车站建筑设计应遵从健康、安全、环保的理念，并着重体现"以人为本"的设计思想。

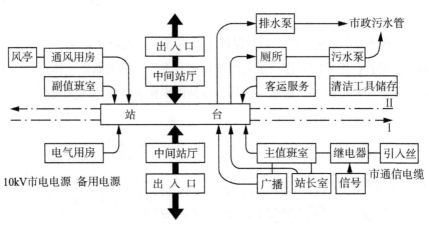

图 4-11　地铁站功能分析图

3. 地铁站布局

地铁车站布局主要解决在车站中心位置及方向确定以后，根据车站所在地周围的环境条件、城市有关部门对车站布局的要求，依据选定的车站类型，合理地布设车站出入口、通道、通风道和通风亭等设施，以便使乘客能够安全、迅速、方便地进出车站和发生突发事件时及时疏散，并有效组织救援。同时还要处理好地铁车站、出入口及通道、通风道及地面通风亭及其与城市建筑物、道路交通、地下过街道或天桥、绿化带等的关系，使之相互协调统一。

（1）侧式站台车站

地铁车站平面布局方案，站厅及出入口通道设在地下顶层时仅从底层分析，其主要关系见图4-12。

（2）岛式站台车站

岛式站台与侧式站台的主要区别是须用桥式中间站厅解决交通问题。如设计成双层，就可利用地下顶层做部分设备用房，而办公、污水等房间设在站台所在层。

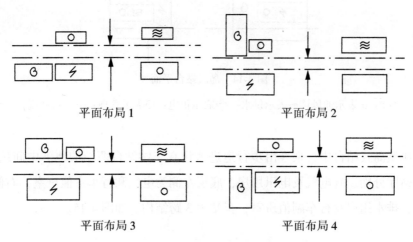

图 4-12 浅埋侧式站台功能

（注：σ 表示通风；≈ 表示供水；⚡ 表示供电；○ 表示管理；→ 表示客流）

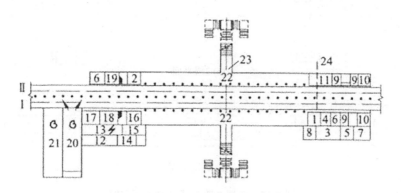

图 4-13 浅埋侧式站台平面

（1. 行车主值班室；2. 行车副值班室；3. 继电器室；4. 引入线室；
5. 信号工区；6. 休息室；7. 站长室；8. 广播室；9. 厕所；10. 污水泵房
11. 排水泵房；12. 高压变电；13. 降压变电；14. 主控制室；15. 电气值班室
16. 引导开闭所；17. 蓄电池室；18. 风机控制室；19. 储藏室；20. 平时风机房
21. 战时风机房；22. 站台；23. 车站中心线；24. 变坡点）

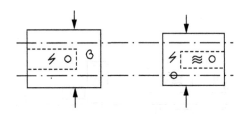

图 4-14　岛式站台平面

（注：σ 表示通风；≈ 表示供水；⚡ 表示供电；○ 表示管理；→ 表示客流）

典型岛式站台中，乘客由步行道进入设在车站站台两端的地下中间站厅，左右站厅分别设有电气及电讯用房，底层左侧为电气和行车主值班室，右侧为污水、排水用房及行车副值班室，车站为 3 跨结构。如图 4-15。

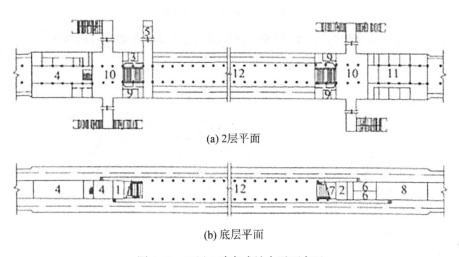

(a) 2层平面

(b) 底层平面

图 4-15　双层 3 跨岛式站台平面布置

(1. 行车主值班室；2. 行车副值班室；3. 继电器室；4. 电气用房；
5. 通风用房；6. 厕所；7. 污水泵房；8. 排水泵房；9. 办公及控制室；
10. 中间站厅；11. 电讯用房（电话总机、广播等）；12. 站台）

(3) 混合式站台车站

混合式站台常用于规模较大的地铁车站，如区域站、大型立交换乘站，通常混合式换乘站的 2 个站台不在同一层高程上,客流由独立式站厅进入 2 个站台,电气用房与污水用房设在岛式站台两端。在岛式站台左侧设 1 个行车主值班室,右侧和侧式站台右侧各设 1 个行车副值班室,在此车站内设有渡线可使车折返,在岛式站台上方设反曲线可使列车停靠。

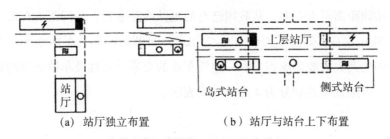

(a) 站厅独立布置　　　　(b) 站厅与站台上下布置

图 4-16　混合式站台平面

(注:σ 表示通风;≈ 表示污水;⚡ 表示供电;○ 表示办公;Φ 表示深井;)

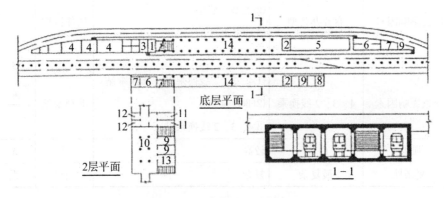

图 4-17　混合式站台平面布置

(1. 行车主值班室;2. 行车副值班室;3. 继电器室;4. 电气用房;
5. 通风用房;6. 厕所;7. 污水泵房;8. 排水泵房;9. 办公用房;
10. 中间站厅;11. 广播室;12. 保安室;13. 贵宾室;14. 站台)

4. 地铁站位置

地铁车站一般设置在地下,只有少量郊区车站设置在地面或采用高架方式。地铁车站位置通常应设在客流量大的地点，如商业中心、文化娱乐中心及地面交通枢纽等地方，以便能最大限度地吸引客流和方便乘客。站间距离应根据具体情况确定，站间距离太短会降低运营速度，增大能耗、配车数量，增加工程投资，站间距离太大，对乘客不方便，增大车站负荷。因此，市区人口稠密、客流集散点多的区域，车站间距设置应该短些，郊区建筑稀疏且客流集散点少，站间距离可大一些。从我国已有的地铁线路来看，站间距离在市区多为1.0~1.5km左右，郊区不大于1.5~2.0km。如果根据影响车站地区地下空间开发利用的两大重要影响因素——地铁车站的交通重要性及车站所处的城市区位，可以将地铁车站划分为4类，如下表所示。

表4-1　　　　　　　　地铁车站"区位—交通影响"分类表

	Ⅰ类	Ⅱ类	Ⅲ类	Ⅳ类
区位影响因素	商务办公型	①商业中心型 ②大型公建型 ③商务办公型 ④居住区型	居住区型	—
交通影响因素	4、3、2线换乘	①4、3、2线换乘站、非换乘站 ②非换乘站 ③4、3、2线换乘站	非换乘站	—
强度	最高	较高	低	无
复杂性	最复杂	复杂	简单	无

车站的线路应尽量接近地面，这是因为地铁车站的造价与其埋深有关，尤其浅埋明挖车站更为明显，车站接近地面，则工程量小，方便乘客进、出车站。车站在有条件的情况下，应尽量布置在纵断面凸起部位上，即机车车辆进站为上坡，出站为下坡，有利于机车的起动与制动，也即设计为节能型坡道。一般车站按纵向位置分为跨路口、偏路口一侧、两路口之间3种设置方式，按横向位置分为道路红线内外2种位置。

(1) 跨十字路口设置方案。该方案车站跨主要路口的相交十字路口,并在路口各都设有出入口,乘客从路口任何方向进入地铁均不需过地面,增加了乘客的安全,减少了路口处人车交叉,与地面公交路线衔接好,方便乘客换乘。

(2) 偏路口设置方案。车站偏路口设置时不易受路口地下管线的影响,减少了车站埋深和施工对路口交通的干扰以及地下管线的拆迁,降低了工程造价,方便乘客换乘。在高寒地区,当地铁为高架线时,还可以减少地铁桥体阴影对路口交通安全的影响。不足之处是乘客集中于车站的一端,降低地铁车站的使用效能,增加了运营管理上的困难。

(3) 站位设于两路口之间的方案。当两路口都是主路口且相距较近(如小于400m)横向公交线路及客流较多时,将车站设于两路口之间,以兼顾二者。

(4) 贴近道路红线外侧设置站位方案。将车站建于道路红线外侧的建筑区内,可避免破坏路面和减少地下管线的拆迁,减少对地面交通的干扰,充分利用城市地面土地。一般在地面道路外侧无较大的建筑或地下工程时采用。此外,当道路红线外侧有空地或危旧房区改造时,与危旧房改造结合实施。

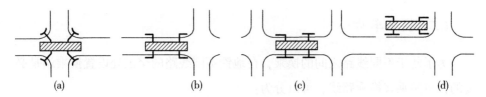

图 4-18 车站位置与路口关系

对于大型突发客流集散点,如大型体育场等,一般只有突发性客流,地铁车站不宜靠得太近,防止集中客流对地铁车站的冲击,车站出入口距离体育场主出入口一般应在300m以上。突发客流越大,该距离也应设置越大。乘客到大型商业区购物时,一般不计较时间和步行的距离,因此地铁车站距商业区中心以不超过500m为宜。

5. 车站规模

车站规模的大小将直接影响到地铁工程造价的高低。规模太大，则不经济，规模太小，又不能满足客运的需要和远期的发展，造成使用上的不便及改建的困难。因此，在确定车站规模等级时应慎重考虑和研究。车站规模一般分为 4 个等级。在大城市中，车站规模按 4 个等级设置，在中等城市中其规模可以设 3 个等级。

表 4-2　　　　　　　　　　车站规模等级

规模等级	适 用 范 围
特级站	客流量特别大，有特殊要求的车站，其规模等级可列为特级站
一级站	适用于客流量大，地处市中心区的大型商贸中心、大型交通枢纽中心、大型集会广场、大型工业区及位置重要的政治中心地区
二级站	适用于客流量较大，地处较繁华的商业区、中型交通枢纽中心、大中型文体中心、大型公园及游乐场、较大的居住区及工业区
三级站	适用于客流量小，地处郊区各站

(二) 换乘车站

为了便于不同线路之间的换乘，在地铁不同线路的交汇处设置换乘站是必要的，按照乘客换乘路线，可以分为：

1. 站台直接换乘。站台直接换乘有 2 种方式，一种是指 2 条不同线路分别设在一个站台的两侧，甲线的乘客可直接在同一站台的另一侧换乘乙线；另一种方式是指乘客由一个车站的站台通过楼梯或自动扶梯直接换乘到另一车站站台的换乘方式，这种换乘方式多用于 2 个车站相交或上下重叠式的车站。当 2 个车站位于同一个平面时，可通过天桥或地道进行换乘，站台直接换乘的换乘路线最短，换乘高度最小，没有高度损失，因此对乘客来说比较方便，并节省了换乘时间。换乘设施工程量少，比较经济。

2. 站厅换乘。站厅换乘是指乘客由某层车站站台经楼梯、自动扶梯到达另一个车站站厅的付费区内，再经楼梯、自动扶梯到达站台的换乘方式。这种换乘方式多用于相交的2个车站。站厅换乘的换乘路线较长，提升高度较大，有高度损失，需设自动扶梯，增加了用电量。

3. 通道换乘。2个车站不直接相交时，相互之间可采用单独设置的换乘通道进行换乘，这种换乘方式称为通道换乘。通道换乘的换乘路线长，换乘的时间也较长，特别对于老弱妇幼使用不便。由于增加通道，造价较高。换乘通道的位置尽量设置在车站中部，可远离站厅出入口，避免与出入站客流交叉干扰，可通过地下步行道来解决客流换乘，乘客不必出站即可直接进入另一车站。

如以两条线换乘的平面组合方式来划分换乘形式，可以分为以下5种：

1. "一"字形换乘：2个车站上下重叠设置则构成"一"字形组合。站台上下对应，双层设置，便于布置楼梯、自动扶梯，换乘方便。

2. "L"形换乘：2个车站上下立交，车站端部相互连接，在平面上构成"L"形组合。相交的角度不限。在车站端部连接处一般设站厅或换乘厅。有时也可将2个车站相互拉开一段距离，使其在区间立交，这样可减少2站间的高差，减少下层车站的埋深。

3. "T"形换乘：2个车站上下立交，其中一个车站的端部与另一车站的中部相连接，在平面上构成"T"形组合。相交的角度不限。可采用站厅换乘或站台换乘。2个车站也可相互拉开一段距离，以减少下层车站的埋深。北京地铁雍和宫换乘车站采用"T"形换乘形式。环线车站与另一线车站上下立交，站台直接换乘，乘客可通过环线车站一端的换乘楼梯直接下到另一线车站的站台，换乘路线短。

4. "十"字形换乘：2个车站中部相立交，在平面上构成"十"字形组合。相交的角度不限。"十"字形换乘车站采用站台直接换乘的方式。北京地铁东四十条换乘车站采用"十"字形换乘形式。环线车站与另一线车站上下中部直接立交，站台直接换乘，2站间换乘楼梯均设在2相交部位的站台上，乘客经换乘楼梯直接上下，换乘路线最短。

5. "工"字形换乘：2个车站在同一水平面平行设置时，通过天桥或地道换乘，在平面上构成"工"字形组合。"工"字形换乘车站采用站台直接换乘的方式。

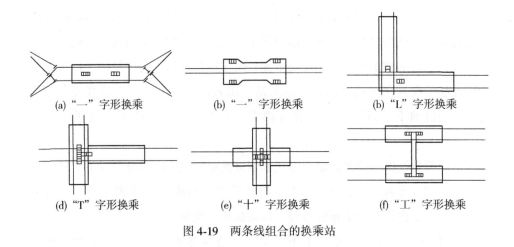

图 4-19 两条线组合的换乘站

(三) 车站站厅

站厅，其作用是将出入口进入的乘客迅速、安全、方便地引导到站台乘车，或者，将下车的乘客引导至出入口出站。对乘客来说，站厅是上、下车的过渡空间。乘客在站厅内需要办理上、下车手续，因此，站厅内需要设置售票、检票、问讯等为乘客服务的各种设施。站厅内设有地铁运营、管理用房。站厅又具有组织和分配客流的作用。

设备管理用房基本分设于车站的两端，并呈现一端大、另一端小的现象，中间留出作站厅公共区，有利于客流均匀地通向站台候车。在设备用房中占面积最大的是环控机房，其中包括冷冻机房、通风机房及环控电控室。对于车站建筑设计人员而言，必须了解地铁车站中的环控系统及其工作原理和主要设备的基本尺寸，才能有效、经济地布置好环控机房。地铁车站的环控设计基本上由五个系统组成：一是车站公共区域的环控系统，主要是站厅、站台的制冷送风(包括新风)回风系统。二是车站的排风(排烟)系统。三是站台层列车及车道产生的热量和废气的排热、排烟系统。四是车站活塞风及区间隧道发生灾变时的送风排烟系统。五是各管理用房的小环控系统。这5个系统直接影响到环控机房的形状和面积大小，并且有许多与站台相连的孔洞，影响到车站的整体布局。例如，车道的排热、排烟风道，必须经过站台与站厅上下连通的排风洞口，通过站厅的排风设备、排风通道通向风井经地面风亭排出，这一上下连通的孔洞面积特别大，它的位置对设备用房的布局十分重要。另外，车站活塞风及区间隧道灾变时的送风排烟系统也是环控机房布局中的一个重点，它要组织上下行车道的活塞风，同时还要考虑区间灾变时两活塞风道中的TVF风机的双向可变送排风流程，使（新风）送风顺着客流逃生的方向。由于流程可变及风机较长也会影响环控机房的布局及风道和风井的位置，如果环控机房得到合理、紧凑的布局，其余设备用房就较易解决了。在管理用房中，应主要解决站控室及站长室的位置以及消防疏散兼工作楼梯的位置、工作人员厕所的位置等。站控室要求视野开阔，能观察站厅中运行管理情况，一般设于站厅公共区的尽端和中部，室内地坪高出站厅公共区地坪600mm。站长室紧连站控室，便于快速处理应变情况。消防疏散兼工作楼梯位于管理用房的中部，照顾到该梯与站台的位置，避免与其他楼梯发生冲突。厕所位置只能设于管理用房的中部，因为它与设于站台的污水泵房有直接管道连通。

站厅层公共区设计，主要解决客流出入的通道口、售票、进出站检票、付费区与非付费区的分隔等问题及站厅与站台的上下楼梯与自动梯的位置等，站厅的位置与车站埋深、客流集散情况、所处环境条件等因素有关，其布置有以下几种。

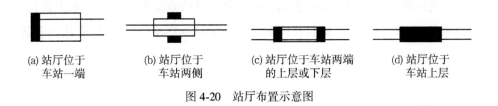

(a) 站厅位于车站一端　(b) 站厅位于车站两侧　(c) 站厅位于车站两端的上层或下层　(d) 站厅位于车站上层

图4-20　站厅布置示意图

另外，根据车站运营及合理组织客流路线的需要，站厅划分成付费区及非付费区 2 大区域：付费区是指乘客需经购票、检票后方可进入的区域，然后到达站台；非付费区也称免费区或公用区，乘客可以在本区内自由通行。付费区与非付费区之间应分隔。付费区内设有通往站台层的楼梯、自动扶梯、补票处。在换乘车站，还须设有通向另一车站的换乘通道。非付费区内设有售票、问讯、公用电话等，进、出站检票口应分设在付费区与非付费区之间的分界线上，其两者之间的距离应尽量远一些，以便分散客流，避免相互干扰拥挤。

（四）车站站台

站台是供乘客上、下车及候车的场所。站台层布设有楼梯、自动扶梯及站内用房。通常站台长度是根据列车编组总长度与列车停站时的允许停车距离之和，又叫站台有效长度①，它是供乘客上、下车的有效长度，也是列车停站位置。日本地铁通常采用 10 节编组，其站台有效长度为列车编组长度加 10m，东京地下铁车站长度一般都是 210~220m，日本最大的地铁站大手町站集结了 5 条地铁路线，可以徒步至东京站，其站台有效长度为 230m；国内站台有效长度一般按照 4 节车辆编组，长度多为 125m。站台宽度则主要根据车站远期预测高峰小时客流量大小、列车运行间隔时间、结构横断面形式、站台形式站房布置、楼梯及自动扶梯位置等因素综合考虑确定，为了保证车站安全运营和安全疏散乘客的基本需要，我国《地铁设计规范》（GB50157—2003）中都详细规定了各种站台形式的最小宽度尺寸。站台形式绝大多数为岛式站台与侧式站台 2 种，有时也采用将两者结合起来的混合式站台。

1. 岛式站台，设在上下行车线路之间，乘客中途折返同时使用一个站台，适用于规模较大的车站，如终点站、换乘站，其特点是折返方便，集中管理，需设中间站厅进入站台，站台长度固定，最小站台宽度为 8m。岛式站台疏散通路设在中间，两侧作为乘客上、下车与候车区域。

---

① 站台有效长度有时又叫计算长度，这是因为实际列车编组与远期目标列车编组并不一致，如有的地铁列车实际 4 节编组，但远期目标编组却是 6 节。

第4章 地铁安全疏散策略

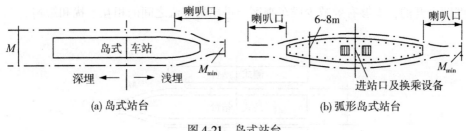

(a) 岛式站台

(b) 弧形岛式站台

图 4-21 岛式站台

2. 侧式站台，设在上下行车线的两侧，既可相对布置，也可相错布置。乘客中途折返需通过天桥或地道，其特点是适用于规模较小的车站，客流不交叉且折返需经过联络通道，可不设中间站厅，管理分散，可延长站台长度，最小站台宽度为 2.5~3.5m。侧式站台内侧作为疏散通路，外侧是乘客上、下车与候车区域。

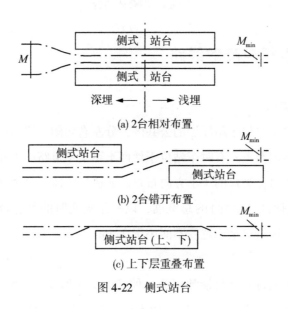

(a) 2台相对布置

(b) 2台错开布置

(c) 上下层重叠布置

图 4-22 侧式站台

3. 混合式站台，是将岛式站台与侧式站台相结合的形式，其特点是乘客可同时在两侧上车，能缩短停靠时间，常用于大型车站，折返方便，最小站台宽度为 3.5~8.0m。混合式站台多见于换乘站，其候车区与疏散通路之间也是

117

两两分开的，能够有效减少候车乘客与进出站客流之间的相互干扰和影响。

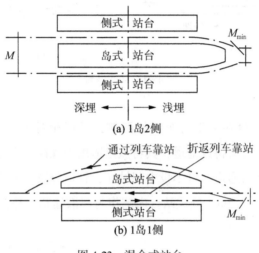

图 4-23　混合式站台

三、人群行走疏散线路

1. 客流通道口

客流通道口主要位于站厅层的公共区，分左右两侧布置，有利于地面道路两侧出入口的均匀布置。有时车站位于地面十字交叉道路的下面，站厅通道通常以通向地面道路交叉口的 4 个方向布置。通道口的通行总宽度必须大于站台至站厅楼梯（包括自动楼梯）的总宽度，以利于灾变时的紧急疏散。根据地铁设计规范规定，通道口最小宽度不能小于 2.4m。

2. 楼梯

地铁车站中人行楼梯是最常用的一种竖向交通形式。在客流不大的车站，当两地面高差在 6m 以内时，一般采用人行楼梯，人行楼梯的设置倾斜角度为 26°34′；大于 6m 时，考乘客因高差较大，行走费力，宜增设自动扶梯。楼梯的位置必须上下兼顾，在站厅层要考虑进出站检票口与楼梯的关系，特别是出站检票口与楼梯口有一定的距离要求，以解决出站客流检票时的排队需要。在站台层主要考虑楼梯位置能均匀地接纳客流及楼梯的方向。

乘客使用的楼梯踏步高度宜采用135~150mm，宽度宜采用300~340mm，一般多采用高150mm、宽300~320mm。人行楼梯每梯段不应超过18步，不得少于3步。休息平台长度为1200~1800m。

人行楼梯最小宽度单向通行时为1800mm，双向通行时不小于2400mm。当楼梯净宽度大于3600mm时，中间应设栏杆、扶手，踏步至顶板的净高不应低于2400mm。楼梯井栏杆(板)的高度不宜小于1100mm。

在车站用房区内，上下层之间至少应设1座楼梯。除设在出入口内的楼梯外，站厅层至站台层供乘客使用的楼梯应设在付费区内。

3. 自动扶梯

在有大量连续客流的地铁车站中，自动扶梯是最便利、最迅速的垂直运输设备。在《地铁设计规范(GB 50157—2003)》中规定，自动扶梯的设置倾斜角度为30°，有效净宽为1.0m，设计通过能力不大于9600人/h。设计时应从节约投资考虑，可只考虑出站客流上行乘自动扶梯，进站客流下行走步行梯。自动梯和楼梯台数及宽度的计算，以出站客流乘自动梯向上到达站厅层考虑。

车站出入口的提升高度超过6m时，宜设上行自动扶梯；超过12°时，除设上行自动扶梯外，并宜设下行自动扶梯。

站厅与站台层的高差在6m以内时，宜设上行自动扶梯；高差超过6m时，除设上行自动扶梯外，并宜设下行自动扶梯。

站厅层供乘客至站台层使用的自动扶梯应设在付费区内。

4. 垂直电梯

有无障碍设计要求及在车站站房区内，站厅层至站台层之间宜设垂直电梯，以方便残疾人并运送站内小型机具、设备和物件。另外，地铁车站要考虑无障碍设计，为残疾人乘坐地铁提供方便条件。对于地下车站和高架车站，一般设置供残疾人使用的专用垂直电梯或坡道，坡道适用于侧式站台车站，但因斜坡道的最大坡度不得超过8%，最小宽度不得小于1.6m，对车站来说是不经济的，故地铁车站多采用垂直电梯。

5. 检票口

售检票设施是指乘客使用的售检票系统，地铁车站的检票口可分别按通过的人数来计算。我国采用的各部位最大通过能力列于《地铁设计规范（GB 50157—2003）》。售票口、自动售票机、检票口一般都设在站厅层，在人工售票的车站内应设售票室。自动售票机设置的位置与站内客流路线组织、出入口位置、楼梯及自动扶梯布置有密切的关系，应沿客流进站方向纵向设置。售票口、自动售票机应布设在便于购票、比较宽敞的地方，尽量减少与客流路线的交叉和干扰。售票处距离出入通道口和进站检票处的距离>5m，出站检票处距离楼梯口的距离应大于8m。进出站检票口旁还需设置一定宽度的人工开启栅栏门，以便于解决检票过程中的特殊情况和较大行李的进出，也有利于站务人员的进出。在进站检票口处应设有检票亭，出站检票口附近设补票亭，以提供解决乘客票值不足的补票便利。在检票口周围设有围隔的栏板，以区分非付费区和付费区。一般非付费区面积要比付费区面积大，因为客流一经检票就快速地进入站台候车，在付费区内很少停留。非付费区的布置希望能将几个通道口连接，以利于客流出站后能自由地选择出站通道通向地面的不同方位。在非付费区还必须设置一定的服务设施，如公用电话、厕所、小商亭等。

四、人群疏散路径优化

地铁人群安全疏散，就是在危险发生时，在允许的疏散时间内，使遭受或即将遭受危情威胁的人员，在地铁内危情尚未或没有完全危害其安全之前，借助于由站台、站厅走道、楼梯、安全出口等构成的疏散空间，将所有人员安全、迅速地撤离地铁站。虽然我国目前对地铁人员安全疏散还没有统一时间标准，但在针对火灾险情的 GB50157—2003《地下铁道设计规范》第 12 条规定，"出入口楼梯和疏散通道的宽度，应保证在远期高峰小时客流量时发生火灾的情况下，6 分钟内将列车乘客和站台候车的乘客以及工作人员疏散完毕"。因此，人员能否安全疏散取决于两个时间：一是险情发展到对人员构成威胁所需的时间 Taset（Available Safe Egress Time），又称可用安全时间；二是人员疏散到安全场所所需的时间 Trset(Required Safe Egress Time),又称疏散所需时间。为了保证人员的安全疏散,就必须使所有人员在险情发展到威胁人员安全前顺利疏散到安全地点,即要求 Taset<Trset。人群疏散时间主要受地铁站厅和线路结构布置、设施安排,以及人群移动速度的影响,当然人群疏散时经过不同的通道具有不同的移动速度,在楼梯通道、栏杆(闸机)和门等处明显拥挤。因此,提高疏散效率的优化途径,除了对上述部位(阻碍物)进行改造如增宽、拆除、找平等措施外,还可通过必要的制度设计来优化人群疏散路径。

(一)缩减疏散所需时间(Trset)

理论上,疏散过程包括发现险情、人员反应、人员疏散等3个时间段。从险情发生到发现险情这段时间间隔称为报警时间 Td;发现险情至开始疏散这一段时间称为人员响应时间 Tr;疏散开始后,人员经由走廊、楼梯、安全出口达到安全地点,这一时间段称为人员疏散行动时间 Tk。

由此,Trset 为上述三部分时间之和,即:

$$Trset = Td + Tr + Tk$$

Td 取决于险情的判断和报警系统的完善。就地铁险情而言,无论是灾害事故抑或是刑事案件,管理方都作出的判断都会有一个延迟,甚至有的判断完全失误,如将恐怖爆炸袭击当成火灾等,将芥子毒气当做煤气泄漏。这是可以理解的,毕竟险情的性质往往是事后确定的;且对乘客而言,当时情景下选择逃亡的胜过选择报警的。鉴于 Td 时间当时难以确定,通常情况下并没有计算到 Trset 中。

Tr 取决于地铁公司的管理能力,可是地铁面对的人群是异质性的松散群体,群体无序和个体的有限理性集中碰撞出集体逃亡现象,毕竟当个体的心理矫正和集体的行为管制都不足以消抵危机的发生,集体逃亡就是最合理和最合适的移动性避险脱困行为。在巨大的险情面前,留给人们的响应时间是跳跃性的:缺乏约束机制的人群先是不知情而木讷,察觉到危险就当即选择奔逃,所以 Tr 基本无法度量。

Tk 取决于地铁站结构布置以及人群移动速度。地铁站结构布局包括建筑布局和设施布局，建筑布局如地铁站上下楼梯的宽度、地铁行道的长度等；设施布局如地铁进出闸机的宽窄、商业设施的大小等。人群移动速度可用单位时间前进距离来量化，它受人群年龄、体质构成、人流密度、运动规律等制约，如人群密度越大，由于身体间的相互影响，人群速度越慢；当人群通过一个入口或出口处时，若有次序地行进，可顺畅流通。行进速度愈快则流量愈大。而当人群很拥挤时，则流量大大减少。这就是所谓的"瓶颈效应"；整个人群同步接受到紧急撤离信息后，同步或在相近时间内做出响应行动，当出口的宽度限制了密集人群的流动时，导致密集型人群移动在出口处形成聚集，呈现"拱形分布"的特点等。研究表明，人群拥挤程度对人群移动速度起主要控制作用，而拥挤程度可用人员密度和人流量等指标描述。

(二) 缩减可用安全时间(Taset)

实际上，Taset 和 Trset 往往是同一时间开始的，即险情发现时就已经达到危害人群安全的程度，险情发生时人群就开始了疏散行为，也就是说，疏散的过程就是险情发展过程，单独把 Taset 剥离出来没有什么实质意义。这是因为：

1. 地铁事故灾难或刑事案件的巨大危害性，比如地铁中发生的火灾事故，由于地铁隧道独特的通风结构，致使烟囱效应尤其明显，极易造成大面积人群的窒息死亡，2003 年 2 月 18 日韩国大邱市地铁发生火灾致 198 人死亡，146 人受伤，298 人失踪就是典型例证。所以许多地铁发生险情时，其 Trset 实非常短暂的。

2. 身处险情中的人群是不具识别危险程度的能力，加之在险情发生时更难得到准确信息，所以只有察觉到危险发生，谁也不会拿着秒表来卡 Trset 来临和结束时间，大家都会不顾一切地选择逃亡。在这种情形下，Trset 与 Taset 对疏散个体而言，完全是同时发生的。

3. 地铁险情首先是疏散和救援，在人员安全得以确定后，才考虑处置险情，也就是说，险情可以是一个很长的时间段，将这个时间段分割为发生险情、Trset、造成危害和处置险情，这对人员疏散没有什么实际意义。倘若把 Taset 和 Trset 看成是两个独立的割裂步骤，反而会产生"先发生险情，后险情加剧，再疏散人们"这种拖沓延时的错误思维。

（三）分析安全疏散路径

假设疏散开始之前，地铁内人员分布于列车车厢、站台、站厅等。疏散开始后作为疏散人员离开其所在的空间，经由车厢、站台、楼梯、站厅、地铁出口等构成的疏散空间，转移到安全的场所。在站厅、站台、车厢的三类人员，其疏散路径分别为：

1. 站厅里的人员可直接由站厅疏散到安全出口；
2. 站台上的人员先从站台疏散到站厅，然后再由站厅疏散至安全出口；
3. 车厢内人员首先必须先从车厢内疏散至站台，然后从站台疏散至站厅，最后从站厅疏散至地铁安全出口。此外，当地铁车厢停留在轨道中时，车厢内的人员只能先沿着隧道向两端疏散，因为无法判定车厢所停留的路段，在没有指示牌的引导下，按照"同进同出"的记忆法则，乘客一般选择离刚出发站点方向进行疏散。

因此，地铁的整个疏散空间可简化为车厢、站台、站厅、安全出口4个单元，车厢内走道和列车门（A）、站台走廊和站台至站厅楼梯（B）、站厅走廊和站厅至安全出口楼梯（C）这3个疏散通道。

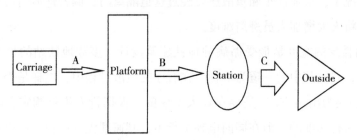

图4-24　站厅、站台、车厢人群疏散路径示意

（四）分析安全疏散条件

尽管地铁乘客为松散型群体，容易冲动和接受暗示，但其具有强烈的从众心理，可以作为某一特殊的群体对待，即任一单元或通道内的人群可视为一个

整体，假设该单元(或通道)内全部人员都能自己疏散出去，而且具有相同的特征。

1. 疏散开始之前，人员按不同的密度值分布在不同单元内，楼梯处没有引导人员。英国关于人群聚集安全的"绿色指导书"中以 $0.25m^2$/人作为人群密度的限定条件。相比之下，武汉地铁公司以 $0.75m^2$/人为极限值无疑过宽且与实际客流不符。虽然实际地铁站内的人群密集分布区主要在车厢、站台、售票处和进出口，但最危险的无疑是车厢和站台，因此这两处疏散距离最远，疏散难度最大。

2. 第一个达到安全出口的人不仅在于位置优势和身体优势，还会根据"同口进出"的人群行动规律，选择最熟悉(最佳)通道进行疏散。假设其在门和楼梯处都没有堵塞，其通过门的时间不计，通过楼梯的时间为单个人沿楼梯向上行走时间。

3. 在车厢内的所有人员的安全疏散，必须经过列车门、穿过站台、步行至站厅，最后出站，其最远的人员行走到门所需的时间是最长时间。根据《地铁设计规范》及实测研究，地铁列车每个门宽度为 1.5 米，设定紧急状况下地铁车门人群流动系数 4/3 人/s，因此每秒从地铁车厢走出 2 个人。在有安全隔离门的情况下，从地铁车厢疏散还要经过这道隔离门，倘若这道门与地铁车厢门错位，将大大增加人员逃离难度。

4. 对楼梯的宽度是最受诟病的地铁建筑设计，多数地铁站的楼梯只有上下行两道，并且其中的一道为电梯。在有序的疏散过程中，电梯是否应该开启(当然是转换为出站方向)是存在较大争议的。根据行人步行测定，电梯的速度是小于人行速度的，但在同向电梯上行走，其速度无疑更快，所以在有条件的情况下(许多地铁险情中伴随着停电)，还是建议开启电梯的。由实际观察可知，拥挤人群在楼梯出口处基本呈半圆形分布(虹桥现象)，如设 W 为楼梯出口宽度，L 为楼梯出口一侧区域的拥挤人群最大长度，则楼梯出口区域人群所占面积 A 为：$A = \frac{1}{2}\pi \left(L + \frac{W}{2} \right)^2$。其后人流施加力(压强大)给前面准备进入楼梯的人(受力面小)，在楼梯处容易发生踩踏事故。

5. 整个疏散环节受到最慢单元的制约，即"木桶原理"，多出现在车厢门、楼梯和闸机处。此外，类似蜂巢般的复杂建筑设计也制约了疏散时间。若第 i 通道为人员疏散最慢的通道，则人员疏散行动时间为：$T = Ta + Ti + \sum_{i}^{n} Tb$。式中，$Ta$ 为第一个人通过 i 通道的时间；Ti 为所有人员疏散出 i 通道的时间；Tb 为最后一个人通过 i 通道的时间。

(五) 优化安全疏散策略

疏散是对无序的自发行为的主动干预，如果实施了积极的疏散策略，将会极大地降低危机带来的损失。地铁由于地下空间的设计，隧道式的通车线路，黑暗环境下更需要施加主动积极的疏散策略。

1. 避难引导

地铁疏散一般伴随着险情的发生，所以疏散现场秩序比较混乱，个体很难得到实时的脱险信息，一旦连带感和交流断裂，加之临界阀压力的增加，或许有人会忘记社会规范而采取极端行动，成为导火索和临时带头人，产生示范效应，极易使群体失范。因此，积极传达适当的避难指示，提供有效的救助信息，进行避难引导和人员救援的紧急动员，化无序为有序。这方面的具体措施包括：

(1) 信息传递。如地铁各场所的指示、临时预备的疏散标语、现场的音箱广播、灯光照明提示等；

(2) 人员引导。如带头人员的方向引导、对疏散路径的指示、现场着装民警的显示等；

(3) 救援指示。救援人员往往与疏散逃亡人群方向相悖，尤其是在拥挤、黑暗、烟雾等极端情形下，有些人见到搜救人员或许会放弃逃生自救，或许会跟随搜救人员逆向行进，这些非理性行为都要得到及时纠正。

2. 疏散指示

疏散路径选择可能是多方向的，这正是现场处置的关键所在。如果这些主路径(通道)是开放的，即使发生拥堵也比选择封闭通道强。这一点在交通管

图 4-25　各类避难指示

理中可以得到经验验证：单行线通常都会比渠化路口更快速。因此，地铁疏散中一定要多设置单向出口，发生集体逃亡时准确指示单向出口。为此，可以采用如下措施：

(1) 多设出口。人群进入地铁一般需要一段时间，但疏散则需要在瞬间完成，所以出口数量应该多于进口。但地铁因为环境所限，往往进口即出口，甚至由于刷卡结算的需要，出口少于进口，这就需要在疏散时及时转换出入口。地铁闸机在疏散时应该完全开启，那种转闸型的刷卡机通行能力太低，各地铁站最好不再升级为开合型的刷卡机。另外，还要做好出口指示，如标牌、灯光、声响、烟雾、气味等。

(2) 扩宽楼梯。在人员流量一定的情况下，楼梯的疏散能力主要受楼梯宽度的制约，此时，为了合理地、科学地处理好紧急疏散与车站有效楼梯宽度这一矛盾体，重点在于解决合理的楼梯设计。

(3) 道路划分。平时固定设施可以用水马、护栏等分隔通行道路，还应该在地铁站台、地铁厅内的地面上用醒目的油漆色彩、箭头指示表明路径。

3. 潮汐管制

有序疏散的前提是要有足够的控制力，潮汐管制就可能加强此种控制效果。这种方法的特点是在进出场时能够主动防范风险，重要的是在集合逃亡时能及时干预人群。在采用这种方法时，设置缓冲区是非常必要的。

（1）分批放行。潮汐控制要求在进出口要分批放行。在乘客高峰期，比如上下班的阶段，一定要设定闸机人流量阈值，控制或暂停进站人流，或者分批次检票放行。

（2）适当滞留：进出口一般比较狭小，可以将人群滞留在进口缓冲区等候检票。目前各城市地铁换乘站一般都有比较多的商业区(商业铺面)，可以采用适当手段把乘客引导到商业区错峰乘车。

（3）控制密度。行动区人群合理密度可确保不发生拥堵，鉴于车厢和站台的拥堵情况，在超密度情形下，立即停售车票，停止乘客进站，并劝乘客离开车站，改乘其他方式。

第5章 地铁应急救援行动

"树立安全发展理念，弘扬生命至上、安全第一的思想，健全公共安全体系，完善安全生产责任制，坚决遏制重特大安全事故，提升防灾减灾救灾能力。"[①]地铁各类风险随着地铁建设、运营和客流聚增而不断积累，风险无从化解就转化为危险，一旦触发就产生危机，进而诱发群死群伤的重大险情。地铁处于高度封闭的空间，事故灾难发生时往往伴随着黑暗（停电）、烟雾（起火）、浸滞（进水）、垮塌（崩塌）等极端环境，人群"集合逃亡"加之奔逃中的攻击行为，在这些情况下实施逆向救援[②]是非常困难的。

一、应急救援理论研究

地铁运量大、科技含量高、地下行驶不堵塞，是高效绿色环保的出行方式，其不断增长的客流与日益发达的交通网络，使得地铁安全运营与应急管理面对更高的挑战。自20世纪70年代以来，国际社会产生一个共识，即对建立起突发重大事故的应急管理体制与应急救援系统愈显重视，1993年于国际劳工大会通过了《重大工业事故公约》，并将应急计划（预案）看作重大事故防范中的重要措施；随后欧盟在1982年也发布了《重大工业事故危险法令》，并在1986年对法令作了修订与补充。在"美国9·11事件"后大多数工业化国家与

---

① 2017年10月18日，习近平在中国共产党第十九次全国代表大会上的报告。
② 逆向救援，指的是救援人员与避难人群的行进方向正好相反，赞誉为"勇敢的逆行者""伟大的背影"。

国际组织制定了许多重大事故的应急救援法规与政策，明确提出对政府有关部门、社区、企业的责任人在事故应急行动中的职责与作用，还成立了专门的应急机构与政府管理部门，形成了相对完整的应急救援体系。

（一）国内研究现状

在地铁应急救援相关研究中，我国学者作了大量的研究，有着比较丰富的未经实践证明的"推演经验"①，这是与我国的轨道交通发展步调一致的。尽管《中华人民共和国突发事件应对法》和众多的铁路、轨道交通的专项法律法规如《铁路法》《铁路安全管理条例》《铁路交通事故应急救援和调查处理条例》《城市轨道交通运营管理规定》等，以及规范性文件如《国家城市轨道交通运营突发事件应急预案》《城市轨道交通运营指标体系》《城市轨道交通行车组织规则》《城市轨道交通运营技术规范》《城市轨道交通试运营基本条件》《城市轨道交通设施运营监测技术规范》等汇编成制度体系，但仍存在诸多问题，如学者孔涛指出《突发事件应对法》缺乏具体的实施措施，使得条文不能够得到应有的实施效果；教师刘哲昕发现，"生命至上、以人为本"是社会发展必须遵循的基本理念，但有些法律规定透露出"通车"优先于"救人"的价值错位理念；程冠楠认为，现有的应急预案大部分制定于2010年之前，根本无法满足现阶段城市轨道交通应急管理的需要；学者王志刚提出，轨道交通立法内容要保证条文间相互协调一致，为应急救援打造一个科学有效的法律环境；此外，我国轨道交通应急救援研究还存在缺漏，如在赔偿补偿上没有设置适合标准、各类预案粗糙落后等问题。

（二）国外研究现状

地铁理论研究的深度是轨道交通发展的同步写照，越是地铁发达的国家，他们的法律制度越是丰富。1998年德国下萨克森州策勒县艾雪德村落附近发

---

① 我国的轨道交通被赞誉为"最安全的地铁"，这与我国对安全管理的极端重视程度正相关。

生列车出轨的严重事故,造成100人死亡,88人受伤,原因竟是一个设计不良的车轮,之后,德国开始注重通过应急预案让地铁事故灾难损失最小化,相继出台了一系列安全法律法规如《铁路新秩序法》《联邦铁路线路扩建法》《通用铁路法》《联邦对铁路交通运输管制法》等,对铁路安全问题进行了系统规范,确立轨道交通安全管理底线,并且开展轨道交通抢险救援的课程培训和应急演练,提高应急处置能力,最大限度地降低地铁突发事件带来的损失;日本是灾害多发国家,地铁也很发达,有着成熟的救援经验,从1960年起日本制定了《灾害对策基本法》和《关于对妨碍新干线铁道列车运行安全行为处罚的特例法》等,地铁运营公司非常注重轨道交通安全事件的预防,日本新干线系统采用的应急预案是由日本新干线应急管理部门联合急救、消防、公安等其他多方机构协作制定,修订工作由日本国土交通省负责;法国十分注重专业知识教育、应急预案、实战演练以及外援力量辅助救援,还采取了多重技术保障,监测报警系统比较完善。

(三)国际研究比较

国内外学者关于轨道交通救援制度的研究,总体而言取得了一定的成果:对应急救援机制建设的必要性和价值、应急救援机制与应急救援法律制度的内在联系,作了较为深入的剖析。但是,就当前研究情况来说,国内学者对地铁应急救援问题的研究大多聚焦在应急救援机制建设方面,对国外轨道交通应急法律体系建设系统性研究不够,对国外地铁应急救援研究成果探究不够深入,学者们鲜少对地铁应急救援典型案例进行解剖式研究,未能准确掌握地铁应急救援的特点和难点,救援工作较为被动。国外地铁应急救援安全研究重点集中在高铁应急救援的应急处理和政策研究方面,对法律层面上如何加强轨道交通应急救援队伍建设、应急救援装备保障、应急救援技术体系和管理体系的研究有待加强。

二、应急救援难点分析

地铁是一个独立的、封闭的系统,有单独的信号指挥中心,比其他的公共交通工具更安全、运行效率更高。但在为城市建设提供种种便利的同时，其本身也存在着多种潜在的问题如火灾、水灾、地震、泄漏、恐袭、停电、事故灾难等突发事件，可能造成严重财产损失和乘客群死群伤，甚至影响整座城市的交通运转。同时，城市轨道交通网络化运营条件下的地铁突发事件已不再孤立，而是风险高、危害大、影响广、后果严重。因此，地铁突发事件出现后，高效的应急救援就成为减少人员伤亡和事故损失的关键环节，但高速发展的地铁建设与应急救援管理之间还存在一些突出问题。

(一) 应急救援情况复杂

地铁事故灾难现场往往比较混乱，增大了应急救援工作的不确定性和复杂性，主要表现为：同质伤情人数多、救治时效要求高、难度大，每趟地铁列车都会承运很多乘客[①]，若发生事故灾难，乘客遭受外伤情况普遍，但程度不一，在等待救援过程中还会造成感染，成批的伤员对救援人员的体能和专业能力都是一种考验；现场组织协调不易，突发事件的不确定性和复杂性，加剧了救援工作的难度，如果列车发生颠覆、碰撞、出轨等重大事故，救援难度系数随之升高，此时必须集众之力，汇众之智，快速有效展开救援。但是各方隶属不同，工作标准不一，众力难以组织协调，也很难充分有效调动应急救援资源，救援工作难开展；事故现场功能性失序，地铁事故现场往往通信不畅、交通不便、供电中断、水和食物紧缺，医疗救援人员、药品和抢救用品严重不足，事故现场环境往往遭到严重破坏，救援设施无法运行，严重阻碍救援行动开展；救援影响因素多变，事故演变规律、影响因素有很大的不确定性、多变性、不可预见性，而且应急救援过程中多方人员的心理反应也具有很强的复杂性，这些复杂因素的影响无疑增加了应急救援工作的难度。此外，目前无论是城市轨道交通运营的管理者还是员工都还没有从单线运营的管理理念向网络化运营管理的理念转变，对网络化运营面临的新问题、新情况预见性不足，应对网络化运营面临问题、风险和挑战准备不充分，造成相应的应急处置不顺畅、

---

① 以地铁 A 型车为例，每节核定载客 310 人，6 节车厢共载客 1860 人。

不及时，造成比较严重的后果和影响。

图 5-1 2011.9.27 上海地铁 10 号线列车追尾事故救援现场

（图片来源：钮一新：《上海地铁 10 号线列车追尾已致 260 人受伤》，载《财新·图片·滚动新闻》2011 年 9 月 27 日。）

（二）应急救援时间紧迫

地铁事故具有突发性、公共性、严重性、不确定性等特点，应急响应速度要快、应急救援速度要快，与时间赛跑，争分夺秒地抢救生命。有据统计分析，交通事故死亡率里面有 30%都是救援不及时导致的。但是近年来随着地铁线网规模不断扩大，加上地下管线封闭，救援单位接到事故报警后，基本不能在第一时间到达事故现场，加之应急救援站设置不合理或者物资配备不充足，导致应急响应时间长和跨度大，给救援带来新的挑战和提出更高的要求。为避免救援人员警力不足，耽误救援速度的情况发生，第一接警单位要迅速上报事故情况，并按照应急响应方案，确定参与救援的人员和联合单位，当然，这就要求各单位都要有高效的执行力，才能保证响应速度快。实践中，救援行动存在警力不足的现象，救援人员少但救援任务量大，有时没有救援通道，救援人员无法到达救援作业面,在黄金救援时间的作用下,他们遭受体能和心理的双重考验。同时,也有救援人员对救援线路和地形不熟悉,赶赴救援现场耗时较长,"黄金 4 小时"缩减,留给救援人员的有效救援时间比较少,应急救援时间十分紧迫。

图 5-2　2021.7.20 郑州地铁 5 号线水淹事件救援现场

(图片来源:冯子雍:《郑州地铁被困者回忆:最恐怖的不是水,而是空气越来越少》,载《大河报·顶端新闻》2021 年 7 月 21 日。)

(三)应急救援过程危险

地铁列车发生事故灾难,除了车厢内乘客遭受重创,车外部环境、运作的装备设施也会遭受破坏,这些因素独立或者相互作用下,极有可能引发再次灾害,扩大事故伤害,如事故灾难现场环境不安全,或引发二次事故,瞬时撞击可能引发车辆火灾、爆炸。另外,高速作用下的巨大撞击力,可能致使隧道桥梁、高压线网倒塌,导致疏散乘客引发二次伤害。同时,事故灾难现场存在潜在危险因素,引发再生灾害,地铁列车在高速度运行的惯性作用下,瞬时产生的极大冲击力不仅致使列车自身遭受严重破坏,撞击和冲击还会给事故现场环境造成严重破坏,其他危险因素如烟火、有毒气体、污水、易燃易爆物品等的存在,还随时可能发生继发性灾害,伤害或威胁乘客的生命。另外,破拆车辆外壳或者车厢内结构时,结构与工具在高速摩擦作用下,产生大量高温火花,造成火灾隐患或者伤及待救人员。

图5-3 2016.7.7台北地铁爆炸事件救援现场

(图片来源:视频:《台北松山站列车发生爆炸致21人伤 警方初判系人为制造》截图,载《看看新闻·Knews综合》2016年7月7日。)

(四)应急救援保障不足

目前国内不少地铁的应急救援都由各分公司或专业公司进行属地管理,各自为政。如果某条线路发生突发事件时,只是由该线路所属分公司救援,这样就造成了就近线路的救援站由于属于不同公司而不能就近对其进行救援,这还导致有的区域救援站设置比较聚集,配备资源出现叠加和浪费,有的区域救援站比较少,配备资源也比较匮乏,尤其是地铁单线、条线形成网络后,应急指挥体系、应急响应、应急联动、应急处置以及人员、物资、工具器具等不能适应网络需要进行调配,造成资源分配不均、资源共享性差。在网络化运营的条件下,就应打破救援的属地管理,应急救援实现全网联动,应急资源均衡配备和共享,提高应急救援效率。另外,随着轨道交通线路增加,线网规模增大,网络化运营形成后,应急救援站设置不均衡性越来越明显,主要体现在有些救援站设置比较集中,资源出现叠加,部分新线、偏远线路救援站比较少,应急救援不能实现路网的全覆盖。传统的应急救援站、救援物资物、救援队伍等都是沿着线路进行设置和配备,由于各条线路开通时间不同、地铁各公司重视程度不够、资金短缺等方面的原因,各线配备救援物资种类、数量参差不齐,差异明显,不利于全网的统一管理。

图 5-4　2006.10.17 罗马地铁相撞事故救援现场

(图片来源:丁莹:《意大利地铁列车相撞 1 人死亡　200 多人受伤》,载《新华网》2006年 10 月 18 日。)

(五)应急救援力量薄弱

事故灾难现场就是"战场",救援人员必须具备过硬的专业素质,救援装备必须技术先进、专业性能高,同时救援管理必须专业规范灵活,这是保证救援业务专业性的重要内容。目前,国内大部分地铁公司还没有一支公司层面的专业应急救援队伍,各分公司、专业公司都只有兼职的应急救援队伍。这些人员由于教育培训时间短、应急演练频次低等原因,对突发事件的临场反应、处置和应变等能力比较差。当发生突发事件时，这样的兼职应急救援人员到达现场时，由于不能及时采取有效措施而导致事态进一步发展，很有可能造成更大的损失和人员伤亡。而把消防部门作为地铁事故灾难救援主力，但他们接受的培训和演练内容大多是综合性通识性，缺乏地铁专业性，且受消防体制改革的影响，有相当多一部分工龄较长、经验丰富的消防人员选择退出消防行业，新加入的救援人员经验不足、实战专业性缺乏，严重制约其承担多种型、大数量的地铁应急救援任务[①]。另外，地铁事故灾难的救援装备的专业化程度也影响救援业务的专业性，经过多重工艺、采用多种技术、融合多种材料打造而成的地铁列车车体和车厢十分坚硬，列车安装的窗户都是高标准制造，刚硬程度高。加之事故车厢本身结构的不规则性也潜在地增加了车厢的破拆难度，一旦高铁发生脱轨等重大事故时，便会给车厢造成严重的变形和损毁。伴随着车厢结构的破坏，位置发生了偏移，这不规则的车厢结构也使本身就复杂的破拆工作雪上加霜，救援人员在实施破拆过程中遇到特殊情况的可能性便提高了很多。然而消防部门配备的装备器材还主要是针对公路救援、传统铁路救援，未能跟上突飞猛进的地铁，现有破拆救援装备还未达到快速有效破拆的水平；并且传统生命探测仪只有在特殊的工作环境下才发挥效用，而救援领域比较方便高效的救援装备如直升机、无人机、机器人等，在地下救援实操中应用受到较多限制。救援管理的专业化程度影响救援业务的专业性，地铁应急救援工作起步较晚，管理上经验不足，如应急救援机构建设和人员配备不足，一些地方虽然建立了应急管理和应急救援指挥机构，但未配置专职人员值守，也没有完成好应急救援物资储备和防护器材的日常维护管理，救援人员的个人防护装备较为简易，防护能力不足。因此，在如今的轨道交通发展形势下，有必要建立专业的应急救援队伍，以保证应急救援工作的有效顺利进行。

---

① 截至2019年底，我国每万人消防警力仅为0.94，与世界平均水平还有很大的差距。

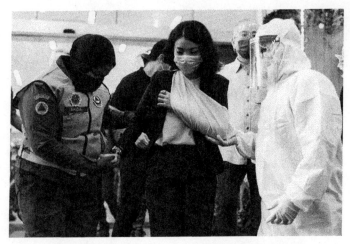

图 5-5　2021.5.24 吉隆坡地铁相撞事故救援现场

（图片来源：菲兹摄：《马来西亚首都发生地铁列车相撞事故逾 200 人受伤》，载《新华社新闻》2021 年 5 月 25 日。）

三、应急救援心理干预

地铁人群疏散易发生危险，常见的诸如踩踏、挤压、群死群伤等，"集合逃亡"就是其时人们常用的集群避难脱险行为，生物学早已证明了集群动物比独立个体更能维系种群的繁衍，海里的沙丁鱼、地上的藏羚羊、天上的大雁都是群居动物，尽管就它们个体而言是弱小的，但集群力量使得它们能够共同抵御外来的强敌，从而顽强地生存下来。同样，社会学者从不否认人类与生俱来的群居特征，并且还以归纳出的社会化属性验证了人们具有的从众心理行为。学者们普遍认为：集合逃亡是人的本能反应，但这种本能反应不排除个体伤害的发生，即在地铁突发险情时，尽管集合可以逃亡，但个体却有可能罹难。因此，对个人而言，集合逃亡是在无序状态下和认知局限性造成的，未必是科学的选择，通过适当的心理矫正的干预措施，可以将这种无序行为控制在一定程度内，尽可能避免死伤等情形的发生。

图 5-6 2021.5.4 墨西哥城地铁坍塌事故救援现场

(图片来源：卡涅多摄：《墨西哥城发生轨道交通设施坍塌事故》，载《新华社新闻》2021年5月4日。)

(一) 消除恐惧减少盲从心理

当危险来袭的时候，强烈的恐惧感是自然生成的。倘若这种恐惧感个体尚能承受，他就会独立行动来摆脱危险；倘若这种恐惧感强到个体无法忍受的地步，他自然一方面希望别人能够分担恐惧，另一方面自己企图转移部分恐惧。而无论是其中哪一种形式，最终结果都会导致效力感丧失，彼此分担恐惧将会把自己的恐惧加倍予他人，转移恐惧将会把解困责任完全寄托于他人，耐受力完全消失，滋生的盲从心理导致集合逃亡的直接发生。因此，消除恐惧的心理矫正方式是集合逃亡的治本措施，各种心理行为训练都有助于恐惧心理的消除或减轻。

(二) 理性认知恢复自信心理

地铁事故灾难的危险源多数是可知的，如隧道压抑、光线黑暗、场地狭小、器材不足、出口不畅、避难点缺乏之类。它们通常是客观存在并且能够改善或识别的。因此,在排查危险源的同时,对这些危险源作进一步的认知介绍,将有助于人们自信心的恢复。一般情况下,对危险源作辨识介绍是防范的经常性项目,如在地铁播放应急避险和紧急救援的知识。虽然有人可能认为人群中大多数成员会有躲避危险的办法,自己可以"搭便车"逃离险境。但不管怎样,毕竟这种通识危险的教育实在地提高了整体人群的普遍认知水准,对恢复个人乃至改善整体自信心有帮助,甚至还可以再生个别人已经彻底丧失的、独立摆脱危险的生存值。

(三)重复提示克服麻痹心理

风险转化成危险,进而成为危机,这两段进程可以用心理麻痹来解释。由于对风险的重视不够,本可以识别的潜在风险将可能成为潜在危险,再对潜在危险排除不及时,就会酝酿成现实的危机。通常认为,自信心不足表现为危机处置怯懦和逃避,但过度的自信心也会导致产生麻痹大意的思想。如果听凭其自由发展,或是继续老生常谈式的教育,有可能还是无法消除麻痹心理,不如反复进行风险提示,如在地铁站播放火灾逃生短片、在候车厅张贴疏散示意图。这些重复提示的好处在于既减少了集合逃亡的结构性诱发因素,又克服了麻痹心理带来的疏忽。

四、逆向救援积极措施

群体无序和个体的有限理性集中碰撞出地铁乘客在突发危机后"集合逃亡"的可能。当个体的心理矫正和集体的行为管制都不足以消抵危机的发生时,集合逃亡就是最合理和最合适的移动性避险脱困行为。这有点类似"投票规则",多数人的选择一般是正确的。然而,毕竟集合逃亡是一种无序的自发行为,如果可能进行正确的人群引导和应急救援,将会极大地降低地铁事故灾难带来的损失。

(一)制定科学救援计划

在接到地铁事故灾难警情之后，为了能够提升救援效率及施救效果，保障乘客的生命财产安全和救援人员安全，需要从以下几个方面做起：首先，应急救援组织机构应建立现场指挥协调和联动机制，充分了解地铁事故灾难现场的各种情况，比如地铁事故灾难现场的具体位置、建筑特点、现场周边环境等，从而在此基础之上制定出更为科学有效的救援行动方案，同时应急救援人员应准备好救援减灾器械设备，做好个人基本防护工作。其次，在制定救援方案之时，应急救援指挥员应结合地铁事故灾难现场的实际情形，据此定好相应的救援目标及救援任务，比如救援活动中搜救位置、搜救人数、搜救方式等，同时还应了解地铁事故灾难现场隧道线路长度、宽度、避难部位、疏散通道，以及建筑的外部情况及内部结构，再据此准备相应的救援工具设施，比如救援器械、破拆工具等。最后，应结合地铁事故灾难现场，基于大数据开展风险规律分析，建立专项数据库，选择合适的救援工具，应明确救援起点及入口，在此过程中应将现场情况及其变化情况及时传递给应急救援指挥机构，从而及时修改优化完善应急救援方案，为救援工作顺利开展奠定基础。如果在判定现场没有较高风险，且救援空间充足，可以安排适当数量的备份救援人员进入救援现场，共同参与地铁事故灾难救援工作，减少地铁事故灾难造成的人员伤亡及财产损失。

(二)积极开展自救互救

地铁事故灾难应急救援不同阶段的危险因素是动态变化的，在救援"空白期"的致灾因子会将危险性作用于救援对象，如地震埋压、洪水淹溺、火灾燃烧等，造成救援对象不同程度的伤亡，此时由于救援人员尚未到达现场，此阶段救援对象应开展自救互救。另外，由于由于突发事件情况尚不清晰，救援人员以"人民至上、生命至上"为首要原则，迅速投入救援工作，可能受到突发事件中的意外情况影响，如火场轰燃、余震等，造成救援人员和救援对象共同的伤亡。因此，在救援初期、救援环境不明、有迹象表明现场会严重威胁救援人员生命安全时，指挥机构判断应急救援过程中的风险存在连锁反应，可能造成后果恶化升级。现实情况中，连锁反应具有基于瑞士奶酪模型、蝴蝶效应、多米诺骨牌效应下的不同类型，其共性特点是存在多种风险链条、产生灾情放大效应，其后果为致灾因子穿过层层安全漏洞，形成风险链条，最终导致人员伤亡和财产损失。因此，指挥机构会启动紧急熔断机制，对存在风险的活动采取停止措施，避免风险发酵和蔓延，阻断因风险因素可能引发的风险链条，此时号召事故现场当事人积极开展自救互救，并能可能提供远程指导，这是地铁事故灾难救援行动的主要方式。

图 5-7 2021.7.20 郑州地铁 5 号线水淹事件自救现场

（图片来源：冯子雍：《郑州地铁被困者回忆：最恐怖的不是水，而是空气越来越少》，载《大河报·顶端新闻》2021 年 7 月 21 日。）

（三）快速搭建生命通道

地铁事故灾难要围绕被困人员生命支持，调集紧急医疗救援队伍、急救手术车等，充分利用好专业救援力量，做好人员搜索、伤者现场急救、转运救护、外科手术等工作；要调集专业机构、权威专家参与救援，落实救援行动安全评估、险情监测、现场安全管控、安全演练等安全措施。救援行动中，应当坚持安全第一的原则，按照"科学决策、精准救援、安全有序"的要求，避免对可能的幸存者造成二次伤害，避免破坏地铁结构稳定性，防止危及被困人员和救援人员的生命安全。由于列车运行速度在事故发生的瞬间能够带来巨大的冲击力，对乘客人身会造成严重的威胁或者实质性伤害，必须要专业人员(医生)和专业器具(医护)进行治疗。因此，要聚焦生命救援这个核心目标，充分利用社会化的医疗救援资源(医院)，全力开展人员搜救工作，最大限度地保证了人民群众生命安全。

（四）主动实施救援引导

集合逃亡的现场秩序比较混乱，个体很难得到实时的脱险信息，一旦连带感和交流断裂，加之临界阀压力的增加，或许有人会忘记社会规范而采取极端行动，成为导火索和临时带头人，产生示范效应，极易使群体失范。因此，在应急救援过程中要积极传达正确的救援指示，提供有效的救助信息，进行避难引导和人员救援的紧急动员，化无序为有序，如在信息传递方面，进行现场的音箱广播、灯光照明提示、临时疏散图示等；在人员引导方面，救援人员要做方向引导、对青壮年奔逃路径的指示、现场着装救援人员显示等；在搜救指示方面，搜救人员往往与集合逃亡人群方向相悖，但有些人见到搜救人员或许会放弃逃生自救，或许会跟随搜救人员逆向行进，这些非理性行为都要得到及时纠正。

（五）保证通信信号畅通

地铁事故灾难现场往往是桥隧结构，周边屏蔽效应有可能使得普通电信信号较弱；同时，救灾现场和周边会因手机使用剧增造成信号局部堵塞。而救援行动极为注重救援人员的合作性，需要全体救援人员的通力协作配合，这样才能保证应急救援活动的组织性，提升救援行动的整体效率，因此应急救援活动需要保持信号畅通，这是救援顺利开展的前提。因此，在救援工作准备阶段，应保证救援人员正确佩戴通信设备如无线对讲机①等；应对周边信号条件及设备运行状态进行反复检查，确保通信信号的畅通；还需要全方位考量地铁事故灾难现场的周边环境如磁场干扰、建筑物阻挡等因素，并采取相应的技术手段对这些阻挠因素进行排除；同时，需要在地铁事故灾难现场的周边对通信设备进行备份，使救援现场图像等信息畅通无阻地进行传输，从而为指挥机构制定及调整救援行动提供相应的保障。

（六）公开应急救援信息

公众对地铁应急救援行动是非常关心的，他们的热线帮助也往往有力支持了救援工作，如"2011.7.23 甬温线列车脱轨事故"，大量人员伤亡急需输血，而高温炎热天气导致街头献血人员稀少，血液库存量一直处在警戒线上缘，广大市民听闻新闻发布会信息后，立即积极主动开展献血活动，保障了应急救援行动的顺利开展。所以说，公开救援信息，主动新闻发布，及时发出权威性声音、及时回应公众关注、主动引导舆论动向，是积极处置地铁事故灾难的有效路径。但地铁应急救援新闻发布制度上存在一些问题，如救援现场新闻发布不够透明，基于应急救援部门实施的新闻发布制度尚不完善，导致部门内部进行新闻采集工作的分工不够清晰、收集影像资料的方向不够明确，以及最终呈现的新闻发布内容的专业度欠妥，导致新闻发布媒介时口径不一、答不符实；救援信息发布不够及时，因互联网时代信息的即时性，新闻信息的最新性、专业性、权威性等特性，所以事故灾难救援信息须第一时间在权威性的新闻平台发布，但往往因信息难收集、稿件审批慢等情况，导致涉事单位无法立即向社会公众报道最新消息，而部分媒体为满足大众的求知心理以及行业要求，杜撰暂无根据的信息来填补信息空缺，虽可能达到了某家新闻媒体要求及时发布的任务，但却忽略了新闻的准确性，对于社会公众而言，使其接收错误的信息，甚至可能会引起一些对奋战第一线的救援人员的负面舆论，伤害了公众对地铁爱护的感情，也损害了政府公信力。

---

① 对讲机无需网络覆盖，可实现多人对话，也无需拨号和等待，紧急情况下按下按钮就可以即时对话沟通，并且坚固耐用，适合在应急救援场合使用。

第6章 地铁反恐防暴斗争

"反暴力恐怖斗争一刻也不能放松，必须采取果断措施，坚决把暴力恐怖分子的嚣张气焰打下去。"①地铁具有快速准时、运载量大、全天候服务、运输成本低等特点，既是弥补地面交通拥堵带来不便的首选方式，又是解决现代化大城市公共交通问题的必选方案，更是未来改变了公众出行方式的最优规划。然而由于地铁设计局限、设施有限、人流无限及制度缺陷等因素，一旦遭遇突发事件或恐怖袭击如"日本3·20奥姆真理教地铁投毒案""西班牙3·11通勤列车爆炸案""韩国2·18大邱地铁纵火案""莫斯科地铁系列爆炸案""英国地铁7·7恐袭案"等，人员疏散和救援十分困难，极易发生群死群伤的大事件，对社会经济和生活造成重大影响。基于地铁交通安全的重要性，深入研究地铁恐怖暴力袭击的特点，制定相应的预防和处置策略，不断完善地铁交通安全，已经成为城市安全的重要主题。

一、地铁反恐防暴难点

在地铁内发生恐怖暴力事件影响大、处置难、极易造成群死群伤的严重后果，一些典型的、致多人死亡或受伤的地铁恐怖袭击案件如表5-1。地铁交通之所以成为恐怖分子制造恐怖事件的重要袭击目标，是与地铁的特殊性高度相关。

---

① 习近平2014年4月30日就乌鲁木齐火车南站站外爆炸案作出指示。

表 5-1　　　　　　　　　部分地铁遭受恐袭简表

时间	地点	方式	后　果
1994-3-19	巴库地铁	爆炸	阿塞拜疆首都巴库地铁 2 号线一月二十日站发生列车爆炸，爆炸物被设置在第一节车厢里，并且爆炸当时列车正停靠在站台上，致 14 人死亡，49 人受伤，袭击者当场死亡。
1994-7-3	巴库地铁	爆炸	阿塞拜疆首都巴库地铁 1 号线由五月二十八日站驶出的列车，在离下一站青年站 500 米处发生爆炸，造成 13 人死亡、58 人受伤，袭击的制造者在莫斯科被捕，1997 年 11 月 29 日移交给阿塞拜疆受审。
1995-3-20	东京地铁	毒气	日本邪教组织奥姆真理教成员在东京市区 3 条地下铁内投放沙林毒气，造成 13 人死亡，5500 多人中毒。事后日本警察逮捕了教主麻原彰晃，并以杀人罪、拘禁罪、非法制造武器罪等 13 项罪行的"首谋"罪名判处其死刑。
1996-6-11	莫斯科地铁	爆炸	莫斯科地铁 9 号线由图拉站开往纳加金诺站的列车发生爆炸，爆炸物是定时炸弹，在第 5 节车厢内引爆，造成 4 人死亡、16 人受伤。
2000-8-8	莫斯科地铁	爆炸	莫斯科普希金广场的一处地铁出入口（可去往 2、7、9 三条线路）发生爆炸，爆炸威力约 800 克 TNT 当量，造成 13 人死亡，118 人受伤。这起爆炸到了 2005 年才被认定为恐怖袭击，但策划者和发动者姓名至今仍然不详。
2004-2-6	莫斯科地铁	爆炸	莫斯科地铁 2 号线汽车厂站至帕维列茨站区间发生自杀式炸弹袭击，造成 41 人死亡、超过 250 人受伤。事后车臣极端组织头目、人称"俄罗斯本·拉登"的帕维尔·科索拉帕夫认领了事件。
2004-3-11	马德里通勤列车	爆炸	致 191 人死亡、1800 人受伤，甚至还影响了西班牙大选的结果。

续表

时间	地点	方式	后果
2004-8-31	莫斯科地铁	爆炸	莫斯科地铁6号线里加站外发生了自杀式炸弹袭击,造成10人遇难,约50人受伤。
2005-2-18	大邱地铁	纵火	地铁第1079号列车发生的恐怖纵火案,致198人死亡、146人受伤。
2005-7-7	伦敦地铁	爆炸	7月7日,英国伦敦地铁早上交通尖峰时间发生7起爆炸案,造成52名乘客遇难,700多人受伤,当时八国集团首脑会议正在苏格兰举行,而7月21日伦敦三个地铁站又发生炸弹袭击未遂事件①
2010-3-29	莫斯科地铁	爆炸	3月29日7:56分,俄罗斯首都莫斯科一列地铁刚刚进入卢比扬卡地铁站,第2节车厢内忽然发生爆炸,造成列车上的15人以及站台上的11人死亡。40分钟后,另一列地铁在文化公园站爆炸,造成14人死亡。警方随即查明,两起爆炸案为自杀式爆炸袭击,是由两名年轻女性所为,她们通过给自己打电话引爆了身上的炸药,和2004年发生的莫斯科地铁爆炸案嫌犯一样,都是"黑寡妇人弹"。
2011-4-11	明斯克地铁	爆炸	白俄罗斯明斯克市奥克佳布里斯卡娅地铁换乘站爆炸案,爆炸装置事先放在站台长椅下面,当两列地铁到达地铁站时,袭击者用手机引爆了爆炸装置,造成15人死亡、近200人受伤。警方抓获了两名犯罪嫌疑人,他们承认自己制造了爆炸,但动机不明,白俄罗斯最高法院对两人均宣判了死刑。
2016-3-22	布鲁塞尔地铁	爆炸	8时左右,比利时布鲁塞尔扎芬特姆国际机场出发大厅发生爆炸;9时22分,布鲁塞尔欧盟总部附近地铁站发生爆炸。比利时官方确认爆炸是自杀式恐怖袭击,两起爆炸恐袭造成32人死亡,300人受伤,其中地铁站死亡20人。

---

① 英国简氏恐怖主义研究中心认为:此次恐怖爆炸案之所以未遂,是因为炸弹都是"哑弹",由此可见袭击者的攻击手法"相当拙劣",在袭击行动中显得"十分外行",显示出他们只是"业余恐怖分子",不过是比对7·7爆炸案进行了一次"模仿攻击"。

续表

时间	地点	方式	后　果
2017-4-3	圣彼得堡地铁	爆炸	犯罪嫌疑人阿克巴尔容·贾利洛夫在俄罗斯圣彼得堡地铁"先纳亚广场"和"技术学院"两个地铁站投放炸弹,致10人死亡,37人受伤,其本人亦以自杀引爆方式毙命。另外,他在"起义广场"站安放的炸弹被及时发现而成功避免了另一起爆炸。
2017-9-15	伦敦地铁	爆炸	伦敦地铁帕森格林站发生爆炸,部分乘客在踩踏事故中受伤,也有人面部被烧伤,造成29人受伤。
2021-10-31	东京地铁	砍杀纵火	日本青年服部恭太身穿小丑服饰,在京王线特快地铁车厢里拿杀虫剂向一位70多岁的老人脸上狂喷,又用长刀乱砍,还向逃跑的乘客泼洒腐蚀性液体,并用打火机肆意纵火,最终砍伤17人。
2022-4-12	纽约地铁	枪击	嫌疑人弗兰克·詹姆斯在国纽约布鲁克林的一个地铁站投掷了烟雾弹,然后开枪,致29人受伤。

(一)隧道式运行线路很长且运力很强

城市轨道交通作为现代化大城市解决公共交通的特殊形式具有运载量大、全天候服务、快速准时、绿色环保等特点,能够分担常规公共交通压力、有效缓解交通拥堵、充分保障市民安全出行、提高城市生活品质,既是城市综合交通体系的重要组成部分,又是城市社会发展的经济新增长点,备受国内各大城市管理者的青睐。根据交通部信息,截至2021年10月31日"全国31个省(自治区、直辖市)共有49个城市开通运营城市轨道交通线路250条,运营里程8087千米,完成客运量20.5亿人次"。① 由于地铁采取的是全封闭隧道式运行方式,其运输能力要比公共汽车大7~10倍,单向每小时可运送4万~6万人次,如南京地铁"一号线"采用的A型宽体列车正常载客1886人,满载2496

---

① 交通运输部:《2021年10月城市轨道交通运营数据速报》,https://new.qq.com/omn/20211105/20211105A0A6C600.html,2021-11-05/2021-11-08。

人;其在速度上的优势也非常显著,最快的时速可达到120千米,最慢的时速也都在30千米以上。但地铁采用的是隧道式运行方式或高架式闭合轨道,车辆只能按照行驶方向进出,一旦发生爆炸或火灾,有害燃烧烟雾形成"烟囱效应"致人窒息,加之伴随着隧道内部的照明系统故障,给扑救火灾和疏散人员工作带来极大困难和障碍。

(二)开放式候车管理很难且人流很多

地铁作为一个开放的、人流密集的公众聚集场所,由于轨道交通换乘站人流超负荷,进出站口通道狭窄,候车区域缺乏滞留场地,有的地铁站厅还兼作繁华闹市区的地下过街通道和地下商业街,加之驳接不匹配等设计缺陷,致使地铁交通特别拥挤,一旦发生意外,人群极易集合逃亡,其间夹杂旅客为了自己逃生而相互攻击的行为,极易引起群死群伤的重大安全事故,如阿塞拜疆巴库1995年10月28日地铁火灾事故、河南郑州2021年7月20日地铁暴雨淹水事故、日本东京2016年1月26日地铁火灾事故、美国纽约2020年3月27日地铁火灾等。另外,地铁相对封闭的空间、密集的人流,也给地铁的安全运营增加了难度,尤其是有的地铁候车站台采用敞开式设计,没有安装屏蔽门式系统如武汉地铁一号线,安全性和防护性相对较差;并且地铁大多不限制乘客在车站或列车内的逗留时间,有人在地铁每天开始运营的早晨5点买一张票,便可以随意在任意地铁车站内或车厢内逗留18个小时直到地铁停止运营,在地铁出入口至检票口之间还经常出现"真空区",有人乞讨、卖唱、售物、卧睡、抽烟,管理难度很大。

(三)流动式乘车监督很泛且安检很宽

地铁列车依赖于单一轨道连续运行,如果线路上发生恐怖袭击事件,会造成整条线路运营中断甚至影响其他线路的正常运行。而要在流动的车厢中实时制止违法犯罪活动,需要很多警力;且在车厢内发生的偷盗、打斗、猥亵等行为存在知情难、取证难、抓获难,往往当这些案件发生时,由于密闭空间的人群安全,以及事发信息传导的迟滞,致使管理人员难以及时到达现场,现场处置的风险较高。正如一位纽约某视频网站的博主说:"怎么去阻止那些要去犯罪的人,比如枪击事件?你阻止不了的。你得在每个地铁站都派个警察。那是行不通的。"并且由于地铁每天承运的客流量巨大及乘车的时间性较强,使得地铁在实际操作中不可能像飞机一样进行那么严苛的安检,也不可能实行火车站"二次安检"方式,并且由于轨道交通站点众多、线路过长、人群拥堵,致使隔栏塞包或乘乱带物的行为难以发现并制止。且由于旅客携带物品五花八门,而安检人员无法对旅客的每个部位和包裹都进行有效安检,使得风险链增长。还有旅客为了尽快上车、焦急等车、不想开包而滋生对安检的不配合,有的演变成个人扰乱和集体愤怒行为,甚至攻击安检人员。此外,安检需要大量的人财物的支撑,而国外地铁普遍不安检的现实,造成对公众对设置安检、安检效率的质疑。

二、地铁反恐风险评估

反恐怖风险评估就是针对恐怖袭击造成的损失,以及对人们的生活、生命、财产等各方面造成的影响的可能性进行量化评估的工作,它是高效的"未雨绸缪"和精准的"亡羊补牢"。作为风险管理的基础,反恐怖风险评估是组织确定信息安全需求的一个重要途径,属于组织信息安全管理体系策划的过程。

(一)危险评估

危险是指材料、物品、系统、工艺过程、设施或场所对人发生的不期望的后果超过了人们的心理承受能力,可能造成人员伤害、职业病、财产损失、作业环境破坏、机械类危害等潜在的状态。危险特征在于其危险可能性与安全条件和概率有关,所以反恐怖斗争首要就是要识别评估对象的各种危险,即"危险评估",美国国土安全部定义其为"一定司法管辖权限内,系统地识别、评估或者资产鉴定"。危险评估的主要任务包括有:识别评估对象面临的各种危险、评估危险概率和可能带来的负面影响、确定组织承受危险的能力、确定危险消减和控制的优先等级、推荐危险消减对策等。危险评估有助于确定资产相对重要性，有助于资源优先分配给最重要的资产，并以保卫核心资产为其核心目标，这也是反恐怖斗争必须解决的基本问题，即要确定保护的对象(或者资产)是什么？它的直接和间接价值如何？

1. 资产评估

风险方程式的一个重要组成部分是考虑重要基础设施、系统及其他资产的损失，或严重损害的后果；危险程度的测量方法取决于资产的价值，毫无疑问失去生命和损失必要资产都是反恐怖斗争中最大的资产损失；当然有时危险评估可能涉及某种程度的主观性，评估可能依靠执法机构专业人士和他们对政府机构的深入了解来衡量每一个潜在目标的重要性。然而明确的、客观的标准必须是生命高于一切的，无论恐怖袭击直接针对的是人物/人群，还是间接针对的是特定物/区域，本质上都是"消灭人"，然而人物/人群是可自行藏匿(逃避)的，但特定物/区域则不会，以下是易受攻击的单位(特定物/区域)，应作为重要基础设施或关键资产进行评估：

- 交通设施和枢纽、人群集中地带，如车站、码头、机场等
- 公共事业部门——电力、自来水、天然气、废物处理，如(变)电站、自来水公司、天然气储运罐、油气管线、加油站等
- 政府和公共设施、地标建筑、影剧院、警察局、消防重点单位、校园、体育场馆、博物馆、历史古迹等
- 金融机构如银行、交易所，甚至金库
- 国防部门、科研机构、军工企业等
- 交通保障系统——雷达、桥梁、隧道、码头、航标等
- 医疗卫生部门——医院、药厂、生物实验室等
- 网络/信息技术服务设施和地点

2. 危险度量

从信息安全的角度来讲，危险评估是对信息资产即某事件或事物所具有的信息集所面临的威胁、存在的弱点、造成的影响，以及三者综合作用所带来风险(可能性)的评估。当明确了恐怖袭击的危险目标(资产)之后，就要明确资产面临哪些潜在威胁？导致威胁的问题所在？威胁发生的可能性有多大？资产

中存在哪些弱点可能会被利用？利用的容易程度又如何？一旦威胁事件发生，组织会遭受怎样的损失或者面临怎样的负面影响？组织应该采取怎样的安全措施才能将风险带来的损失降低到最低程度？我们可以使用一个"五要素模型"度量危险：伤亡数、财产损失规模、设施中断程度、其他资产占用情况以及被对手了解程度。

- 极度危险（赋值5）：生命伤亡。设施损失无法弥补的，或造成永久性损伤的，或高昂的维修成本；缺乏或损失资产。
- 高度危险（赋值4）：严重和昂贵的损坏设施。但没有生命伤亡。
- 中度危险（赋值3）：一定时期内设施被破坏，虽代价很高但仍可维修，不会导致设施失效。没有生命伤亡。
- 低度危险（赋值2）：一些小的设施受到影响。没有生命伤亡。
- 轻度危险（赋值1）：微不足道的损失或损害。没有生命伤亡。

由于资产往往是组合的，那么危险点（资产数）就比较分散，这样可能面临多种威胁而有利于恐怖袭击。所以对危险度量值较高的资产，当遇到威胁高或攻击强的状况时更需要积极战斗。

（二）威胁评估

威胁是指用武力或权势胁迫使其遭遇危险。① 美国国土安全部对其定义是："一定的司法管辖区域内对目标资产现有或潜在的恐怖威胁识别、评估。"由于难以准确评估恐怖分子的能力、意图和战术，威胁评估可能只涉及潜在风险的一般信息，也有些威胁评估是全方位的，如自然灾害、犯罪活动、重大事故、恐怖活动等。

1. 情报可靠

情报可靠是威胁评估的基础。与犯罪信息有关的情报系统的开发可支持对恐怖主义和恐怖组织的评价和分析。恐怖分子是谁？他们在做什么？他们躲在哪里？恐怖组织之间何时、怎样联系？如果没有这样一种可靠情报，威胁评估

---

① 语出《史记·刺客列传》："秦地遍天下，威胁韩、魏、赵氏。"

就不可预知或不可信,因此威胁评估需要可靠的情报和有效的识别恐怖分子,还必须进行全面和严格的研究和分析。

2. 数据收集

反恐怖斗争不是孤立的专政功能,评估威胁时如果不了解国家、政府、组织和社会环境的有关知识,那这种威胁评估就是不准确的,如评估恐怖组织对自来水系统进行恐怖袭击的威胁评估,应包括涉及当地警方、消防部门、医疗卫生服务、应急管理组织和其他有可能波及的地区,以及可能受到攻击而影响的地区和基础设施等全面数据。同时,威胁评估也应汲取有密切关系、公开的、非垄断的信息,且必须对政府行动变化和所处环境有一个全面的认知。

- 敌人类型:恐怖分子、激进分子、恐怖雇员和其他
- 敌人所属:国外或国内的、外国人或本国人、同一组织或不同组织
- 敌人行动:爆炸、投毒、走私军火、贩毒、枪击、绑架和其他
- 敌人组织:恐怖组织的层级结构、领导层和极端分子的分布
- 敌人目标:存在防卫弱点的基础设施、政府机关、国家标志地点等
- 行动方式:长期的密谋、踩点等等
- 破坏时间:设施或地点人流高峰期、夜晚防范松懈期等
- 敌人战术:秘密行动、武装斗争、欺骗、串联等
- 敌人能力:知识、动机、技巧、武器和网络

为了完成威胁评估需要情报处理,反恐怖力量必须确保合理的、高效的警力资源配置,能够预判恐怖袭击的潜在目标并就其安全性提出增强性建议;同时还应该有联合反恐行动能力,这就需要预案和演练。

3. 威胁因素

威胁程度基于以下因素:

- 存在:现实存在恐怖组织,他们是否有实力?
- 能力:恐怖组织有哪些能力进行袭击?
- 意图:恐怖组织行动纲领,尤其是其发表过的声明或公布的宗旨
- 历史:恐怖组织行动是有历史数据记录的。
- 目标:从已有的证据判断恐怖组织的袭击目标,尤其是恐怖分子的准

备工作，如恐怖组织进行的踩点(情报收集)、策划以及其他的行动苗头
- 安全环境：社会治安治理能力是否能够震慑(影响)恐怖组织的企图？

4. 威胁度量

为了评估测度威胁的严重性和威胁程度，可以在以下方面量化：
- 极度威胁(赋值5)：现有恐怖威胁存在，有实力，有目标。历史记录和意图可能不明
- 高度威胁(赋值4)：现有恐怖威胁存在，有实力，有历史记录，有意图
- 中度威胁(赋值3)：现有恐怖威胁存在，有实力，有历史记录，意图不明
- 低度威胁(赋值2)：现有恐怖威胁存在，有实力，历史记录可能没有
- 轻度威胁(赋值1)：目前恐怖威胁暂不存在或没有能力

识别威胁是一个复杂的过程，因为没有充分的数据，所以很多人认为对恐怖袭击的威胁度量是技术无法达到，其实目前大数据技术的应用提供了这种可能。

(三) 漏洞评估

漏洞是系统安全策略上存在的缺陷，美国国土安全部对"漏洞评估"的定义是"辨识能被恐怖分子所利用的物理结构、人员保护制度、工作流程、或可其他领域中的漏洞"。评估漏洞后应提出建设方案，以消除或堵住这些漏洞。漏洞客观上难以衡量，但目前人工智能和算法进步都对评估漏洞有所帮助。

1. 决定因素
- 位置：目标或设施地理位置、出入线路、设施或公共场所、交通路线、易破坏领域
- 接近：对手如何接近设施或其目标，怎样才能容易进入、破坏、收集情报和逃逸
- 充足：充足的储备，保护、限制接近有价值或敏感的资产如剧毒物品、武器、车辆或重型设备、爆炸物，或恐怖分子可以获取并利用的其他物资

- 实用：设备的实用性，足够的武力反应和一般安全检查

2. 漏洞度量

用"五要素模型"评估上述的"充足""接近"能力，可以度量漏洞。

(1) 高度缺陷(赋值5)：以下两个或多个以上因素的组合
- 通过一个或多个主要的公路系统直接接近资产或设施是有可能的，如水路是开放的，或相邻的地区是空置、无人防守的，或允许自由进入
- 资产或设施是开放性的，不受监控，恐怖分子可以收集情报、活动、逃逸。巡逻、电子监控、报警系统或容易突破，或这些安全设备覆盖不完整
- 设施内的个别系统，如危险物质、武器、炸药、车辆等，恐怖分子有可能接近或进入
- 设施保卫力量(包括警方)能够提供的武力程度
- 设施的安全措施不能提供与预期威胁程度相称的保护

(2) 中度缺陷(赋值3)：以下两个因素的组合
- 恐怖分子可以通过一个或多个陆路可以接近资产或设施，但道路系统或有巡逻而受限制。水路可能是开放的，或相邻的地域空置，有弥补地理条件缺陷的可能性存在
- 资产或设施是开放的，不受监控的，或安全设备可能会遇到一些破坏、能够被检测到、或被远程控制
- 恐怖分子通过情报可回避警方的巡逻
- 电子监控、报警系统可以被恐怖分子破坏，或其覆盖不完整
- 设施内的个别项目如危险物质、武器、炸药，车辆，恐怖组织使用中等武力可以进入
- 设施保卫力量(包括警方)能够提供的武力程度
- 设施的安全措施不能提供与预期威胁程度相称的保护

(3) 低度缺陷(赋值1)：以下两个或多个以上因素的组合
- 很难从主要公路或水路接近资产或设施，或从外部进入被保护区域是有限制的

- 资产或设施有足够的、主动的访问控制
- 巡逻、监控、远程传感器和其他监控系统足以排除有人擅闯、游荡、摄影，或进入禁区
- 采取适当和合理的保障措施以阻止或限制其获得敏感材料
- 保护资产的防卫能力与威胁程度相称
- 保卫力量有能力对进入保护区域或违反禁令的人员采用有效武力进行拦截

（四）风险评估

风险评估（Risk Evaluation）是把风险分析的结果与风险准则相比较，以决定风险是否可接受或可容忍的过程。正确的风险评估有助于组织对风险应对的决策。

1. 评估因素

许多技术可有助于计算风险，包括从简单的定性系统到基于复杂的定量计算公式。多数方法的一个共同特点是它们都基于数据输入。几乎每一个技术方法的评估步骤都要解决以下三个问题：

- 危险：如果有意想不到的事发生使得确定资产丢失或损害，这会有什么可能的影响？
- 威胁：一个对手会攻击这些确定资产的可能性有多大？
- 漏洞：对手或对手作为目标的资产最有可能有什么漏洞？

风险评估结合了所有先前的评估——危险、威胁和漏洞，完成资产或资产组的风险评估。

表 5-2　　　　　　　　　　风险评估量表

危险程度	威胁程度	漏洞程度	量化指标
极度危险	极度威胁	高度缺陷	5
高度危险	高度威胁		4

续表

危险程度	威胁程度	漏洞程度	量化指标
中度危险	中度威胁	中度缺陷	3
低度危险	低度威胁		2
轻度危险	轻度威胁	低度缺陷	1
不危险	没威胁	无缺陷	0

2. 风险度量

风险评估常用方法有因素分析法、模糊综合评价法、内部控制评价法等，反恐怖机构可以使用上面描述的方法来分析每项资产被攻击的风险。

综合评估的结果可归纳成一个数值评级，在大多数系统中使用的风险方程式表示：

$$风险 = 威胁 \times 漏洞 \times 危险$$

在这个公式中：风险被定义为一项资产处于危害或危险的程度；威胁乘以漏洞表示了不确定事件发生的概率；危险等于关键基础设施或主要资产损失或损害的后果。

结合数值或评级使用这种方法将对有关资产的风险产生一个客观的结论，进行一致性的评估将产生一个更准确的决策。

三、地铁反恐防暴重点

地铁恐怖袭击风险具有一定的可控性和可防性，虽然地铁存在"法律、疏散、反恐、救援、治安、管理"等多种漏洞，但其作用因子具有同一性和互融性，也就是说，只要认清地铁容易被恐怖袭击的重点所在，就能够有效地降低地铁受袭的风险值，这些反恐防暴的重点方向有：

（一）管理制度

地铁是由城市轨道交通公司负责运营，所以国外普遍认为地铁安全是公司内部管理，警方是没必要进驻地铁企业帮助其进行安全保卫的，至于地铁公司安排多少人去从事安保工作以及安保立法，都是由地铁企业处理；地铁运营企业也往往从经营成本出发不愿意雇佣大量的人员来进行安检，加之他们普遍认为地铁安检难以有效发现恐怖分子狡诈藏匿的物品，这种"安检无用论"使得国外的地铁都不进行常态化的安检。另外，地铁重点部门如机务、电务、信号、通信、工务、车辆等都没有权威的防护规范，重要部位如货场、油库、变电站、长大桥梁、隧道、给水所等也没有统一的安保标准。由于没有警察部门参与地铁运营的安全部保卫工作，故地铁运营公司所做的管理制度缺少其他相关部门的回应，难以在突发事件发生时得到及时响应。

(二) 设施设备

地铁紧急疏散可以用拥挤强度、人群密度、集合逃亡等指标来描述，而通过能力则与地铁的设施高度相关。如地铁站台空间的大小，楼梯电梯的宽度与数量、速度，照明设施、引导标识等。由于各个城市地铁系统采用的方式不同，有的采用地铁形式如北京、广州的轨道交通，有的以地铁和轻轨结合方式如上海，有的以轻轨为主如重庆，还有的采用地铁、电车、轻轨混合交通方式，造成复杂的多层的地铁站点结构，极易导致乘客方向感混淆和空间感丧失。此外，地铁系统中的各类照明、通风、引导、监视、通行等设施设备，整合了紧急疏散系统、视觉导向系统、人群引导系统、伤亡救助系统、消防灭火系统，但国内地铁由于建设时期、建设成本、建设条件的制约，造成此类设施设备并不完备。如地铁密布的摄像头有助于实时观测情况，但在地下车站区明暗光线过渡部分以及黑暗部分、车辆运行区间，以及拥挤的车厢内部，其图像监控效果不佳。就目前来说，大多数监控摄像机在对比度强烈的区域，或者其他光照较低的场所时，所呈现的监控画面，不仅"看不清"，甚至"看不见"，花费大量的财力、物力、人力所构建的监控体系，却在需要它发挥其功能的区域和时段显得力不从心。

（三）人群特质

不同的年龄段、教育程度、工作属性等，都表现出不同的人群特征。比如早上 7 点左右的学生流和白领族，有比较强的规矩意识和身体素质。有报道说：纽约 CBD 在上班的高峰时段，地铁站进出站都是自觉排队的；而晚上 6 点左右的下班族和约会流则明显存在着焦躁情绪，特别容易在集合逃亡中为夺路而发生攻击他人的行为。当然，通常时段的城市轨道交通运营中人群是没有明显的属性的，因为他们几乎不会来自同一单位，也不会受到同一等级的教育，更不会拥有同一特质的心理特征，表现为乘客身份的五花八门，这也是队列模型、跃迁矩阵模型、随机模型的理论基础。但是，这些人群表现出的社会心理特征是非常明显的，如疏散中的从众心理特征，需要引导员即站台安全员的指引，或者明显的避难指示；进站时的示范效应，需要对不服从安检的人员迅速处置，并施加特别的惩处；乘车过程中的道德风险，如在地铁行进车厢内的霸座、乞讨、进食、贴身，在地铁站台内的尾随、搭讪、故意拥挤等行为，都会因个人行为对不同特质人群产生未知影响，甚至导致集体行为失范。

（四）安检措施

安检或有助于防范治安案件的发生，虽成本效用曲线未名，但在对安全的极端需求下，国内的城市轨道交通系统普遍实行严格的安检制度，通常配置为安检员、X 光机、安检门和手持金属探测仪等人机结合安检方式。但这种简单的安检方式存在着因人流量过大和乘客焦虑而造成的敷衍情形，而且安检人员过于关注对乘客进行检查，而无法赋予其他如发现、记录、识别、处置和指挥等职能。安检只是在安检区进行，而大段的人流只能排队等候，这在火车站与地铁换乘是矛盾尤其突出。此外，现有的接处警系统长期以来仅靠电话报警这样一种极其传统的形式来运作，而地铁运行的空间有较多的信号盲区，致使接处警沟通效率低，而且轨道交通系统的视频监控中心和公安机关的 110 指挥中心通常是相互独立的，互相之间不能互联、互通和联动。

四、地铁反恐防暴对策

话说苍蝇不叮无缝的蛋,恐怖分子亦然,所以优先发现风险、及时修补漏洞,这是防范恐怖袭击的最优策略。综合分析地铁恐怖袭击的风险漏洞之后,相关应对策略的思路即为消除风险因子或降低其活跃度,可以从以下几方面进行:

(一)编制务实的反恐标准

理论界和实务界在地铁反恐怖标准的编制问题上尚未形成成熟的统一的认识,仍然存在许多思想认识上的分歧,甚至存在某些片面的、错误的观念,如对于是否应当制定全国统一的、全面的、综合性的地铁反恐怖标准,显然没有形成共识;在地铁反恐怖标准的执行上,相关主体的主体责任意识、齐抓共管意识均有待进一步增强。地铁运营单位普遍认为"反恐怖这么宏大的工作是公安机关的事,应当是公安机关领着地铁运营单位干",没有真正理解反恐怖工作是"防"和"反"相结合、以防为主,其中公安机关是反恐怖工作中"反"的基本主体之一,而地铁运营单位也是"防"的基本主体之一。所以,地铁运营交通公司作为地铁的行政主管单位,肩负轨道交通反恐怖标准的编制责任,应当会同公安机关、地铁行业的其他相关单位、研究机构,共同完善轨道交通反恐怖标准的编制。

(二)设计合理应急预案

防范固然重要,但风险来临时,合理的城市轨道交通应急处置逻辑缺失至关重要的。那种在城市轨道发生突发事件时以部门责任为出发点的本位主义都是不合适的,如公安机关首选侦查破案的职责、营运人员首选排除故障的方案、维保部门首选资产保全的需求等。正确的应急处置逻辑应该以人为本、生命至上,为此,疏散(人群疏导、集合逃亡)、救援(人员分流、事故救险)、反恐(现场处置、侦查破案)等措施应该有统筹优化的次序,这应该体现在各种应急处置的预案之中。如某个站点发生恐袭时，虽其始未判明其性质或者收集到准确信息，但预案及现场处置应按照"先疏散、再救援、后反恐"的时序进行。为此，有必要对影响城市轨道交通安全的各种风险因素预先排序，设计引入人群疏散模型、反恐风险评估方程式和最优救援通道渠划等数据链的应急预案。

（三）采用智慧安检系统

"安检"是必要的，但是过度安检却带来通行效率的降低和运营成本的增加。因此适当减少人工安检的环节，优化安检程序，研发设置智慧安检系统，增加机检如身份证管理、人脸识别、重点人口等方式，这些科技进步都是很有必要的。如通常地铁中视频监控系统所占比例为28%，监控中心配置监控大屏10~100块，而前端视频采集点达1万~10万路，显示图像的屏幕与实时监控视频路数的比例约为1:1000，但海量的视频信息并没有得到有效的呈现，并且显示的也未必是安全隐患较高的区域，这种投入大量的成本和人力去建设的视频系统，忽略了最简单、最有效的多功能智慧报警产品的开发，没有充分应用人脸识别技术、烟雾嗅探功能等，大大限制了信息效用的发挥。完全应该依托社会征信系统和公安机关的大数据库，对城市轨道交通运营中出现的乞讨、霸座、侧卧、进食、污损、猥亵，以及搭讪、偷窥、尾随、对视、贴身等行为人，或者车厢内发生的偷盗、打斗等行为人，建立"黑名单""限制期"和"准入制"；对征信系统良好、以及儿童、中小学生、老年人、残疾人、军人、警察、司法人员、公务员等特殊人群，尝试"免检制"；此外，在从火车、飞机上、轮船等的落客，由于当初他们登（车、机、船）已经进行了比城市轨道交通系统更严格的安检，可以在换乘站开辟专门通道，外面的乘客无法直接进入，而换乘的旅客可以直接通行，不必进行"二次安检"。

（四）落实应急处置措施

当前，国际恐怖主义活动猖獗，商场、火车站、公交站、步行街、枢纽站等城市人群密集的公共场所，尤其是城市轨道交通系统多会成为恐怖分子重点袭击的目标。虽然国内暂时没有发生针对地铁的恐怖袭击事件，但发生过针对火车站的恐怖袭击如昆明火车站暴恐案、新疆乌鲁木齐火车站爆炸案等。国外多起地铁恐怖袭击事件早就给敲响了警钟，如2004年3月11日马德里通勤火车发生炸弹袭击，致191人死亡、1800人受伤，由此还影响了西班牙大选的结果；2005年7月7日伦敦地铁恐袭案，4名受"基地"组织指使的英国人早上交通尖峰时间在伦敦三辆地铁上引爆自杀式炸弹，造成52名乘客遇难；2010年3月29日晨，2名"黑寡妇"在莫斯科市地铁站引爆自身人体炸弹，造成38人死亡，等等。鉴于这种严重的反恐怖形势，公安机关作为主力军，必须成立针对城市轨道交通管理的专门警种，在传统地铁安全模式的基础上，重点改造视频前端、升级视频监控系统，使之具有智能监控、智能指挥、智能研判、智能处置的功能，使地铁反恐怖聚效平台发挥最大效能；对城市轨道交通的反恐怖措施、安检程序、突发事件的应急处置，以及其他安防工作做风险评估，管理监控视频等大数据，并对其漏洞提出具体整改意见；扩大治安参与人，联合应急救援部门、地铁运营公司等建立三方合作协作机制，实时开展各种应急实训和反恐怖演练。

（五）优化疏散救援路径

需要对城市轨道交通的各个站点的空间结构布局、站内设施陈放、照明及标识等硬件设施，以及管理制度和工作规则做充分的调研，对拥挤强度、人群密度进行测量，地铁车站人员疏散特性及楼扶梯通过能力进行测试，分析人群行走规律，建立疏散区划，开展专项救援演习，求解线路和站点阀值；在逆向救援中针对异质通行冲突，设计优化生命最优保障路线和在特殊环境下的最优救援路径。此外，针对阻塞救援通道的行为，实行"零容忍制度"，适时处罚；对车厢内发生的偷盗、打斗等行为，建立后续处理流程，防止疏散通道的拥堵。另外，当地铁发生恐怖袭击之后，必须立即停止其他正在运营的地铁线路，及时疏散乘客后进行排查，以防还有连环爆炸发生，如2010年3月29日莫斯科地铁第1起爆炸案发生后，俄方没有立刻对灾难进行报道和应对，许多市民在不知情的情况下仍然继续乘坐地铁，致使第2处地铁发生爆炸，共造成

40人死亡，超过80人受伤，这也遭到了许多民间团体的批评。

(六) 升级智慧安防系统

将传统地铁安全方案升级为全智能实时预警与响应系统，核心方法是改造视频前端的普通功能，依托电子警察、卡口系统、警综系统等相关系统，使基础层的视频设备具有一定的智能分析能力；在标准化处理层，将采集装备转化为具备初级响应的智能前端，能够完成部分反恐处置程序；在视频应用层，全面整合图像调阅、轨迹分析、行为分析、视频研判，使其在对地铁系统中存在恐怖活动有预判、报警、指挥与处置功能，实现从监控报警、警情触发、出警调度等环节的一步到位，尽可能减少中间环节，完成纵短横宽的扁平化管理。

1. 智能监控

前端摄像机采用了防弹工艺，并使用特有的超微光感知技术，集成高可用视频监控系统、高保真语音系统、多功能气体侦测模块、一键报警按钮，从仿生视觉、听觉、嗅觉的角度对现场环境进行多维度、立体化检测，即时将监测到的异常行为、异常声音、异常气味等潜在信息，自动、智能地触发，并通过物联网将报警信息及视频推送到远程指挥中心。其中，全智能报警与视频应用聚合平台采用全新的录像引擎，对录像效率有了大幅度的提高，录像检索及录像回放快速、定位准确、功能多样、操作简洁明了，方便用户对事件的快速准确定位，支持即时倒放，基于事件、时间的切片分析，具有电子放大、图像增强等高级功能。人脸识别可将人脸信息实时传输到后端进行分析识别，如果与人脸库的信息匹配完成，可发出报警信息，联合聚效平台，也可将信息及人脸图片推送至安检端，方便安检人员或民警进行人脸布控稽查。当然，根据用户自身需要，可为不同的摄像头(探头)制定不同的报警计划，为不同的摄像头报警时联动不同的区域摄像头视频以便锁定目标，支持且不仅限于按键报警、听觉报警、嗅觉报警、视频报警、移动侦测报警等，且对不同报警可以定制联动视频计划、报警视频录像计划、报警短信通知计划和报警邮件通知计划等。

2. 智能指挥

接处警方面，地铁系统的物联中心提供语音、图像、视频、数据等全方位形式的调度信息,并可以将调度信息直接发至传统的三台合一系统实现 110、119、122 的集中接处警,以此形成全智能多媒体指挥调度平台,而且几个平台之间可以互联、互通、融合,最终形成全智能指挥中心,统一指挥,快速反应。同时,在 GIS 地图上支持突发应急事件涉及的人财物管理与调度,并能和监控视频图像相结合,在地图上看到监控点的视频图像,有助于指挥调度人员能够根据态势发展即时调整策略,做出快速有效的指挥。一旦出现异常突发事件,多媒体接处警指挥调度平台能第一时间调入事发地的视频,定位事发地、故障地、攻击源等信息,根据预案调动附近派出所警力、路面警力,并结合 GIS 系统进行联动处警,实时获取收集、共享紧急事件信息,整体了解事件的处理情况及深入全面掌握相关细节,并通过现有的多种通信方式如网络、无线对讲、固定电话、移动电话、4G 网络、单兵等通知警告关键部门单位按照应急流程规范实行应对措施。

3. 智能研判

警情发生后,可通过聚效平台采集提取现场及附近的相关视频材料,利用视频浓缩、变速播放、视频优化等技术,并对异常进行线索记录。系统具有多种视频分析手段帮助工作人员确认情况,可进行快速视频分析挖掘,标准化资料信息管理及特征数据标注,可提供快速资料搜索调阅及案件串并分析;资料更新实时同步,方便信息快速共享;多种流程任务管理方式,有效进行协同指挥,从海量的视频监控信息中搜索有价值的线索。

4. 智能处置

当前端反恐机器人通过智能视觉、智能听觉、智能嗅觉主动触发报警,或通过按钮被动触发报警,全智能报警与视频应用聚效平台都可以立即自动弹出报警视频,同时通过声光多媒体方式及时警示警报,且能通过 GIS/北斗定位智能调取附近摄像机的实时监控视频并自动推动,以快速锁定嫌疑人和了解现场情况。同时,智能机器人可以启动声音提示、灯光照明、避难引导以及消防喷淋系统,尽最大可能降低集合逃亡的疏散风险。

第7章　地铁安全检查工作

"坚持安全第一、预防为主，建立大安全大应急框架，完善公共安全体系，推动公共安全治理模式向事前预防转型。"①地铁安全检查始于北京2008年奥运会，期间北京轨道交通全线安检近7000万人次，检查箱包7200万件次，查获各类违禁品18700余件，行政拘留32人，查获公安网上通缉逃犯10人。② 之后，作为北京奥运会成功经验之一的地铁安全检查成为常态化，并逐渐推到到全国所有的地铁线，将易燃易爆、枪支弹药、管制刀具等威胁运营安全的物品拒止在车站门外，成为保护乘客人身财产安全，维护地铁系统运营稳定的一项必然举措。

一、地铁安全检查争议

地铁安检源于建设部《城市轨道交通运营管理办法》规定："禁止乘客携带危险品乘车，地铁公司可以对乘客携带的物品进行安全检查。"《中华人民共和国合同法》第297条规定，"地铁公司作为客运合同的承运人，可以将可能危及地铁列车上人身和财产安全的违禁物品卸下、销毁或者送交有关部门"。然而，关于地铁是否需要安检、乘客能够拒绝安检、安检是否入不敷出、安检是否真正有效？种种争议并未停息。

---

① 2022年10月，习近平在中国共产党第二十次全国代表大会上的报告。
② 李舒：《北京地铁安检将成为常态 奥运后治安秩序不滑坡》，载《搜狐财经》2008年9月24日。

(一)地铁安检的主体

地铁安检实施由安保公司①和公安机关共同完成,但地铁运营公司才是地铁安检实施的主体责任单位,公安机关只是在其职责范围内负责监督,也就是说,地铁安检的实施主体是属于民事主体的地铁运营公司,它并不是行政机关,要想获得行政主体地位,须通过行政授权,而关于行政授权学界争议较大:有人认为行政授权仅指法律法规授权,而不是行政主体的授权;有人认为行政授权的主体应当是行政机关,授出的行政职权是该行政主体的全部或者部分;还有人认为,行政授权即可由国家的法律法规授予,也可由行政机关按法定的程序授予。其实,乘客对地铁安检的实施乘客在购买车票之后,就与地铁运营公司成立了客运合同,该合同为格式条款合同,表现形式为票证,即乘客与地铁运营公司之间的法律关系是客运合同关系,铁运营公司的合同义务核心按照约定的时间将乘客送达目的地,乘客合同核心义务是持票按时乘坐地铁。乘客和地铁运营公司均对维护客运活动中的安全均负有责任,乘客应当遵守禁止携带违禁物品的规定,地铁运营公司应当承担告知安全注意事项和保障乘客人身安全的义务,并享有对乘客携带的违禁物品采取包括卸下、销毁等方式进行处理的权力,这些内容均会在《乘客须知》里涉及。在2003年12月制定出台的《最高人民法院关于审理人身损害赔偿案件适用法律若干问题的解释》中,规定了经营者在侵权法层面上的安全保障义务,如果因为经营者没有尽到合理限度范围内的安全保障义务,而使得他人遭受人身损害,经营者应当承担相应赔偿责任。因此,地铁运营公司就有权力通过对乘客的身体或者行李进行安全检查,以发现违禁品,但应尊重乘客意愿和保障权利,对绝不配合进行安全检查或不便进行安全检查的乘客,应退还车费或采用其他方式进行安全检查。

---

① 地铁运营公司一般把地铁安保承包给专业安保公司,安保人员与地铁运营公司是劳务关系;也有地铁运营公司组建安保部门,直接从事安检工作,此时安保人员与地铁运营公司是劳动关系。

(二)地铁安检的成本

地铁安全检查成为国内各个城市的地铁站的"标配",并且实施"人物同检"措施,要求"逢人必检、逢包必检、逢物必检、逢液必检",安保人员经费和安保器材费用巨大,有学者对天津轨道交通安检人员配置做过简单统计,截至 2022 年 12 月,以某价格 20 万元的 X 光机为例,以天津地铁 19 条地铁线路 365 个地铁站点,每个站点至少需要 1 台的情况下,全市地铁仅购置该型号的 X 光机就需要至少 7300 万元,至于安保人员数量就更是很庞大(如下表 7-1),加之随着近年来新线路的陆续通车,地铁安全检查成本"水涨船高",安检产业链已然形成,其背后的所谓的"功利目的"自然会引起猜疑。也有学者直接武断结论:常态化安检得不偿失,成本巨大,地铁公司很难负担得起,由政府承担也不大可能。

表 7-1 天津轨道交通安检人员配置简表

级别	安检配备标准	职 责	在岗模式
特级站	10 人/点位	手检员 2 名、值机员 2 名、引导员 2 名、限流员 1 名、后传员 3 名	高峰期 10 人平峰期 7 人(简称高 10 平 7)
一级站	8 人/点位	手检员 2 名、值机员 2 名、引导员/限流员 2 名、后传员 2 名。	高 8 平 6
二级站	6 人/点位	手检员 2 名、值机员 1 名、引导员/限流员 1 名、后传员 2 名	高 6 平 4
三、四级站	4 人/点位	手检员 1 名、值机员 1 名、引导/限流员 1 名、后传员 1 名。	高 4 平 2

(三)地铁安检的效率

地铁安检的主要目的是快捷、准确地查验出违禁品,以便后续处理,维护地铁安全，从实际效果来看，国内地铁自实施安检以来，过检乘客数量大，检查出的违禁品不仅数量多而且种类广，几乎覆盖了乘坐地铁禁止携带物品的所有种类，不仅包括砍刀、匕首及其他管制刀具，还包括高浓度酒精、玻璃胶等易燃易爆物品，甚至还曾查获炸药和迫击炮教练弹。因此，不论从理论目的还是实际效果，地铁安检都实现了快捷、准确地查验出违禁品，维护了地铁安全的目的。但也有不少乘客认为地铁安检制度是"走过场"，有人曾实地探访，"45分钟内、2把管制刀具面对地铁安检，连过三关"；也有网友发帖，"今天给朋友从化工商店买的DIY香皂用的氢氧化钠和95%的酒精，本以为坐地铁需要和安检员费一番口舌，结果安检时顺利通过！太夸张了，要知道95%的酒精见火就着，而且可以蔓延到车厢里很多地方，氢氧化钠听说是强碱性物质，足够毁容的"；还有博主爆料，"经常看见乘客被她们横眉立目的呵斥……有次早上出站时居然看见安检员低头在安检屏幕前打瞌睡，全然不顾乘客安检的包，真是无语……"一边是所有包裹必须过安检的强制规定，一边却是安检人员的漫不经心，公众对这样的安检颇有微词，有些乘客认为，地铁交通流动性大，密集性高，如果实行严格的安检如与机场安检拉平，势必拉低安检效率，影响通行效率。尤其在人流量密集的早晚上下班高峰期间，不能因为安检而耽误乘客的通行效率，所以安检工作几乎形同虚设，这样就不能保障安检工作降低事故发生的最初目的。他们经常拿国外来举例，毕竟国外的地铁都不进行常态化的安全检查，哪怕是遭受过恐怖袭击的伦敦地铁、莫斯科地铁、日本地铁等，他们真的是不担心地铁的安全问题吗？可见，安检效率和安全效益无法完美地结合，是地铁安检的一大通病。

二、地铁安全检查范围

对搭乘地铁的乘客在进入闸机前实施安检，没收检测出的违禁品，拒绝携带限带物的乘客进入，确实有防止危险发生的作用。然而，对于哪些物品是违禁品、哪些物品是限带品，在现实情况里有时很难区别，甚至安检人员也说不清两者的法理区别，只能笼统地说是"上级规定"，造成工人无法带电锤、民工不能带锹镐、女士不能带防狼喷雾、个人不能带散酒等与常识存在严重偏差的奇葩规定。即便是各地出台的《轨道交通条例》，也没有明确规定禁止和限制携带物品的种类，都是另行规定，以至于在现实操作中出现电动平衡车、电动轮滑车等是否能够进入地铁站问题，没有一个明确的指导，以至于经常遭遇"不理解"乘客的争吵，更是给地铁安检实际操作留下隐患。

(一)违禁品

违禁品，指国家法律规定不准私自制造、购买、使用、持有、储存、运输进出口的物品。不同的国家规定的禁品不同，我国为维护社会主义建设和人民生命财产安全，法律规定：武器、弹药、爆炸物品（如炸药、雷管、导火索等）、剧毒物品（如氰化钠、氰化钾等）、麻醉剂（鸦片、海洛因、吗啡等）、放射性物品等，均为违禁品。同时，对违禁品的私制、使用、储运和进出口等，保险公司不应予以承保。

乘坐地铁的违禁品，可以大致分为：

1. 枪支和警械，如各种类型的军用、民用枪支、运动枪、猎枪、信号枪、麻醉注射枪、样品枪和逼真的玩具枪等；弹药和爆炸物品，如炸弹、手榴弹、子弹、照明弹、教练弹、烟幕弹、炸药、引信、雷管、导火索、导雷索及其他爆炸物品和纵火器材。

2. 危化品，即各种爆炸性、易燃性、腐蚀性、毒性、强酸碱性和放射性挥发性的各种危险物品，如酒精、煤油、汽油、硝化甘油、硝铵、松香油、橡胶水、油漆、丁烷液化气罐及其他瓶装压缩气体和液化气体，硫化磷、闪光粉、黄磷、硝化纤维胶片，金属钠，金属钾等；氧化剂、烟雾剂、发光剂、过氧化钠、过氧化钾、硝酸铵、过氧化铅、过氧醋酸等各种无机、有机氧化剂和过氧化物等；硫酸、硝酸、盐酸、氢氧化钾、氢氧化钠等所有列入化学工业出版社出版的《化学危险品实用手册》中的化工产品。

3. 毒害品，如氰化钾、砷、有毒农药，氯气、有毒化学试剂，灭鼠药剂等各种有机、无机毒品；毒品，如鸦片、吗啡、可卡因、高根等。

第7章 地铁安全检查工作

4. 放射性物品，如放射性同位素等放射性物品。

5. 传染病病原体及医疗废物类，包括《传染病防治法》规定的乙肝病毒、炭疽杆菌、结核杆菌、艾滋病病毒等传染病病原体，《医疗废物分类目录》规定的医疗废物，《人间传染的病原微生物名录》规定的病原微生物等影响公共卫生安全的物品。

6. 反动报刊、书籍、窗口或者淫秽物品等，持有、运输此类物品，情节较轻的违反了《治安管理处罚法》，情节较重的触犯了《刑法》。

7. 管制刀具、匕首、三棱刀等。

8. 国家法律法规规定的其他违禁品。

值得一提的是，公安机关对关于"管制刀具"的限定范围，明显"宽"于地铁安检的标准。根据1983年公安部发布的《对部分刀具实行管制的暂行规定》，管制刀具是指匕首、三棱刀、弹簧刀（跳刀）及其他相类似的单刃、双刃、三棱尖刀。具体分类包括：

1. 匕首，除人民解放军和人民警察作为武器、警械配备以外，专业狩猎人员和地质、勘探等野外作业也可以配备。管制刀具业人员必须持有的，须由县以上主管单位出具证明，经县以上公安机关批准，发给《匕首佩带证》，方准持有佩带；三棱刮刀仅限机械加工人员使用，不得带出工作场所。

2. 制造管制刀具的工厂、作坊，须经县以上主管部门审查同意和所在地县、市公安局批准，发给《特种刀具生产许可证》，方准生产；管制刀具样品及其说明（名称、规格、型号、用途、数量）须送所在地县、市公安局备案。

3. 经销上述管制刀具的商店，必须经县、市以上主管部门审查同意和所在地县、市公安局批准。购销要建立登记制度，备公安局检查。

4. 购买管制刀具的单位和个人，向所在地县、市公安局（公安分局）申请《特种刀具购买证》，凭证购买；军队和警察，由县、团以上单位凭上一级主管部门批准的函件，向指定单位定购；三棱刮刀，凭单位介绍信向批准经销的商店购买。

5. 少数民族使用的藏刀、腰刀、靴刀等，只准在民族自治地方销售。

管制刀具认定标准采用"多选一"方式，即凡符合下列标准之一的，可以认定为管制刀具：

匕首：带有刀柄、刀格和血槽，刀尖角度小于60度的单刃、双刃或多刃尖刀（见图7-1）；

图7-1　匕首

三棱刮刀：具有三个刀刃的机械加工用刀具（见图7-2）；

图7-2　三棱刮刀

带有自锁装置的弹簧刀（跳刀）：刀身展开后，可被弹簧或卡锁固定自锁的折叠刀具（见图7-3）；

图7-3　弹簧刀

其他相类似的单刃、双刃、三棱尖刀：刀尖角度小于60度，刀身长度超过150毫米的各类单刃、双刃和多刃刀具（见图7-4）；

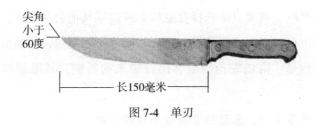

图7-4 单刃

其他刀尖角度大于60度,刀身长度超过220毫米的各类单刃、双刃和多刃刀具(见图7-5)。

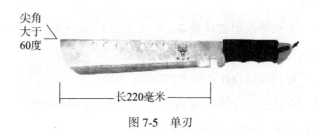

图7-5 单刃

另外,未开刀刃且刀尖倒角半径大于2.5毫米的各类武术、工艺、礼品等刀具不属管制刀具范畴。

(二)限带物

限带物,是指虽不是违禁品,但是为了地铁安全,而由地铁运营公司公告限制乘客携带的物品,如烟花爆炸、散装白酒、超量酒精;不可折叠的自行车、摩托车;腐烂散味的物品(臭鱼、臭虾)、各种活的动物(如鲜鱼、宠物犬、猫);利器或钝器(菜刀、大剪刀、大水果刀、大餐刀、工艺品刀、剑、文艺体育单位表演用刀、矛、钗、戟、少数民族生活用的佩刀、佩剑、斧、短棍、加重或有尖钉的手杖、铁头登山杖);超量喷雾;等等。

为了便于乘客查询违禁品和限带物,地铁运营公司应该公布有关安全检查具体违禁、限带物品的细则清单,广而告之,如南京地铁实施全线网设备安检,针对乘客投诉,集中反映对含有易燃物质及女性防狼器材、菜刀等民用物品的限制过于严格,乘客只能选择自愿放弃或改乘其他公共交通,造成财产损失及耽误乘客出行时间的实际情况,进一步明确了限制携带物品范围,调整单件限带物品的数量,降低安检给乘客出行带来的影响,其限制携带物品目录包括:

单品限量携带1把,累计限量携带不超过3把

- 菜刀,水果刀,餐刀,剪刀,工艺刀,工具刀,陶瓷刀等(刀刃部分在10厘米以上的)
- 斧头,锤子,锥子,铁棍,锯子等金属利器、钝器(铁棍总长25厘米以上的)
- 球棒,木棍等木制棍状物品(长50厘米以上,直径6厘米以上的)

物品带有易燃标识的

- 包装完好的白酒(60度以上)不超过两公斤
- 摩丝,发胶,花露水,防晒喷雾,染发剂,冷烫精,指甲油等(不超过700毫升)女性防狼器材限带1件
- 香水(不超过500毫升)
- 卫生杀虫剂、空气清新剂(不超过700毫升)
- 打火机(不超过5支)
- 安全火柴(不超过20小盒)

活禽宠物等

- 活鸡、活鸭等各类家禽
- 猫、狗等各类宠物(或动物)
- 经过屠宰或清洗干净、包装完好且包装内不含氧气的海产品、家禽等,是允许携带乘车的

充气气球①

自行车、摩托车

---

① 气球升空后(尤其是高架站)如果碰到接触网,会引起短路停运,影响行车安全。同时,在拥挤的车厢里也容易被挤爆,造成惊慌。

如果地铁安检检测出乘客携带了违禁品和限带物，一方面要即时提醒工作人员，便于及时采取后续措施，另一方面要对违禁品予以收缴，对限带物进行劝退，车站可设置收费保管箱等便民服务设施。

三、地铁安全检查方法

地铁安检工作坚持"统筹规划、部门监管、安全第一、预防为主、依法实施、规范便捷"的原则，"逢包必检、逢液必查、逢疑必问"地实施"人物同检"。通常地铁安检工作实行常规安检和超常临检两级模式：常规安检是安检人员对经过通道式安检机及其他安检设备检查发现存在疑点的物品进行复检，复检时要求乘客打开箱包接受检查，必要时可采取使用手持金属探测仪等器材以及"看、摸、按、压"等手工检查方式，排除可疑后放行；超常临检是为预防和制止可能发生严重危害轨道交通车辆和站区安全的治安秩序行为，公安机关可以决定在特定时刻或针对特定对象启动超常临检，超常临检除对乘客进行设备安检外，还应对乘客进行人身检查，必要时可要求受检人自行打开箱包或逐一取出物品，开包检查后箱包等物品重新通过安检设备复检。地铁安检具体检查方法如下：

（一）人工安检

人工安检，又叫直观检查，是指安全检查人员借助专用手持仪器设备，或者完全不使用设备，按照操作程序，只凭个人生理感官和经验，对被检查人进行安全检查的方法。在地铁安检中，人工安检一般是针对特殊人群的特殊安检方式，主要针对三种对象：一是对孕妇、安装心脏起搏器的乘客及残障人士；二是对 1.2 米以下儿童；三是携带不便或无法用安检设备检查的特殊物品。人工安检其目的是发现隐藏在身体或行李内的危险品和违禁品，从而保证公共生命财产安全，人工安检具体可分为："望（观察）、闻（鼻嗅）、问（探听）、切

(手摸)"四种方法。

1. 普通行李人工安检

旅客的行李是有规定的，根据2023年1月1日起施行的《铁路旅客运输规程》第18条："铁路运输企业应当明确旅客随身携带物品的相关规定，至少包括下列内容：(一)随身携带物品总重量限额；(二)每件物品的重量及尺寸限定；(三)免费携带物品的重量；(四)超限携带物品计费标准；(五)特殊携带物品的相关规定；(六)因铁路运输企业责任导致携带物品损坏、丢失的赔偿标准或者所适用的国家有关规定。"由于地铁没有行李托运服务，乘客都是随身携带物品，参照以上标准，地铁公司也会做出旅客随身携带物品的相关规定，考虑到与火车运输相衔接，一般每位旅客可免费携带物品重量20千克，儿童(含免费儿童)10千克；残疾人用车可免费携带，并不计入免费携带品20千克范围内；每件物品长宽高之和不超过1.6米(有的地铁规定不超过1.3米)，杆状物品不超过2米。如《武汉市轨道交通禁止乘客携带物品目录》规定，"携带长度超过1.6米、重量超过20千克、体积超过0.15立方米，或长、宽、高之和超过1.8米的物品"不能进站乘车。但实际上坐地铁并没有称重，也没有严格量尺寸(除非明显超长超宽)，安检员关心的只是违禁品和限带品。当乘客声称携带胶片等物品不能接受X光机检查时，安检人员应当采用手工检查；如果乘客声明携带的物品不适合公开开箱包检查，安检人员应提交值班领导处理。普通行李人工安检程序要注意：

- 安检人员应该戴手套进行手工安检
- 安检员要求乘客自行打开箱包，再交给安检员进行检查。如果打开箱包后明显有枪、爆炸物等危险品，安检员要迅速控制箱包，并做到"人物分离"
- 乘客自行打开箱包检查时，箱包应朝向乘客，以便他们能看到自己的物品
- 检查箱包的外层时，应注意检查箱包的外小口袋和带拉链的外夹层；

检查包的内层；用手沿包的各个侧面上下触摸夹层，将所有夹层、底层及内层小口袋等全部仔细检查

- 安检员已经检查和未检查的物品应分开放置，摆放整齐有序
- 安检员对于安全物品，交还乘客本人或将物品放回箱包，协助乘客将箱包恢复原状；如果是违禁品，交付处理

2. 可疑行李人工安检

在重点检查可疑行李时，要按"一问、二看、三听、四闻、五摸、六开"的顺序进行；要轻开、快拉、谨慎开启，防止内有爆炸物。安检员在安检工作中发现下列情形的，应采取应急措施先期处置，并立即报告公安机关。

- 发现携带枪支、弹药、管制器具、爆炸物品的
- 声称携带爆炸性、毒害性、放射性、腐蚀性物质或者传染病病原体等违禁物品的
- 故意隐匿携带液体或容器等物品通过安检的
- 拒不接受安检、不听劝阻强行进站乘车等妨碍安检勤务、扰乱现场秩序的
- 检查后不能排除可疑，或神情紧张、言行可疑、表现异常的
- 安检现场发现的无主包裹等物品，且无法找到物主、无法排除可疑的
- 存在其他可能威胁轨道交通安全情形的

3. 特殊人群人工安检

对于不宜或不愿意进行仪器安检人员如孕妇、心脏起搏器、血管支架安装者，或者使用轮椅的残疾人等，应该采用人工安检方式。检查时要注意：

- 对女性乘客，只能由女性安检员进行人工安检
- 重点对器械(轮椅)、箱包进行检查
- 检查衣物口袋，应由其自己翻
- 必须检查身体时，不要触碰敏感部位

(二) 设备安检

常用的安检设备有安检设备为安检门、安检 X 光机、手持金属探测仪、危险液体检测仪，但有些乘客对于安检设备的安全性、辐射仍有担忧。根据国家标准 GB15208.1—2005《微剂量 X 射线安全检查设备第 1 部分：通用技术要求》所示，X 光安检仪平均每一次的检查剂量均需要小于或者是等于 $5\mu Gy$，此标准与美国 FDA 的标准相同，而国家标准规定 $30\mu Gy$ 以上就会对人体产生危害。实际目前大多数安检机厂家的单次检测剂量不超过 $3\mu Gy$，外壳表面 5cm 处泄露剂量不超过 $1\mu Gy/h$；把安检机的辐射与胸透相比，把一个人放入安检机扫描 16 次才相当于做了一次胸透。根据核与辐射监测室的数据，如果市民每年 365 天每天 4 次通过安检乘坐地铁，一年内经行李安检所受照射剂量约为 $0.16\mu Gy/$ 年，相当于单程从深圳坐飞机到北京，是宇宙射线受照剂量的 1/50；用手机拨打电话，未接通时，手机辐射最高达到 $0.18\mu Gy$，接通以后数值在 0.04 左右变动。也就是说，安检仪外围的辐射量和手机打电话时的辐射差不多。

1. 安检门

安检门，又称"通过式金属探测门""通过式金属探测器"，全球第一台安检门诞生于 1960 年，最初用于工业时代的金属探测尤其是工矿业，随着社会的发展和犯罪案件的上升，安检门从防盗功能演化到大公共场所的安全检查，主要用于检测来往人员身上是否携带违禁金属物品，配合其他安检产品对进入公共场所社会人员做安全防护检查，陆续出现在机场、车站、码头、体育场馆等需要安全检查的领域。安检门经历了几代技术的变革，从最初的信号模拟技术到连续波技术到现在的数字脉冲技术，安检门简单的磁场切割原理被引入新的科学技术，无论是灵敏度还是工作性能上，都取得了质的飞跃，最小可以检测到回形针大小的金属物品，还能指示所藏物体在身体上的大致部位，在安全防护领域有着举足轻重的位置。

表 7-2　　　　　　　　　安检门基本参数和功能简表

基 本 参 数	基 本 功 能
外形尺寸；通道尺寸	区位显示
工作温度；工作湿度	频率设置
运输重量；功耗；工作电压	灵敏度调节
工作频率	统计人数
探测精度	两侧定位灯
抗干扰设计	声光报警
防震设计	面板显示
门体材质	安全保护：符合国际安全标准，对心脏起博器佩带者、孕妇、磁性介质等无害。
网络管理	

2. X 光安检机

X-ray 是由德国仑琴教授在 1895 年所发现，这种由真空管发出能穿透物体的辐射线，在电磁光谱上能量较可见光强，波长较短，频率较高，能穿透物体，为不可见光，能使萤光物质发光，也能使底片感光，广泛用于医疗诊断和安全检查。地铁安检所采用的 X 光安检机平均每人仅耗费 10 秒，但由于安检引起的风波却从未停止，有人质疑其辐射的安全性，按照《中华人民共和国放射性污染防治法》第 28 条、《放射性同位素与射线装置安全和防护条例》第 5 条，生产、销售、使用放射性同位素和射线装置的单位应当申领许可证。在 2016 年来北京、上海、深圳、成都等多个城市地铁站 X 射线安检机（仪）相继被曝出没有办理辐射安全许可证，有乘客怀疑受到地铁安检 X 光机的辐射，虽然有专家出面释疑，但地铁运营公司的放任还是令广大乘客不满。另外，一定要注意安检 X 光安检机的卫生，尤其是传送带上不要有明显的轮迹、油渍、水滴等。

表 7-3　　　　　　　X 光安检机基本参数和功能简表

	基本参数	基本功能
	外形尺寸；通道尺寸 传送速度；拖动重量 分辨力；穿透分辨力；射线束方向；管电流；管电压；泄漏剂量 射线束发散角 噪声；工作电压；功耗 图像处理；阵列探测器；显示器 伪彩色；边缘增强；超级图像增强图；高穿显示；低穿显示；增亮/减暗；回拉/前拉；图像复原 图像储存	检测对象：行李包裹，大中型箱包、手提箱、托运物品等 超清晰图像 魔镜功能 无极放大功能 一键式关机 紧急制停分层控制 防水功能 电子鼻(辅助识别特定炸药) 胶卷安全

X 射线的穿透能力与物质密度、尺寸和成分等有关。物质密度大，对 X 射线吸收多，透过少；密度小，吸收少，透过多。越厚的物体越不容易穿透，有效原子序数越大的物体越不容易穿透。X 射线对不同物体的穿透力不一样，因此成像的颜色存在差异。X 光安检机正是基于物体对 X 射线的吸收特性差异，通过检测物体的有效原子序数，根据自身的图像处理功能和色彩配置方案，呈现物品的 X 光图像。因此可以 X 光安检机图像根据物品材料的不同分为三类基本色：橙色、绿色、蓝色。但是在实际应用中，物体一般都会呈混合叠加状态，同时尺寸各异，对 X 光的吸收特性存在较大差异，密度或尺寸过大经过 X 光穿透的物品图像将呈现黑色或黑红色。这些物质的大致色谱是：

- 橙色——代表有效原子序数小于 10 的轻质元素及其组成的有机物，如炸药、各种药物、毒品、塑料、纸张、布料、木材、水、食品等。
- 绿色——代表有效原子序数 10-18 的中质量元素，如钠、钾、硫、磷等。
- 蓝色——代表有效原子序数 18 以上的重质金属，如铁、锌、镍等各种金属，据此在荧光屏上很容易识别出的枪支、管制刀具等

- 红色——钢铁、铅等

3. 手持金属探测器

手持金属探测器是一种非常实用的安检设备，其工作原理基于磁感应原理，当探测器的检测头部分经过金属物体时，其周围的磁场就会发生变化。这种变化会转化为电信号，然后经过控制器的处理，最终转化为声音或者光线等信号输出，其灵敏度主要取决于其电路的设计，以及工作时所处的环境。一般来说，探测器的灵敏度越高，就越能检测到微小的金属物品，但在使用金属探测器进行安检时，需要注意禁忌敏感人群如孕妇、心脏起搏器病人。

表 7-4　　　　　　　手持金属探测器基本参数和功能简表

图示	基本参数	基本功能
蜂鸣孔 电源指示灯 报警指示灯 电压指示灯 电源开关	外形尺寸 重量 频率 消耗功率：270MW 工作温度 待机电流 外接充电插孔 电源	蜂鸣报警 震动报警 **LED** 报警 灵敏度调节 低电量提示功能

在使用手持金属探测器进行安检时，首先扫描探测检查人体的前部，将探测器从被检查人体的右肩部开始，向下扫描移至右踝部，再移至左踝部，然后向上扫描移至左肩部；其次扫描探测检查人体的背部，先从被检查人体的脑后部开始，沿着身体的外部轮廓扫描一周，然后向下扫描，经过背脊中线；最后探测脚部和踝部区域，应将探测器保持垂直于脚部，离地面 3~6 厘米，当探测靠近地面时，可使用降低灵敏度旋钮开关。另外，手持金属探测器应在远离金属的环境里使用，以防止其误报警。

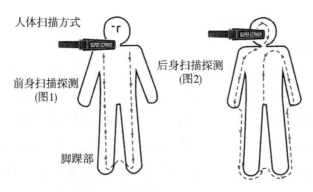

注：虚线为金属探测器扫描移动的路径

图 7-6　手持金属探测器人身检查图示

4. 特殊物质检测仪

特殊物质安检主要是针对易燃、易爆液体（粉末）和毒品，目前我国地铁对液体进行检测应用最为广泛的是 Quasistatic Electrical Tomography，即"准静态计算机断层扫描技术"，它通过测定待测液体的介电常数和电导率，来判断该液体是否具有易燃易爆性，安全液体和危险液体的介电常数和电导率相差较大。由于这项技术可以评测出一种媒介电子特性的空间分布，所以无论容器的材质如何都可以判断出液体的性质。并且在该设备和容器之间允许保留气隙，因此能够在不直接接触液体的情况下将液体炸药、汽油、丙酮、乙醇等易燃易爆液体与水、可乐、牛奶、果汁等安全液体区分开。同时该设备完全是电子的，不含有任何放射性和微波材质以及其他有潜在危险性的成分。这种液体探测仪分为台式和手持型，手持型更为便捷，不需要任何调整和准备工作，操作非常简单。手持该设备将感应器靠近需要检测的容器，保持低于液体表面，按下按钮。若指示灯为绿色，说明液体安全；若为红色，说明液体危险；若为黄色，则说明操作不当，应当修正操作姿势，重新检测。

此类特殊物质检测仪可检测多种易燃、易爆液体，如汽油、柴油煤油、无水乙醇、丙酮、苯香蕉水、乙醚、二氯甲烷、三氯乙烯、石油醚、松节油、液体石蜡、甲苯、二甲苯、乙酸乙醋、正丁醇、二氯乙烷、正戊烷、环己胺、环己烷、二硫化碳、甲醇、异丙醇、乙二胺、硝基甲烷、液体炸药（IED）等易燃、易爆液体，既克服了要乘客"喝一口"的窘境，又防止了乘客"未开封"的搪塞。当然，由于化学物质的多样性和仪器检测的局限性，有些化学品可能不容易检出，如2014年1月5日中午11点多，南京一辆地铁列车行至河定桥站时，一股浓浓的白烟伴随着火苗在列车尾部车厢冒出，乘客们吓得纷纷避让。车门打开后，乘客迅速撤离，车站工作人员与地铁警方、热心乘客，合力将火扑灭。由于事发时地铁列车刚好靠站，事故并未引燃车厢内的其他物品，也没有对乘客和车辆造成伤害和损失，也未影响整条线路的正常运营。经过地铁警方的调查，起火原因是一位空调维修工包里携带的"氨基磺酸"和"亚硝酸钠"发生反应引起自燃。氨基磺酸在日常生活中并不多见，空调维修人员有氨基磺酸是属于正常的，因为在清洗大型中央空调的时候，常常使用氨基磺酸作为除垢剂。一般家用空调则不需要，所以一般人也接触不到这种化学品。之所以氨基磺酸与亚硝酸钠放在一起会发生化学反应，是因为两者结合之后产生的化学反应是放热膨胀的，而且这两种化学物品并非密封储存，是被空调维修工人直接放在包里的，那么化学反应会使温度升高，遇到了包里的其他可燃物品，很容易发生燃烧。如果遇到了金属物，还会有发生爆炸的可能。除此以外，氨基磺酸如果到达一定的温度，还会产生二氧化硫等有害气体，该名空调维修工因非法携带危险品危及公共安全被刑拘。①

表7-5　　　　　　　　　　特殊物质检测仪图示

台式危险液体检测仪	手持式危险液体检测仪	便携式炸药毒品检测仪

① 见裴睿：《南京地铁行驶中突然冒烟蹿出火苗，肇事乘客称错带化学品》，载《扬子晚报》2014年1月6日。

(三)动物检查

利用动物的嗅觉,尤其是警犬,它具有发达的高级神经活动机能、有敏锐的嗅觉(约人类的 1200 倍)、听觉和坚强的耐劳能力,并对人有特别的依恋性,经过专门训练,用于追踪、鉴别、搜捕、搜毒、搜爆等项工作,如上海的轨交总队警犬支队共有近 200 条警犬,承担全市轨道交通设施的搜爆、安检及 110 的接处警工作,所以在全球许多地铁站常常能够见到警犬的身影,如法国巴黎借助警犬的力量来保证地铁安全,地铁站内随处可见警察带着警犬巡逻,利用警犬嗅觉优势,在提高见警率、给违法犯罪分子心理上施压的同时,有效地降低爆炸物等违禁品出现在地铁站内的几率,从而减少暴恐案件的发生。但是要注意,地铁站使用警犬进行安检,是"以物鉴物",即对"行李"进行检查,而不是对"乘客"进行检查。并且,由于警犬也会疲劳,嗅觉辨别能力就会下降,所以使用警犬进行安检,并非要警犬去"嗅"普通行李,而是重点、可疑的箱包,并且警犬一般工作 45 分钟即要休息,一天不建议它工作超过 2 个小时。当然,也有其他一些动物可以从事安检工作,如德国下萨克森州警犬学校训练的"小野猪",9 个月后就能隔着皮箱嗅出毒品,其嗅觉能力远超警犬;重庆市合川区公安分局警犬大队成功培训出了中国第一批 6 只"缉毒松鼠",可以快速识别毒品目标物。

图 7-7 英国地铁警犬巡检

四、地铁安全检查改进

（一）增加抽检

地铁实行全线安检往往在大客流期间发生较多纠纷，通常发生在乘客之间、乘客与安检人员、乘客与站务人员之间，轻则发生口角，重则造成扰乱公共秩序的刑事案件，由于安检时间太长，积压乘客太多，还会带来踩踏事故的隐患。而国外地铁的安检方式或对此有启发：以东京铁为代表的日本各大城市地铁不会要求乘客进行安检，从表面上看日本的地铁没有任何安检措施，就好像超市一样可以自由出入，但实际上日本对待地铁安全并不马虎，地铁各个重要路口都装有摄像头，广播里会不断发出提醒要求乘客发现可疑物品要及时报告，无人认领的物品不要乱动，此外在一些重要的节日或者纪念日地铁站附近的便衣警察也会增多，他们对可疑包裹和可疑人都很注意，随时监控运行中的安全隐患；英国伦敦自2005年7月地铁爆炸案之后有一段时间实行了"机场式安检系统实验"，X光检验机以及警犬更多的出现在地铁以及火车等人员密集的公共交通区域，同时在伦敦还安装了新型高科技安保设备，可以发现潜在的恐怖分子，而现在伦敦在地铁站口没有任何的安检措施，也没有安检员，不过千万别以为这样就可以为所欲为，乘客每次进入站台就能听到进入监控区域的提醒，如果有人在公共区域举止可疑就会被及时发现①。另外，自2010年3月莫斯科地铁爆炸事件后，俄罗斯纽约警方就开始加强巡逻地铁系统，每座地铁站部署警察昼夜巡逻和配备警犬嗅探爆炸物等，并对进站乘客采取"抽检"的安检方式，安检人员如果发现形迹可疑或携带可疑物品者，会要求对方接受仪器检查，并派遣警车至交通转运站以防患于未然。

---

① 英国总共有400多万个闭路电视电控头，伦敦是世界上监控最严密的城市，一周七天每天24小时实时监控。

(二)增强科技

巡查式的安保是非常有效的，法国巴黎地铁里没有 X 射线监测机，但各站都设有电子监测网络，这个网络的枢纽是一个包含 100 个小信号灯的控制盘，通常设在监控室，控制盘上不同的灯代表地铁站内的不同区域，绿灯指示正常，黄灯代表小事故，红灯则表示发生了爆炸、火灾等重大事故，一旦控制盘发出警告，地铁工作人员会立即赶赴现场或到各入口处疏导乘客；美国纽约地铁是世界上最错综复杂而且历史悠久的公共地下铁路系统之一，同时也被认为是世界上最不安全的地铁系统，曾有数据统计显示，每年地铁犯罪案高达 1 万多件，为了保证纽约地铁的安全，纽约捷运局曾与军方部门达成协议，在地铁隧道中安装数以千计的摄像机和感应器，实时监测是否有可疑人员要对地铁发动攻击；美国地铁马里兰州巴尔的摩市的地铁系统试用了一种"售票和安检一体机"，由于绝大多数爆炸物含有特定的分子成分，接触过爆炸物的人在手上会有残留，尽管数量极小但是灵敏的安检系统仍然可以识别，能在售票的同时检测出购票人的手指是否接触过爆炸物质。另外，他们还研制了能探测爆炸物的安检系统安装进站转门上，故嫌疑乘客进站时"推门即可识别"，同时安检系统鸣笛示警，这些高科技的采用，或许比"过关式"的强制安检更可靠。

(三)增进服务

地铁安检应该说是一个复杂的系统工程，绝不是添置一些安检设备、安装一些安检门就万事大吉。在处理与服务对象之间的人际关系过程中，安检人员每天都会面对各种不同类型的乘客，在这一过程中若是遇到一些不理解自己工作的乘客，就必须要求安检人员掌握良好的沟通技巧，必要的时候还需要积极的回答乘客所提出的各种疑问，对乘客不理解的地方认真作出合理的解释，尽最大能力服务乘客，使其获得满意的服务质量。由于安检人员普遍比较年轻，大部分员工并不能有效控制自己的情绪，特别是平时工作过程中需要承受较大的工作强度，当面临一定的工作困难时非常容易出现不良的情绪。通常情况下，这种情绪重点表现为悲观或者委屈等，如果这种不良的情绪不能及时进行有效的发泄以及疏导，将在很大的程度上影响安检人员顺利的开展工作。地铁安检的目的在于积极地促进乘客获得更大的安全性，与此同时它也是一种服务手段，要使地铁安检工作变得更为乘客所接受。为此，应该加大宣传力度，通过电子显示屏、媒体广播等多种渠道告知民众地铁安检机的真实辐射情况，通过透明化和公开化打消民众的疑虑；深层次优化了现有的管理制度内容，通过开通相应的"优检通道"，有效的保证孕妇、老人以及残疾人等特殊群体获得优先通过的权利；注意安检机的卫生情况，规定安检机器清洗消毒的次数，并向公众公开；对于禁止携带的物品，及时通过各种媒体渠道公开发布，同时对充电宝等生活用品不能带上地铁的原因进行解释，保证群众的知情权。

（四）增容提速

随着地铁交通线网的逐步扩大，客运量也日益增加，每日潮汐客流明显，每日早晚高峰时段乘坐地铁乘客量集中。在实施人物同检的安检标准后，部分车站的安检消化能力不足，运营高峰时段安检通行速度与实际客流出现逆差，导致安检点乘客滞留拥挤，浪费运力的同时造成安全隐患。为此，安检公司应在不降低安检质量的前提下，逐步优化安检系统的布局摆位，激活安检点最大通行潜力，如实施"单机双通道"的安检点位部署模式，在 X 光安检机另一侧开辟第二条乘客进站通道；实行"白名单"制度，对于军人、警察，以及检法等政法机关人员使用"刷脸"免安检绿色通道；适当采取站外安检的布局模式，可以便于车站更加灵活地组织客流，彻底消除乘客在站内楼梯、电扶梯等位置的踩踏隐患，同时在机场、火车站、地铁站等枢纽站开辟单独通道，设置"大包、小包、无包"三通道，减少二次安检的频率，提高乘客通行效率。

第8章　地铁防狼反扰攻略

"要充分认识发展妇女事业、做好妇女工作的重大意义，加大重视、关心、支持力度，严厉打击侵害妇女权益的违法犯罪行为，依法维护妇女权益。"①根据"中国城市轨道交通协会"统计，截至2021年12月31日，全球有76个国家和地区的541座城市开通了城市轨道交通系统，总里程为36854.20千米，其中地铁、轻轨、有轨电车分别占51.4%、8.9%和39.7%；中国内地累计有50座城市开通运营轨道交通，运营里程达9192.62千米，地铁"防色狼"和"反性骚扰"已成为世界各国地铁系统普遍存在的社会治安难题，也是女性害怕的一个公共场所，英国交通运输部的一项研究就证实了：62%女性害怕在多层停车场行走，60%女性害怕在火车站候车，49%女性害怕在公交车站候车，这些恐惧影响了妇女的流动性和基本权利。可以毫不夸张地说，对性骚扰和性犯罪的恐惧是"女性选择不使用公共交通工具最重要的原因之一"②。

一、地铁色狼法律释义

"地铁色狼""性骚扰""列车流氓"等，目前在中国仍处于一个界限模糊的状态，或者说仅仅是生活化的形容词。一方面在公共讨论中存在着原则上反对

---

① 2021年3月6日，习近平在看望参加全国政协十三届四次会议的医药卫生界教育界委员时的讲话。

② Vicki Schultz, "Reconceptualizing Sexual Harassment", Yale Law J. 1683-1805 (1998).

和评判性骚扰行为的重大共识；另一方面性骚扰在日常生活中依旧屡见不鲜，不同群体对性骚扰等概念的定义、界限和类型也久辩不下。"色狼"原意指表里不一的男性，就是外表看起来很绅士，内心却非常堕落的男士。后来作为故意侵犯妇女的男子的同义词，使用范围扩大。这里所论述的"地铁色狼"，是指在地铁系统中（包括站台、站厅、车厢）利用肢体动作、语言、文字、图像和其他手段，违背妇女真实意愿而进行"性骚扰"活动的人（以男性居绝大多数，但也有极少数这样的女性）。

（一）性骚扰

"性骚扰"（sexual harassment）是指以性欲为出发点，以带有性暗示的言语动作，包括言语、文字、图像、肢体等多种表现形式。"性骚扰"一词起源于美国，1974年由美国著名女性主义学者凯瑟林·A.麦金农第一次提出，她认为"性骚扰"是一种性别歧视的具体表现，女性受到不公正的待遇是源自于女性身份本身。美国妇女工作联合会（Working Women United）是第一个使用"性骚扰"这一术语的组织。在1975年5月，WWU发起"说出性骚扰活动"认为性骚扰是将女性工作者视为性对象。但在法律上一直没有明确的界定，直到80年代末加利福尼亚州7名大法官们达成了一项新的判例，"性骚扰"罪名才成立。中国开始接触"性骚扰"这个名词，是从一位叫Paula Jones的女士告美国总统克林顿性骚扰开始的。彼时的中国，"性"仍然是一个羞于启齿的话题，人们将这一系列难以启齿的行为统称为"流氓罪"。直到2001年7月，西安的一位童女士以"性骚扰罪"把自己的领导告上法庭，"性骚扰"才正式进入国人的法律意识。2005年修改的《妇女权益保障法》首次填补了"禁止对妇女实施性骚扰"的法律空白。到2020年，《民法典》确定了"性骚扰"的基本内涵及构成要件，明晰了特定场所防治"性骚扰"的责任。然而，由于警力有限、受害者报警意愿不足、取证难度大、谴责和惩罚争议大等因素，处理"地铁色狼"问题的效果并不理想，对特定场合"色狼"行为的认定标准、强制措施、调查取证等方面尚不能满足国内现实需求。

（二）猥亵

"猥亵"（indecency）是指性交以外的淫秽性的下流行为。具体表现为行为人为了满足其异常性欲或追求性刺激，而在公共场合暴露生殖器官或实施正常性接触以外违背他人意愿等妨害社会风化的色欲行为。在我国法律上，猥亵又分为一般猥亵和强制猥亵。关于一般猥亵，《治安管理处罚法》第42条规定，"公然侮辱他人或者捏造实施诽谤他人的，多次发送淫秽、侮辱、恐吓或者其他信息，干扰他人正常生活的，处五日以下拘留或者五百元以下罚款；情节较重的，处五日以上十日以下拘留，可以并处五百元以下罚款"。第44条"猥亵他人的，或者在公共场所故意裸露身体，情节恶劣的，处五日以上十日以下拘留；猥亵智力残疾人、精神病人、不满十四周岁的人或者有其他严重情节的，处十日以上十五日以下拘留"。刑法上关于猥亵有两个罪名，分别是强制猥亵罪和猥亵儿童罪。值得一提的是，经过刑法的修改，猥亵的对象从"妇女"扩大到"男性"，男性的性自由权利也受到了法律的肯定。

（三）性犯罪

"性犯罪"（Sexual offences）是指人在性本能的驱使下或在反社会意识的控制下，故意侵犯他人的性权利、妨碍或违反公共秩序和人际关系，以满足自身性欲的性行为或非性行为①，呈现类型主要有暴力型、胁迫型、淫乱型、引诱型、利欲型、错乱型、戏耍型等。它严重侵犯受害人的人身权利和人格尊严，不仅会给人带来肉体上和精神上的巨大创伤，还会引起被害者家庭关系的紧张甚至破裂。国内社会中存在的传统观念往往使被害人受到歧视，致使她们不敢大胆揭发犯罪行为，从而对性犯罪起到庇护作用。

---

① 性犯罪者罪名主要有：强奸罪；负有照护职责人员性侵罪；强制猥亵、侮辱罪；强迫卖淫罪；引诱幼女卖淫罪；猥亵儿童罪；聚众淫乱罪；组织卖淫罪；引诱、容留、介绍卖淫罪；组织淫秽表演罪等指以性为对象的犯罪行为。

二、地铁防狼国际经验

如何将防狼反扰的需求最终转化为实际政策，落实到法律条文和地铁管理进程中？或者，如何在公众讨论和法律实践之间建立联系，使两者能够相互渗透和深入互动，而不是相互对立和对抗？事实上这个过程充满了不确定性，并不乐观，也不见得会完全实现。尽管我国在2005年修订的《妇女权利法》第6章中提出了"禁止对妇女实施性骚扰"，但没有切实可行的实施措施。基于目前没有完整、完善的制度和体系来防止"性骚扰"的现实情况，研究其他国家从立法到实践的发展过程，特别是如何打磨政策语言和推进政策进程显得尤为及时和必要。

（一）美国重刑事打击

美国1964年通过了公民权利法案，禁止任何形式的性别歧视，但直到1975年，"性骚扰"这个词才被正式使用，并确认为性别歧视的一种方式，纳入公民权利法案的保护范围。纽约地铁的交通量是世界上首屈一指的，但多年来，各种浑水摸鱼和非法的活动层出不穷，其中地铁"色狼"案件是纽约警察局关注的关键问题之一。《纽约时报》的一篇报道显示，大多数居住在纽约的女性都在地铁上遭受过性骚扰。一位34岁的职业女性甚至声称："在纽约每个人都至少经历过一次性骚扰。"①针对这股愈演愈烈的性骚扰之风，纽约警察局还发起了代号为"曝光"的抓捕行动。在地铁高峰期许多女警察被派去打扮成普通女性，作为诱饵在地铁站和车厢里抓捕地铁"色狼"。在这次行动中，16名男性乘客因性侵被捕，其中11人被指控触摸他人身体，5人被指控犯了公共场所亵渎罪。警方公布行动成果后，在纽约市引起了轩然大波，许多媒体报道称便衣女警是"地铁色狼"的"天敌"。对此，纽

---

① 温玉顺：《纽约地铁色狼性骚扰被抓30次或面临终身监禁》，载《北京晚报》2012年6月29日第6版。

约市警方宣称他们必须采取某种措施告知这些隐藏的色狼，他们下次采取行动时，对象很有可能是便衣警员。纽约警方2010年根据告发抓捕了412人，其中71人有性骚扰前科，14人是登录在案的性犯罪者。这些犯罪者的平均年龄为39岁。而受害女性一般以成年妇女为主，30%的受害者在20~30岁。警方还指出，犯罪活动在时间上也很有特点，在工作日的早晨7时到9时、下午的5时到7时的高峰时段是案发高频时段。尤其在每年4月后，随着气候变暖，情况变得更严重。其中在拥堵车厢里的发案率占75%。除了鼓励受害人告发外，自2007年起，纽约警方还安排专职人员每月对有性犯罪记录的性罪犯进行检查和监督，一旦发现任何异常行为，就立即予以制止，成效良好。

（二）墨西哥重宣传教育

根据墨西哥国家统计数据，从2010年至2015年期间，当地总共发生了多达300万件女性遭受性骚扰暴力的案件，尤其女性在搭乘大众交通运输工具时，遭性骚扰的比例更是居高不下。2022年首都墨西哥市一项调查显示，平均10名女性乘客中，有7名曾在地铁及公交车遭到性骚扰，可见女性遭受性骚扰的问题相当严重。为了教育社会大众，墨西哥市地铁特别设计了一款"性别歧视座位"，仅提供男性乘客使用。这款座位底下标记着"坐在这里相当不舒服，但这根本无法与女性在日常生活中所受的性暴力比较"。希望男性乘客乘坐以后，能体会女性遭性骚扰的不适及痛苦。此外，为了打击严重的性骚扰问题，2016年墨西哥市市长曾向民众发送50万个哨子，希望女性在被性骚扰时用力吹哨子，以吓退骚扰者。

（三）法国重部门联动

根据巴黎大众运输公司（RATP）的说法，如果地铁内发生性骚扰事件，受害者有一个热线电话3117可以拨打，或者通过发送短信至31177，据称这是巴黎大众运输公司（RATP）和法国国家铁路（SNCF）共享的系统，全天候24小时都在工作，可以向这里告发法兰西岛交通轨道网上的任何猥亵或骚扰行为。

RATP 共装配了 5000 个呼叫点，包括 3000 个地铁和 RER[①] 的呼叫点，也可以在网络的所有车站为他们的乘客提供服务。另外，在机车车辆上、站台上和走廊里一共配备有近 50000 台摄像机。RATP 的相关工作人员都接受过专业培训，能以最快的速度在最短的时间内尽可能准确的收集事件发生的时间、地点、过程和受害者的联系方式，以便将这些信息传递给 RATP 的保安和警察，以便展开调查。此外，为了确保完整有效的后续行动，RATP 建立了一个系统，对被其代理人收留的受害者进行回访，以检查他们的情况，检查受害者是否能够提出申诉或提醒他们需要这样做，并向他们提供伙伴协会的号码，以获得心理和法律支持。

（四）日本重设施建设

在日本的很多城市都可以看到，日本一些电车会在最后一节设有"女性专用车厢"，一般会在早高峰和晚高峰时设为女性才可以使用，平时不忙的时间段作为混搭使用。日本最早的女性专用车厢制度是在 1912 年，二战后的日本继续劳动力振兴国家，于是鼓励广大女性走出去工作，但是因为女性及儿童体力较差，个头又小，经常出现被挤下轨道受伤事件，为保护女性和儿童，日本京浜线地铁首次设置了女性车厢，也称为"保命车厢"。但这一设计在随后日本轨道逐步优化等慢慢失去了作用，所以在 1973 年日本铁路取消了这一制度。日本人出行普遍采用电车和地铁，在早晚高峰人挤人的环境下，总会出现各种咸猪手。日本社会调查曾表示，有 90% 的女性在电车上遇到痴汉时会选择忍受或尽快下车，往往不会主动喊出来，也会担心遭到报复。为了保护女性，避免在交通工具上受到异性骚扰，2000 年 12 月，东京京王线首先重启了女性专用车项制度。随后在 2001 年 7 月日本 JR 线也开始陆续提供女性车厢。之后几年时间里，主要城市的电车和地铁都能看到女性车厢的身影。

---

① RER：从巴黎市中心到巴黎郊区的主要交通方式，只停靠大站。

三、地铁色狼现状特征

（一）地铁色狼的环境

中国已成为全球城市轨道交通发展最快的国家，其线网规模和客流规模居全球第一，女性乘车安全问题日益突出。

1. 个人法治观念缺失

尽管国内的普法工作已经取得了一定的成效，但大多数国人对男女关系仍遵循自己的一套行为准则，当女性遭遇骚扰时，他们最关心的是"把你怎么样了"，而不是关注其行为是否触犯了法律，或者是否侵害了女性的合法权益。更有一批别有用心之人，用"女人名声要紧""不光彩"等道德绑架，迫使女性息事宁人，不敢拿起法律武器维护自己的正当权益。

2. 家庭性别意识淡薄

家长文明素养的欠缺，法律意识的淡薄，会给孩子未来的成长造成负面影响。一个孩子在3岁就有性别意识，到6岁逐渐成熟。只要是家长，就应该有很强的性别意识，从3岁起就应该告诉孩子因为性别，什么是可以做的，什么是不能做的。

3. 社会氛围过于苛刻

一般情况下，如果"地铁色狼"性骚扰的证据充足，即清晰的性骚扰视频或受害者本人来充当人证，"地铁色狼"们就会被定罪，拘留10～15天，其实对他们来说也是一种社会性死亡，因为他们拘留的原因肯定会被告知给家属。可如果证据不充足，按照正规流程，"地铁色狼"就只需要写个检讨，然后在24小时之内被释放掉。通常有些被抓的"地铁色狼"，就因为受害者觉得丢脸而拒绝作证。物证不充足，人证也没有，没办法，"地铁色狼"在写了检讨书之后，就被放走了，没有付出任何代价。有些受害者觉得作证的过程繁琐，"要跟着去派出所，然后要做笔录，签字，留信息"，这可能会耽误她们一上午甚至一整天的时间，但很多受害者都在早、晚高峰赶着去上班的，所以拒绝作证;还有一种原因是当前社会"受害者有罪论"依旧盛行,受害者不仅得不到正义的声张,反而需要忍受"地铁上那么多人,他怎么就偏偏骚扰你?""是不是你今天穿的不对?""怎么你就站在过道上,没有靠墙站?是不是你自己不够谨慎?""穿这么短不就是蛊惑男人"等恶意谈论,她们也会有很多羞耻感,迫使女性对性骚扰敢怒不敢言。根据2017年关于深圳地铁"色狼"案件的调查结果显示,98.4%的受访者祈祷能得到他人的帮助,但只有21.89%的受访者在面临地铁"色狼"行为时寻求了外界的帮助。受访者不寻求帮助的主要原因包括:63%认为遭受地铁"色狼"行为是一种人生上的污点,55.3%认为寻求帮助不会得到期望的效果,此外还有43.2%担心事后遭到地铁"色狼"行为人的报复。① 这些受害者有罪论,也会让她们倾向于不去追究,忍了就算了。另外,这些受害者也会担心自己会被报复,因为"地铁色狼"已经看到她们长什么样了,也知道她们会出现在哪路地铁上,如果"地铁色狼"是报复性很强的人,可能就会找到她们。所以公安民警会要求"地铁色狼"在检讨书上除了要写下自己为什么想做这样的事情、有什么反思外,也要承诺不会对受害者进行打击报复,否则下一次再被抓捕时,就会加重处罚的承诺。

(二)地铁色狼的现状

1. 地铁色狼数量较多

"地铁色狼"数量是比较多的,2019年北京公安"地铁猎狼小组"就抓到了285个色狼,而且每个色狼都有足够的犯罪证据,最终也被拘留了。换算下来,相当于一年有2/3的时间都可以抓到色狼;而"地铁色狼"地域分布也较泛,北京、重庆、深圳、武汉、天津、杭州等多个城市都有相关的媒体报道。从目前公布的案例来看,"地铁色狼"事件的行为人具有共同特征,主要为青年、中年男性,其恋爱、婚姻都不顺利,家庭生活亦不和谐,在其进行性骚扰时,他们的主观意愿产生、行为发生时间、主体对象均不特定,具有很大的随机性;而行为主体对象皆为青年女性,几乎没有男性在地铁面临过被挑逗、骚

---

① 唐云玲:《性骚扰,骚到了谁的软肋》,载《江淮法治》2012年第14期。

扰、猥亵等性暗示的困境，但是女性却要经常与这些性骚扰和恐惧作斗争。同时，多数受害者在遭受性骚扰时会进行反抗如呵斥、躲避、反抗等。但统计结果显示最终仅有18%的女性选择报警，大多数女性并没有进一步追责，反而是采取委曲求全的方式。① 于是地铁色狼愈发猖獗，接二连三地作案，如2023年3月10日20时45分许，章某某在杭州地铁6号线站台通过手淫的方式对两名女乘客实施猥亵，终被公安机关查获，另查明此人先后于2023年3月8日、3月9日、3月10日，连续三天在杭州地铁6号线以同样方式对其他女性乘客实施猥亵行为，因当时没有受害人直接报案而侥幸逃脱。倘若这三次有任何一个受害者选择现场报案，那章某某在地铁公共空间的猥亵行为何至于越来越盛。

2. 地铁色狼隐蔽性强

公共轨道交通工具，尤其是地铁，是大多数城市女性遭受性骚扰最多的地方。在这个狭窄的区域，男士和女士之间没有距离的间隔，皮肤不可避免地接触、摩擦。这导致一些别有用心者滋生了不该有的心思，拥挤的人潮成了他们绝妙的掩体，晃动的列车是他们最好的借口。与"公交色狼"有所不同的是地铁区间更长也更稳定，排除了应刹车惯性导致的触碰，"地铁色狼"行为更加隐蔽，违法成本也不高。据调查统计，公共交通上的"色狼"问题在大城市早晚高峰时的地铁上最为严重。如2023年3月1日18时30分许，陈某在杭州地铁2号线的地铁列车上，以手碰、生殖器贴蹭李某某臀部的方式对李某某实施猥亵，事后陈某拒不承认自己的行为，直至警方调来多角度摄像头的记录之后才被迫承认。陈某的行为已经构成猥亵他人的违法行为，且在公共场所猥亵他人属严重情节，根据《中华人民共和国治安管理处罚法》第44条之规定，警方决定给予陈某行政拘留12日的行政处罚。此案若不是有几个车厢摄像头都拍摄到清晰的图像，恐怕违法当事人是定不会承认的。

---

① 张累累：《公共交通性骚扰有多严重？最新报告：深圳近一半女性遭性骚扰》，载《女权之声》，2017年12月27日。

表 7-1　　　　　　　　　　地铁性骚扰时间图谱

地铁性骚扰发生时段	比　　例
深夜	5.44%
晚高峰	25.52%
早高峰	44.77%
其他	24.27%

3. 地铁色狼手法多样

"地铁色狼"行为形式多种多样，有"摄像头藏鞋底偷拍女性裙底"的，如 2022 年 7 月 2 日 8 时，机动一大队民警在西安路地铁站巡逻时接到一名女乘客求助称在乘车时发现自己被一男子偷拍，于是暗中跟随男子在西安路站下车，随即向警方求助。根据女乘客描述，机动一大队锁定嫌疑人吕某某，并在车厢内将欲逃跑的吕某某抓获，并在其手机里发现大量偷拍照片；有"隔空发送不雅照"的，如 2023 年 4 月一位女性市民坐地铁时曾通过某品牌电子产品"隔空投送"功能收到过男性裸露上身的照片，后自行删除[①]；有"露下体猥亵"的，如 2019 年 6 月 17 日，刘女士从青岛地铁 3 号线错埠岭站 C 出口，一男子紧随其后在扶梯下行时紧贴在刘女士身后，并明显有污秽动作，在扶梯到达地铁站内后，他随即乘坐上行扶梯离开，后经侦查分析，警方抓获了这名色狼，其对猥亵行为供认不讳，并交代了在青岛地铁 2 号线芝泉路站的同样行为。另外，还有"地铁色狼"吹口哨、打响指、尾随、粗俗手势等非身体形式的骚扰，以及触摸、紧贴、生殖器官摩擦碰撞等身体形式的骚扰，也有"地铁色狼""多管齐下"，如杭州地铁公安分局市民中心站派出所 2023 年 3 月抓获的"地铁色狼"郑某某，他在地铁上 3 天内 2 次作案，既偷拍裙底、又用生殖器顶撞女生臀部，还用手贴蹭女生臀部，被抓获后又发现半年内还有前科，被地铁公安处

---

① 隔空投送不雅照的行为违反《治安管理处罚法》，"制作、运输、复制、出售、出租淫秽的书刊、图片、影片、音像制品等淫秽物品或利用计算机信息网络、电话及其他通讯工具传播淫秽信息的，处 10 日以上 15 日以下拘留，可以并处 3000 元以下罚款；情节较轻的，处 5 日以下拘留或 500 元以下罚款"。

加重处罚合并拘留 20 日。研究表明，用手揉捏受害人隐私部位和使用生殖器摩擦触碰是"地铁色狼"行为最突出的形式，比例各自达到三分之一。①

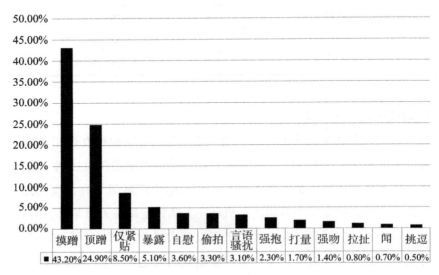

图 7-1　地铁色狼猥亵行为类型

4. 地铁色狼打击困难

性骚扰后妇女权利保护的困难很大程度上是由于没有及时收集证据，一些"色狼"道貌岸然，表面上看不出来，作案手法又隐蔽狡猾，发现不易；地铁车厢里人员密集，身体接触难免，界定难，取证更难，在没有证据的情况下，法律很难做出审判，骚扰者自然可以逃脱法律的制裁。还有的受害人因害怕被报复或羞耻心等原因不愿声张，根据百度百科和各大主流媒体的统计：有半数以上的女性在遭受性骚扰后会选择默默承受，实在无法忍受才会寻求他人的帮助，只有极少数的女性会拿起法律的武器维护自己的权益，这也是此类违法行为屡禁不绝的一个重要原因。

---

① 人民网-舆情频道：《2017 年上半年公共交通性骚扰报告》，2017 年 7 月 28 日。

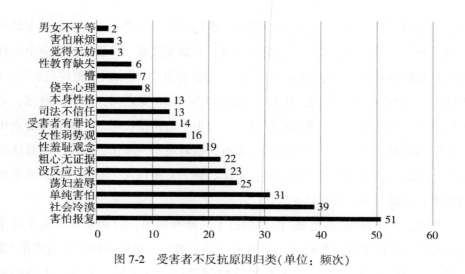

图 7-2 受害者不反抗原因归类（单位：频次）

法律无法解决性骚扰问题的主要原因不是因为现有法律存在漏洞，而是因为女性受害者无法提供强有力的证据，这是因为她们没有及时收集证据，失去了获得直接证据的机会。性骚扰是一种"没有腐败"的违法行为，为了赢得官司，必须及时获取证据。及时收集证据不仅可以防止重要证据的丢失，而且有助于保持其证明力。证人证言或者当事人陈述等证据，应当在证人或者当事人记忆清晰、生动的情况下及时固定。利用侵害人在事故发生当场暴露自己真实身份时的畏惧心理迫使其认罪坦白是一种常见的手段，但随着时间的推移，承认他做了这样的事情将变得极为艰难。有统计数据表明，当事人未报警但事后色狼仍旧被警方查获的原因，2%来源于旁观者报警、1%是受害者网络曝光而引起警方注意、1%由便衣警察现场抓获。

（三）地铁色狼的识别

地铁色狼是有共同行为特征的，有地铁公安民警介绍"如何识别色狼"的经验，其中很重要的一点就是看眼神："一般正常的上班族，他们的眼神路径其实是非常固定的，坐电梯的时候看电梯，等车的时候看站点倒计时，换乘的时候急冲冲地往前冲，上车之后有空就看手机。但色狼不是，他们的眼神非常飘，关注的并不是站点，而是周围的人。换句话讲，如果一个人在地铁上既没有看手机，也没有看站牌，左右来回乱扭，大幅度乱看，可能这就是一个正在寻找犯罪机会的色狼"①；也有受害者在"防狼秘笈"中总结了"地铁色狼"的6大特征，即"长得比较正派、年龄大多在30岁至50岁之间；穿着很朴素，有的斜挎着一个皮包；走路速度比较慢，一边走一边张望；眼睛一般会盯着女生的敏感部位看，锁定目标之后会马上靠近，接着装出一本正经的样子；排队时贴在女生身后，但排队的人并不多；上车后会一直跟在女生身后，你到哪里他到哪里，总是一本正经的样子"。

当然，上述对"地铁色狼"的刻画过于武断和简单，但如果从个人工作生活环境以及个性来看，"地铁色狼"的人格是分裂的，他们在同事面前或是"谦谦君子"，或是"老实巴交"，但在地铁空间里却异常大胆，表现出人性的两面。心理学家对"地铁色狼"的刻画比较近视生活角色，他们认为有的"地铁色狼"在自己的生活中非常压抑，这种压抑有的来自于童年如原生家庭的父母非常的权威和压制，尤其是在性方面的教育非常压制，导致孩子在情感和欲望的各个方面都不自由，也有的来自于现在的生活，在工作、生活或人际关系中有非常多的条条框框束缚，很多真实的感受和需求无法顺畅表达，自我压抑的越强烈，突破规则束缚和释放的愿望就会越强，玩攻击性强的游戏、看与主流社会要求不符的影视或小说、做极限运动等都可以成为释放压抑感的途径，也有些违反法律或道德的压抑感释放路径比如乱涂乱画、破坏公共设施等，而在性方面突破规则机缘巧合下成为了压抑的"地铁色狼"们释放的途径；还有的"地铁色狼"在人际关系尤其是亲密关系中没有安全感和自信心，以至于他们很难在人际关系中感受到很好的支持和接纳，也许一般的社会交往看上去没有问题，但出于对他人的防范，自己真正需要被理解和看到的部分通常很难表达，亲密关系就更不用说了，有的出于对异性的敌意，有的出于对亲密关系或自己的不信任，他们很难体验真正意义上的亲密关系。无法通过建立关系满足的性

---

① 杨小彤：《潜伏在北京地铁，抓色狼》，载微信公众号《后浪研究所（ID：youth36kr）》，2022年11月5日。

需求，以及缺乏社会支持带来的无助感、无力感和失控感，机缘巧合下可能会促成了地铁色狼的行为，整个过程里满足性需求不需要建立任何关系、没有在关系中被伤害的风险，而且受害者瑟缩躲避又不敢出声的样子则让地铁色狼们感到自己强大有掌控力。

当然，并不是所有压抑和关系不良的人都会成为"地铁色狼"，这需要各种机缘巧合才能将满足自身需求和性骚扰紧密联系起来，这些机缘巧合包括：曾经在某个时刻，比如青少年性懵懂阶段，或者内心非常难受的时候，无意间通过偷窥、摩擦、公共场合暴露生殖器等方式感受到了从未有过的性快感以及情绪释放。到这里为止其实都还是没问题的，因为很多人都会因此产生快感，但很多人不会选择持续的、无法控制的一直做下去。接下来，体验到性骚扰带来的快感，始终没有找到其他能产生类似性快感和情绪释放的方法，再加上如果因为自己的性骚扰行为产生了自我批判、自我厌弃，害怕被他人发现而不敢跟朋友倾诉，开始自卑、压抑自我，甚至与朋友疏远，由此带来更强烈的压抑束缚和关系不良，又进一步促进了通过唯一能产生快感和释放的性骚扰来缓解情绪的行为。在生活中，"地铁色狼"要么"社恐"，不知道怎么和女性相处，要么"自卑"，只能以性骚扰方式接近自己平时没有交集的女性。所以，"地铁色狼"也可能有令人羡慕的职位，如浙江省自然资源厅一名陈姓处长因在杭州地铁2号线的列车上猥亵他人被处以行政处罚。

除了心理特征，"地铁色狼"还有一些共同的空间特征，他们常出现的地点，一是地铁进站闸口那里，色狼们往往会在那里待着，或者进去了也不着急往下走，就在那伺机而动，"来地铁站，但是却不坐地铁？那这个人可能就是在等待性骚扰的时机"。二是电梯附近，尤其是那种向上的的电梯尾部，色狼也喜欢站在那里，当遇到一些穿着短裙的女孩，他们就会找机会偷窥。三是拥挤的车厢，他们利用人群拥挤的机会在女性身上"擦来擦去"，医学上认为是"摩擦癖好"，属于性变态的一种，他们主要的侵害对象主要是那些看起来衣衫单薄、胆小怕事的女性。四是喜欢在宽松的地铁车厢蹲着拿手机摆弄，伺机偷拍。这些"地铁色狼"大多生活萎靡，没有社交活动，情感状态也不稳定，因为某些压力无处发泄，受到不良信息的影响慢慢成瘾。有项针对"地铁色狼"的调查：32%的被调查者认为最有效的防狼术还是不要穿过分暴露的衣服；24%的人认为女性应该尽量往女性多的地方靠，不给色狼可趁之机；18%的人认为受害者沉默助长了色狼的气焰。而如何应付地铁性骚扰？选择用眼神警告和大声呵斥的各接近30%，打算拍下对方长相、网上曝光甚至扭送公安机关的各接近15%，觉得不该惹麻烦的仅有10%。

利用人群拥挤偷摸

蹲着假装听音乐掩饰偷拍

候车人不多却贴身触碰

图7-3 "地铁色狼"的性骚扰手法

四、地铁防狼反扰对策

"毒入体愈久，深入骨髓愈深，排除之期愈长"，"防狼"不易，"猎狼"更难，地铁性骚扰防治要打"持久战"，发现一起，就是要严肃处理一起。对违法行为进行震慑，对公序良俗的正向指引，通过公共警示、预防指引和打击策略，积极开展全方位的地铁防狼反扰策略，为广大乘客创造安全的公共空间。

（一）加强宣传教育，预防地铁色狼行为

1. 提高民众认识

地铁和轻轨等公共交通领域要加强防治"地铁色狼"的宣传教育工作：利

用公共活动场所，在明显的地方张贴"禁止性骚扰"标识，加大防治性骚扰在广告牌、电子显示屏等的投放，提高普通民众的反"地铁色狼"意识；还可以向乘客发放宣传手册，用漫画语言详尽介绍地铁上性骚扰、猥亵行为高发站点和高频作案时间，向女性详解"地铁色狼"的作案手段，鲜明字体标注报警举报投诉电话。另外，统计发现，女童在被性骚扰时选择主动反抗的比例远低于少女和成年女性，这与儿童体力的弱势与儿童性心理的教育尚未成熟有关系。因此，学校、公安、地铁的有关部门应当定期在学校内举办专题讲座，普及性相关知识，做好儿童及青少年性骚扰的预防工作，同时在处理未成年人遭受"地铁色狼"骚扰的案件中，注重对未成年人的保护和对色狼的加重处罚。

2. 试点新举措

在 2017 年之前，全球只有 9 个城市的轨道交通系统引入或之前引入过"仅限女性车厢"，推出的原因大约有两个：一是因为宗教习俗要求男性和女性乘客分开乘坐，如埃及开罗和伊朗德黑兰的地铁；另一个原因是女性乘客在客流中相对较少，但性骚扰、猥亵等问题更为突出的，如日本东京、大阪、名古屋和韩国首尔的地铁。学习海外地区和香港等地的经验，进一步改进和完善女性优先车厢、女性专用安检通道等制度，使其既满足于解决地铁"性骚扰"的民生问题，又不致引发性别对立。目前，我国香港、广州和深圳部分地铁上已经开始进行女性车厢的尝试，尽管舆论两极分化，但这是我国防治"地铁色狼"的重要尝试，从这些地铁开设"女性车厢"的举措中，能感受到我国地铁安全管理开始倾向于常态化、垂直化和治理"性骚扰"这类社会问题的决心与创新，具有重大的现实指导意义。

(二) 提高法律意识，固定地铁色狼证据

要惩治"地铁色狼"行为，一靠女性的勇气，二靠及时取证。就目前情况而已，如果足够的证据，光靠公安机关的审讯和公共交通上的电子监控想要惩治地铁上的性骚扰行为极其艰难，如若不能在一开始就利用侵害者的恐惧心理和羞耻心理破开其心理防线，承认自己的行为，取证工作将举步维艰。但倘若有证人证明该男子有这种行为，再配合公安人员的审讯就要容易得多。

1. 受害女性勇敢说"不"

公共场所的"性骚扰"侵害女性的色狼是"打一枪换一个地方"的角色，受害女性如果不能及时报警、取得证据、勇敢作证，只能眼睁睁地看着色狼从眼皮底下溜走。2003年8月1日《北京晨报》曾报道称，仅7月31日一天内，一名公交车女售票人员就目睹了4起"性骚扰"乘客的事件，但无一报警，仅仅是受害者逃离了事。自夏初以来，该报的"96101"热线也收到了许多女性读者的投诉，声称她们在公共交通线上受到过骚扰。原来，"性骚扰"是一个非常普遍且广泛的问题，一个女孩不是只有在空无一人的大街上，或是在酒吧里才会被骚扰，哪怕只是一个宅女，或是只穿着普通的牛仔裤和运动鞋，也可能遭到"性骚扰"。而地铁中经常发生"性骚扰"的原因是出现这种情况的机会和理由更多，地铁车厢比较拥挤，有时受害者根本不知道自己"被"性骚扰了，而有的女性胆小怕事而选择沉默，只好"避而远之"。加之此类"性骚扰"行为违法成本不高，《治安管理处罚法》第42条规定："偷窥、偷拍、窃听、散布他人隐私的，处五日以下拘留或者五百元以下罚款；情节较重的，处五日以上十日以下拘留，可以并处五百元以下罚款。"第44条规定，"猥亵他人的，或者在公共场所故意裸露身体，情节恶劣的，处五日以上十日以下拘留；猥亵智力残疾人、精神病人、不满十四周岁的人或者有其他严重情节的，处十日以上十五日以下拘留"。2023年6月杭州地铁公安通报的几起案例，均为十日以内的行政拘留处罚，而一位偷拍裙底者仅被罚了200元，低成本致使"地铁色狼"越发猖獗，地铁"性骚扰"屡禁不绝。如今，地铁通勤日渐普及，"咸猪手"和"偷拍狼"对女性身心伤害极大，当女性乘坐地铁遇到色狼时，建议可以"瞪、喊、抓"三步法：一用眼睛"瞪"是为了吓退骚扰者，如果不起作用就高声怒斥，抓住骚扰者的手；二"喊"是在骚扰者的手未缩回之时大声叫喊吸引他人的注意，让旁人立即看到他的违法犯罪行为并为你作证；三"抓"则是在骚扰者伸手抚摸时，就抓住他的手高高举起，让他暴露在光天化日之下。如果车厢内人较少，可以按下车厢内的紧急报警器，紧急报警器一般安装在每节车厢的1、4、5、8号车门左侧，紧急情况下打开红色按钮保护盖，按下红色报警按钮后就可以与司机对话，司机收到报警信息后会及时通知工作人员前来处理。

2. 公安机关灵活变通

与其他案件相比,"地铁色狼"案件的取证工作更加困难,大多数案件仍需投入大量地铁便衣警力,花费大量的时间和精力来进行情报搜集研判和案件线索跟踪。地铁上的电子监控在人员流动、拥挤、衣物遮盖等状况下难以发挥作用,而执法记录又极容易引起行为人的警觉,公安工作人员只能在"地铁色狼"出没的重灾区蹲守布控、筛查可疑对象,用多部手机同时多角度拍摄以固定证据。依托法医学研究方法确认罪犯也是一种颇为有效的技术。在一些"地铁色狼"案例中,警方会在接到报案后把受害者衣物上的织品纤维同遗留在犯罪嫌疑人手上的精细组织做比较,尽管过程繁琐,但取得的成效显著。另外,公安部门可与地铁部门协商,在每排座椅旁安置一个警铃,与地铁工作人员相连。当地铁停靠在下一站时,工作人员和警察就可以立即处理一个案件。

(三)健全惩治机制,规范地铁色狼处罚

在制度层面,我国最早规定性骚扰的全国性立法是2005年修正的《妇女权益保障法》这部法律第10条规定"禁止对妇女实施性骚扰,受害妇女有权向单位和有关机关投诉";其次2012年国务院审议通过的《女职工劳动保护特别规定》第11条明确"在劳动场所用人单位应当预防和制止对女职工的性骚扰";后鉴于高校教师骚扰学生事件频发,教育界在2014年开始注重师德建设长效机制,在2018年的时候将"不得与学生发生任何不正当的关系严禁任何形式的猥亵、性骚扰行为"列入新时代教师职业行为十项准则之中;2018年12月最高人民法院发布《关于增加民事案件案由的通知》,将"性骚扰损害责任纠纷"列为新增案由;2020年出台、2021年初开始实施的《民法典》第1010条[1]分两款对性骚扰进行规制。在"地铁色狼"的相关案件中,由于大多数事件并没有涉及到刑事犯罪,行为人的性骚扰行为在被公安机关警告或罚款后,不会作为

---

[1] 中华人民共和国《民法典》第1010条规定:违背他人意愿,以言语、文字、图像、肢体行为等方式对他人实施性骚扰的,受害人有权依法请求行为人承担民事责任。机关、企业、学校等单位应当采取合理的预防、受理投诉、调查处置等措施,防止和制止利用职权、从属关系等实施性骚扰。

前科记录在案，但警方在政府门户网公布对"地铁色狼"的行政处罚结果信息公开制度却是非常有必要的，如2023年4月起杭州公安连续公布多条地铁猥亵案的行政处罚信息，信息甚至包含了被处罚人的姓名。在某媒体发起的微博投票"杭州公布色狼完整姓名合适吗"中，参与投票的近71.1万网友中，有97%的认为公开色狼姓名是合适的，只有3%的网友认为可能不妥。[①] 另外，我国可逐步建立数据库，全国联通，增加行为人实行性骚扰行为的违法成本。当性骚扰数量达到一定程度或情节严重时，将被列入轨道交通工具黑名单，面向社会公布，并在一定时间内禁止其乘坐轨道交通列车。主管部门、企业、学校和其他单位应当成立防治非道德、非法性行为责任部门，制定防治制度，开展防治宣传和教化，受理非道德、非法性行为的举报、告发和处置。防治制度应写明举报程序，赔礼道歉、警告、降级、撤职、解雇、加入数据库等惩戒措施，以及防止报复措施。各地方政府也可酌情制定有关非法性行为精神损害赔偿条款，按照行为人行为的恶劣程度不同对应不同处罚数额，一方面警示有过非法性行为的行为人不要再以身试法，另一方面通过法律法规的形式对有非法性行为想法的民众进行有效震慑，令其回头是岸。

（四）发动社会力量，重视被侵害人事后救济

1. 完善举报途径

从警情来看，接报和查处的猥亵和性骚扰警情，大多数来自公安机关现场发现查处，这表明个别受害人还存在碍于情面、不愿配合公安机关的情况，广大女性仍需提高自我保护和检举揭发违法犯罪的意识。因此，地铁防止性骚扰责任部门和公安机关要联手制定一套全新的举报投诉体系。"地铁色狼"事件受害者可以口头或书面向负责的地铁部门和公安机关提出预防和控制此类事件的申诉。接到投诉后，当地性骚扰预防和控制部门在进行调查时应遵从高效、客观和周到的原则，并确保程序的公平和公正。保护有关各方的隐私，防止对

---

① 祥洛：《杭州实名公示"地铁色狼"，是否过度惩罚》，载《北大法律信息网》2023年5月12日。

受害者造成二次伤害。另外，还要防止"误告""诬告"的产生，如2023年6月7号四川某女硕士怀疑在广州地铁里被偷拍，遂要求查看大叔手机，结果对方自证清白后，女硕士仍在其个人社交账号发布其所拍他人视频及不当言论，造成严重不良社会影响。①

2. 强调隐私保护

如果法院审查了案件档案，发现性骚扰案件涉及隐私，则应根据其权力决定不公开审理。从案件的影响看，受传统观念的影响，"性"在中国是一个非常敏感的话题，涉及个人隐私问题但确是公众关注度最高的话题之一。法院必须严格控制公开的限度，保护当事人的隐私权不受侵犯。针对"性骚扰"行为的特征，特别是"性骚扰"行为中的触摸和摩擦，妇女有权不让他人知道自己的哪些部位受到侵犯，以及进行了哪些行为。另外，对女童的保护更是要注重，《刑法》规定："以暴力、胁迫或者其他方式强制猥亵他人或侮辱妇女的，处5年以下有期徒刑或者拘役。"2019年10月15日，上海首例"咸猪手入刑案"在静安区人民法院开庭审判，由于王某某的"咸猪手"伸向的是一位女孩，法院以强制猥亵罪判处被告人王某某有期徒刑6个月，这例"咸猪手入刑案"被一些专家认为是树立了通过刑事手段打击公共场所"性骚扰"的标杆，"将对公共空间性骚扰事件产生很大的威慑，有力地保护女性权益"。②

3. 注重心理疏导

地铁"性骚扰"案件会带给人们复杂的心理反应，大致可分为以下四类：一是恐惧和焦虑，始终不能从"性骚扰"的情境中走出来，出现创伤应激反应或障碍；二是愤怒指向自身，后悔当时没有奋力反击或斥责，让对方占了便宜，谴责自己的软弱；三是抑郁，谴责老天不公，让自己遇到这件极为倒霉和羞辱的事情，因木已成舟而痛苦；四是羞耻，遇到猥琐的人侵扰，感到对方肮脏的言行"污染"了自己，仿佛自己都变得不干净和犯错了，且把自我批判投

---

① 该大学于2023年6月21日发布情况通报，给予该生留校察看处分和留党察看处分。

② 见高路：《打击地铁色狼，对屡教不改者应重拳打击》，载《钱江晚报》2021年8月12日。

射到外界，从而不敢告诉父母和亲友，独自默默承受羞耻。这些心理创伤如果不得到及时的医治，往往会形成心结。因此，这需要处理事件的工作人员在事件发生的第一时间，利用倾听、耐心陪伴等方式，稳定受害者的情绪。此外，地铁、公安等相关部门应该收集、整理公益热线电话，或所在地区的专业心理服务机构，作为备用资源，在遇到超出能力范围内的问题后及时将其转介到专业机构接受服务。

第 9 章　地铁全线治安管理

"公共安全连着千家万户，确保公共安全事关人民群众生命财产安全，事关改革发展稳定大局。要牢固树立安全发展理念，自觉把维护公共安全放在维护最广大人民根本利益中来认识，扎实做好公共安全工作，努力为人民安居乐业、社会安定有序、国家长治久安编织全方位、立体化的公共安全网。"①道德是个人最高行为准则，法律是社会最低生存规范。失德、违法、犯罪之间的边界在于法律法规是否有明确规定。地铁治安是社会治安的重要组成部分，其公共的"片"场所、流动的"线"空间、复杂的"动"人群，增加了治安管理的难度，易成为失德行为、违法行为和犯罪行为的高发区，也成为社会各界普遍关注的焦点。因此，紧密依托平安城市建设，结合地铁治安管理特点和特殊安全要求，统筹设计城市轨道交通治安防控体系，积极实施主动警务、预防警务，数字赋能、精准防控，解决地铁治安焦点难点热点问题，确保城市地下空间的社会秩序和治安稳定。

一、地铁失德行为处理

失德行为，包括通常提到的违背公序良俗、公共道德、良好风俗等行为，是法律没有明确规定的行为，但却是历史、文化和地理环境传承下的禁忌行为。地铁上的失德行为虽然没有违法，但是地铁空间是公共场所，有着比《治

---

① 2015 年 5 月 29 日，习近平在中共中央政治局第 23 次集体学习会上关于健全公共安全体系的讲话。

安管理处罚法》和《刑法》更广泛的行为规范，以共同契约如购买车票即视为成立的运输合同关系，或明确的《乘客守则》为基础。所以运营管理公司可以对失德行为进行适当的惩戒如不准乘车、逐出车站等措施，公安机关的人民警察在法定职责之内，如《人民警察法》关于"维护社会治安秩序，制止危害社会治安秩序的行为"，亦可对此类失德行为做出限制性措施。几种常见的地铁失德行为有：霸座、抢座、踩座、衣冠不整有碍观瞻、脱鞋扣脚、大声、手机音响外放、进食、小孩便溺、爬行、不雅动作、乱涂乱画等。

（一）《乘客守则》

虽然失德行为难以尽列，但还是必要有制度性文件来"约法三章"，如《乘客守则》《乘客须知》《文明乘车指南》等就是非常好的制度性文件，但是随着时代发展和情况变化，以往的有些内容已经不适应广大乘客的需求和呼吁，亟需修订。如北京、上海、武汉、昆明等，纷纷出台了修改版的轨道交通《乘客守则》《乘客须知》，重点在于解决以下几种新问题：

1. 关于"外放电子设备"

地铁运行运行快、隔音好、噪音小、车厢安静，乘坐感受舒适性较强，但是有些乘客在乘坐列车时不顾其他乘客感受，使用"外放电子设备"，对其他乘客造成很大的噪音影响，如 2018 年 8 月 22 日《新京报》报道，北京地铁 9 号线上一乘客在列车上用手机扬声器听音乐，引发乘客郭某不满，双方发生肢体冲突，随后警方介入对互殴的双方进行了治安处罚。为了杜绝此类事件，北京、兰州、昆明等地相继在轨道交通《乘客守则》修订版上明确规定，"乘客不得在列车内大声喧哗，使用电子设备时不外放声音。违反该守则，依法应当给予行政处罚的，由城市轨道交通管理机构、城市轨道运营单位、交通运输行政管理部门执法机构或者公安机关依法处理，并按照规定将有关信用信息纳入交通运输和相关统一信用信息监管平台；涉嫌犯罪的，依法移送司法机关追究刑事责任"。《武汉市轨道交通管理条例》就明确规定，"在车站、列车、出入口、通道内躺卧、踩踏座椅、乞讨、大声喧哗或吵闹、使用电子设备外放声音、擅自表演歌舞；责令改正；拒不改正的，处五十元以上二百元以下罚款"。

上海市轨道交通乘客守则

一、根据《上海市轨道交通管理条例》（以下简称《条例》）第二十九条与《城市轨道交通运营管理规定》第二十三条，制定本守则。

二、凡进站、乘车的人员，应当遵守本守则。

三、乘客应当遵守以下有关乘务管理的规定：

（一）乘客应当持有效乘票凭证乘车，并配合轨道交通企业查验，不得使用无效、伪造、变造的乘车凭证或者逃票。

（二）乘客越站乘车的，应当补交超过部分的票款。乘客无车票或者持无效车票乘车的，轨道交通企业可以按照轨道交通网络单程最高价补收票款，并加收五倍票款。

（三）乘客不得冒用他人证件、使用伪造证件乘车。乘客有冒用他人证件、使用伪造证件乘车和其他逃票行为的，有关信息可以纳入个人信用信息系统。

四、按照国家和本市有关规定享受免费乘车待遇的乘客，凭有效证件，经轨道交通企业查验后，可以免费乘坐本市轨道交通（磁浮线除外）。

五、乘客须在安全线内有序排队候车，乘车时应当先下后上，上下列车应当注意站台间隙；列车车门蜂鸣器响，车门及屏蔽门、安全门警示灯亮，乘客不得抢行上、下车；车门开启、关闭时，不得触碰、倚靠车门；车到终点，乘客应当尽快下车。

六、老、幼、病、残、孕妇及怀抱婴儿者优先上、下车，其他乘客应当主动让座。

七、乘客可以免费带领两名身高1.3米（含1.3米）以下的儿童乘车，超过两名的按超过人数购票。无成年人带领的学龄前儿童不得单独乘车。

八、乘客所携带的物品重量不得超过23千克，体积不得大于0.2立方米，长、宽、高之和不得超过1.8米，并不得污损乘车环境或者影响其他乘客正常乘车。

九、凡进站、乘车，禁止下列行为：

（一）拦截列车；

（二）擅自进入驾驶室、轨道、隧道或者车站内其他有禁行标志的区域；

（三）攀爬或者跨越列车、围墙、栏杆、闸机、站台门；

（四）强行上、下车，扒门和吊行；

（五）吸烟、点燃明火，随地吐痰、便溺、乱吐口香糖、乱扔果皮、纸屑等杂物；

（六）擅自涂写、刻画或者悬挂、张贴物品；

（七）擅自设摊、停放车辆、堆放杂物、卖艺、散发宣传品或者从事营销活动，大声喧哗、吵闹，使用电子设备时外放声音；

（八）乞讨、躺卧、收捡废旧物品；

（九）携带活禽以及猫、狗（导盲犬、军警犬除外）等动物；

（十）携带自行车（含折叠式自行车）、使用平衡车、滑板、踏板车、滑冰鞋等助力代步工具（残疾人轮椅车、婴儿车除外）；

（十一）携带易燃、易爆、有毒、有害、放射性、腐蚀性以及其他有可能危及人身和财产安全的危险物品，携带有严重异味、刺激性气味的物品，以及未经安全包装的碎、尖锐物品；携带充气球；

（十二）擅自操作有警示标志的按钮、开关装置，非紧急状态下动用紧急或者safety装置；

（十三）损坏车辆、站台门、自动售检票等设备，干扰通信信号、视频监控设备等系统；

（十四）攀爬交通线路、列车以及其他设施地抛物品；

（十五）损坏、移动、遮盖安全标志、监测设施以及安全防护设备；

（十六）在运行的自动扶梯上逆行、嬉戏、蹲坐打闹；

（十七）影响运营安全和秩序乘客的其他行为。

十、赤脚、赤膊、油污衣裤者、醉酒滋事者、烈性传染病患者、无人监护的精神病患者或者健康状况危及他人安全者不得进站、乘车。

十一、乘客应当文明乘车，自觉保持车站、车厢卫生，不得在列车车厢内饮食、大声喧哗，不得躺卧车站和车厢内座席。

十二、乘客应当正确使用轨道交通自动扶梯、自动售检票机、公共交通卡充值验票机及有关设施、设备。因乘客原因造成设施设备损坏的，乘客应当给予相应的经济赔偿。

十三、轨道交通范围内发生突发事件和意外情况时，乘客应当保持冷静，服从现场工作人员指挥或者广播指示并有序疏散。

十四、乘客应当自觉遵守轨道交通企业有关票务、安全、公共卫生等方面的服务须知，配合安全检查，遵从服务、应急设施的使用提示，服从轨道交通工作人员的管理。发生纠纷时，可向轨道交通企业反映，但不得影响轨道交通工作人员的管理和轨道交通的正常运行。

十五、乘客违反《条例》及其他相关法律规定的，按照《条例》及其他有关法律规定予以处罚。乘客应当遵守本守则，拒不遵守的，轨道交通企业有权劝阻和制止，制止无效的，可向轨道交通公安机关依法处理。

十六、本守则自2020年12月1日起施行，有效期至2025年11月30日止。《上海市交通委员会关于发布〈上海市轨道交通乘客守则〉的通知》（沪交轨[2016]551号）同时废止。

上海市交通委员会

图9-1 上海市轨道交通乘客守则

2. 关于"霸座、抢座、踩座"

地铁是城市文明的窗口，乘客应当遵守公共秩序和社会公德，遵守轨道交通乘客守则，文明的乘车环境，需要大家共同缔造。对于"霸座、抢座、踩座"事件，很多媒体包括网络舆论都在报道和关注，"霸座、抢座、踩座"确实是比较严重的负面行为，但地铁不同于火车，它是没有座位号的，也就是说，"大家都是站票，谁先抢到座位谁先坐"。至于有些老弱病残专座，目前地铁车厢里很少设置；就算设置了也无法证明抢座者是否体"弱"或有"病"；加之乘客乘坐地铁的时间都不长，一般可以克服无座的困难，所以真正跟"霸座、抢座、踩座"叫真的乘客很少。此外，国内地铁即便有专用的"女士优先车厢"，都没有硬性规定男士不能上、男士必须让座女士等，何况普通的地铁列车。当然也有为"霸座、抢座、踩座"而发生争吵、互殴等行为，如"小伙没让座，遭猛踹""老头没座位，居然要坐到女孩腿上""沪地铁一男子侧躺霸座，鞋被扔进垃圾桶"等新闻报道，甚至网络上还纷纷曝光失德人士的不良行径，晒在公众面前，这显示出人们对于道德的关注和对正义的向往。然而，即便当事人做得十分不对，也应当依法依规对其进行惩处，不能过度曝光其隐私，不能让网络正能量变成网络暴力。那么，为什么"霸座、抢座、踩座"能够受到如此广泛的关注？这是因为长期以来在法治建设和道德建设方面存在一些问题，社会公众对这种貌似"小恶"的行为，实际上是秉持"零容忍"的心理，虽说这种很无赖地"霸座、抢座、踩座"行为看似没有造成特别严重的后果，但如果管理者能够用广播和标语广泛宣传，按照《乘客守则》进行有效制止和及时惩戒，将有助于全体社会公众道德水准的提升。

3. 关于"电动车进站"

代驾服务产生了"代驾小哥"携带折叠电动车进站的需求，但是全国所有的地铁乘客守则都几乎一致禁止，如2019年5月第一次修订的《北京市轨道交通乘客守则》、2020年9月修订的《上海市轨道交通乘客守则》，他们认为：携带电动代步工具进站乘车存在车辆防火性能低、一旦起火无法尽快有效扑灭等安全问题，在地铁车站、列车环境相对封闭的地下空间，安全风险较大。《北京市轨道交通乘客守则》将所有"电动代步工具"都禁止，甚至包括折叠自行车、各类滑板车、滑轮鞋、滑板等，但是"自动平衡车"和"无障碍用途的电动轮椅"不限。而重庆轨交依据《重庆市轨道交通禁止限制携带物品目录》限制携带物品是"标志清晰的充电宝、锂电池数量不超过5块，单块额定能量不超过100Wh（如未直接标注额定能量Wh，则可以按照Wh＝V×mAh/1000计算），含有锂电池的电动轮椅除外"，直接将电动车排除在地铁可容之外。其实，尽管2021年来北京、杭州、成都等多地相继发生电动汽车爆燃造成人员受伤事件，引起社会公众对电动汽车火灾隐患的热议，引发大量乘客对于折叠电动车进入地铁的建议和投诉，集中反映了乘客对折叠电动车进入地铁站致火灾风险的担忧，但是携带折叠电动车乘坐地铁，其并非在充电状态，且折叠电动车的安全性较高，如果将其一律禁止携带，将影响"代驾行业及最后一公里通勤问题"，倘若能够专设一个车厢或时段（如夜间）允许带折叠电动车坐地铁，配备好防火设备，或许这也是解决问题的一个思路。

(二)"代位处罚"

对于失德乘车行为，如果没有对应的法律规定，从道德上进行批判、声讨都是可以的，但不适宜直接采取实质性的处罚。处罚必须依法进行，如果认为有些严重违背道德的行为必须予以处罚，那么应该修改《行政处罚法》《治安管理处罚法》以及其他相关法律，制定新的规则，避免以后再出现类似情况，这是法治思维的体现，不能一出现问题，大家觉得不好就群起而攻之。所以，对于严重失德行为可以修改相关法律使之易于惩处，从道德谴责上升到依法处罚，使得规则规范更加具有可期待性，让社会秩序更加稳定。然而，目前的乘客守则》《乘客须知》《文明乘车指南》等都是规范性文件，没有实质的法律效力，且地铁运营公司对乘客失德乘车行为是否有行政处罚权，或者说能够授予地铁公司行政处罚权等问题，都是存在较大争议的。有学者认为，地铁站、地铁线、地铁车厢都是公共场所，对其进行管理工作属于"公共事务"，符合《行政处罚法》关于"法律、法规授权的具有管理公共事务职能的组织可以在法定授权范围内实施行政处罚"的规定，而地铁线长点多，公司运营的特点也限制了相关行政管理部门实施现场管理和执法的可行性，应该适当授权地铁运营公司行使一定的行政处罚权。实践中，北京、上海、南京、深圳、武汉、哈尔滨等地均对地铁运营公司的所谓"执法"进行了授权，让其"代位处罚"，但仅限于劝阻、制止、批评和少量的罚款，不涉及任何人身控制行为。

二、地铁违法行为管理

违法行为又称无效行为，是违反现行法律，给社会造成某种危害的、有过错的行为，系不合法行为的一种。根据违法性质，违法行为可分为刑事违法行为、民事违法行为、经济违法行为、行政违法行为等；根据对社会的危害程度，违法行为可分为一般违法行为和严重违法行为(犯罪)。地铁治安管理中的违法行为，特指违反《治安管理处罚法》、但尚未达到刑事犯罪程度、需要公安机关进行治安处罚的行为。对此类行为的处罚采取法定原则，即行为的总类别、行为的名称、行为的内容、行为的实施主体、行为各方面的处罚手段方式以及程度都是法定的。地铁治安管理的违法行为通常有打架斗殴、醉酒滋事、偷盗扒窃、行骗诈骗、猥亵行为、阻碍执行职务和自杀等。

（一）打架斗殴

地铁车厢中的打架斗殴比较难处理，因为列车流动性强、车厢空间狭窄、周边乘客很少主动劝阻甚至围观起哄，民警得到报警后只能在下一站等着，但两站间隔时间较短，且当事人往往也选择下车逃走。另外，互殴的双方都会强调是"对方先动手，自己是被迫还击，属于正当防卫"。2023年3月最高检与公安部联合印发《关于依法妥善办理轻伤害案件的指导意见》，明确提出"准确区分正当防卫与互殴型故意伤害"，并指出，"因琐事发生争执，双方均不能保持克制而引发打斗，对于过错的一方先动手且手段明显过激，或者一方先动手，在对方努力避免冲突的情况下仍继续侵害，还击一方造成对方伤害的，一般应当认定为正当防卫"，"要坚持主客观相统一的原则，综合考察案发起因、对冲突升级是否有过错、是否使用或者准备使用凶器、是否采用明显不相当的暴力、是否纠集他人参与打斗等客观情节，准确判断犯罪嫌疑人的主观意图和行为性质"。但实践中充分收集证据、找到在场证人、辨别"适度反击、正当防卫、互相殴打"，还是有一定困难的。如《澎湃新闻》2023年5月2日报道，"列车上某女士教训别家'熊孩子'，反被其家长掌掴，警方认定为构成互殴，给予双方处罚，网络群情激愤……"当然地铁系统的监控比较多，通过调取监控录像和调查询问，基本也能分清事由和过程，但在处理上要严格依法界分、对相关行为作出准确认定以及公正处罚，"各打五十大板"与过于注重和解的办案思维或许合法，可是绝对不合理，不利于鼓励人们勇敢维护自己的合法权益，与建设法治社会的要求相悖。

（二）醉酒滋事

乘车不同于开车，酒驾和醉驾是法令禁止行为，而酒后乘地铁是普遍行为，地铁站入口安检也不会像交警那样查酒驾；《乘客守则》《乘客须知》《文明乘车指南》可以禁止站内吸烟，也可以禁止站内饮酒①，但很难阻止醉酒乘客入内，即便有规定不允许"醉酒肇事者"进入，也不能因"预判其肇事"而提前不准其入站。当警方接到嫌疑人在醉酒状态下实施寻衅滋事、殴打他人等，可能危及自身、他人的人身或财产安全，或者公共安全，以及阻碍执行职务等违法行为报警，或者民警在巡逻中发现了醉酒肇事警情，应当立即处警，原则上处置警力与醉酒人员比例不得少于2∶1，确保警力优势。查处过程中要重视现场取证工作，对无违法行为的醉酒人员进行劝导和训诫；对行为举止失控的醉酒人员，不及时控制可能对本人有危险或者对他人的人身、财产或者公共安全有威胁的，视情况使用徒手、钢叉、盾牌制止，并使用约束带或者警绳等进行约束，但是不得使用手铐等警械；对于轻度醉酒人员，优先考虑通知其家属、亲友或者所属单位到场领回看管；对于严重醉酒或者受伤醉酒人员，应当及时联系急救中心或送医院对醉酒人员进行检查救治；对正在实施违法犯罪行为的醉酒人员，应当按照《公安机关人民警察现场制止违法犯罪行为操作规程》采取处置措施予以制止，控制违法犯罪行为人；对正在以轻微暴力方式实施违法犯罪行为，经警告无效的，可使用徒手制止；情况紧急的，可直接使用徒手制止；徒手无法制止，经警告无效的，可使用催泪喷射器等驱逐性、制服性警械制止，可是一定要注意在车厢里使用催泪喷射器的距离、角度、方位，并大声提醒无关人员躲避，防止喷剂喷洒、散发到周边群众和自己身上。另外，要注意，醉酒人员为女性的应尽量安排女性工作人员参与现场处置，充分认识醉酒人员辨认和控制能力减弱、人身易受伤害的特点，尽量避免处于酒醉人的正面位置以防其袭击。

(三) 自杀

自杀虽然看起来完全是出于自然人自身的意愿，对生命权进行支配的行

---

① 《乘客守则》《乘客须知》《文明乘车指南》不准乘客带散装白酒的规定，但没有葡萄酒、啤酒等禁入规定，且无法制止乘客坐车时自行打开包装白酒并饮用的行为。

为，但这一支配行为产生的后果并不是只涉及其自身，同时还违反了公序良俗。以民法的观点，根据《民法典》第 990 条规定："人格权是民事主体享有的生命权、身体权、健康权、姓名权、名称权、肖像权、名誉权、荣誉权、隐私权等权利。""除前款规定的人格权外，自然人享有基于人身自由、人格尊严产生的其他人格权益。"第 992 条规定："人格权不得放弃、转让或继承。"作为人格权中最重要权利的生命权，当然也不得放弃。因此，自杀行为人应该独立承担后果，其行为在民法典上是一种违法行为。以治安管理的观点，在公共场所如地铁站选择卧轨、自尽、跳高架、触电网等方式自杀，有可能造成地铁设施设备故障，从而妨害了公共安全；有可能招来群众围观，从而扰乱了公共秩序；有可能舆情炒作影响地铁公司商誉，从而侵犯了公司的财产权利；有可能施救人员受伤甚至牺牲，从而侵犯了他人的人身权利，因此，自杀是个人支配行为无效并且违法的行为。只是因为大多情况下这个违法行为人因生命终结已无法或无必要追究责任，如 2009 年 7 月 17 日，一名男子跳入北京地铁 1 号线轨道自杀身亡，由于采取断电施救、停运、绕行、限流等措施，北京地铁的 8 条在运线路中，有 6 条的运营受到严重干扰，因此人已身亡。但是，那些在地铁扬言自杀、或者实施自杀的幸存者，公安机关都有依据《治安管理处罚法》进行适当处罚的权利，如 2018 年 2 月 8 日，在武汉地铁 1 号线的站台上，33 岁的男子姚某因买彩票欠债，翻到轨道区间的露台上扬言要跳轨自杀，造成了地铁 1 号线双向断电停运长达 40 多分钟，迫使武汉地铁集团启动了紧急预案，地铁下方的路面采取了临时的交通管制，导致周边道路产生了大量的车辆拥堵，大量的群众因为这件事产生的报警警情 19 起，地铁轻轨沿线各站约 30 多万乘客滞留的严重后果，严重扰乱了当地的社会公共秩序。经过法院审理认为，姚某在轨道交通站点起哄闹事，造成了轨道交通停运，周边道路交通拥堵，警情增加，致使公共场所秩序混乱，其行为已经构成了寻衅滋事罪。但是他能够如实供述全部的犯罪事实，而且当庭自愿认罪，可以视为坦白，从轻处罚。最后，按照《中华人民共和国刑法》第 293 条第 1 款第 4 项，第 67 条第 3 款，第 72 条第 1 款，第 73 条第 2 款、第 3 款，最高人民法院、最高人民检察院《关于办理寻衅滋事刑事案件适用法律若干问题的解释》第 5 条之规定："在车站、码头、机场、医院、商场、公园、影剧院、展览会、运动场或者其他公共场所起哄闹事,应当根据公共场所的性质、公共活动的重要程度、公共场所的人数、起哄闹事的时间、公共场所受影响的范围与程度等因素,综合判断是否造成公共场所秩序严重混乱。"因此,判决姚某犯寻衅滋事罪,判处有期徒刑一年六个月,缓刑两年。这是全国首起"地铁自杀不死而被判刑"的判例。

三、地铁犯罪行为处置

犯罪行为是一种严重的违法行为,基于社会治安综合治理的良好效果和公安机关的严密防控,我国的地铁犯罪在数量、类型、程度上与其他国家有很大不同,诈骗类犯罪比较突出,侵财类犯罪明显降低,伤害类犯罪时有发生,严重暴力犯罪的风险依旧存在。由于地铁警力沿线分布对接处警响应有所影响,一旦发生犯罪案件难以在短期聚集多警种完成合成处置,通常需要站点的民警、辅警、安检人员和地铁工作人员组成"最小处置单元",通力协作制止犯罪,制服犯罪嫌疑人,共同维护地铁安全和秩序。

(一)持刀行凶

"百密一疏",犯罪嫌疑人可利用地铁安检漏洞藏匿凶器乘车,期间因偶发纠纷升级进而发生持械行凶案件,其中尤以各类刀具行凶案件居多,如2023年5月15日上海轨交1号线某男子与一名乘客发生肢体冲突,拿出随身携带的水果刀威吓对方,幸未造成人员受伤。但此事恰发生在"2023.5.7K435次列车持刀杀人案"[1]之后,这次上海轨交事件曝光后,网上舆情炒作十分火热,社会反响十分强烈,有网民纷纷质疑:"刀是怎样带进地铁的?""这是发生肢体冲突?这叫谋杀,他都准备捅人了。"其实,前述关于地铁安检已经探

---

[1] 2023年5月4日晚,从株洲开往耒阳方向的K435列车发生持刀伤人致死案,凶手从衡阳站携刀经安检上车,在列车开动后10分钟后,持刀刺另一个乘客近10刀,将其杀害,凶手当场被抓获。

讨了地铁安检效果与通行效率的关系,携刀混入车站是完全可能的,并非地铁安检形同虚设。问题是,一旦发生此类持刀行凶案件,乘客和民警如何应对呢?对于受害者和乘客而言,地铁车厢几乎是没有回旋余地的,既没有掩体也没有工具,此时几乎是赤手空拳,受害者只能利用身边物品去抵挡如箱包,而乘客在车未停的状态下也无法躲避,但是可以见义勇为地帮助受害者一起制服凶手,也可以退避到旁边的车厢守护,还可以积极报警;对民警而言,接报后立即带齐装备在下一站等候,列车进站要迅速分分两路或者三路进入车厢,堵住歹徒出路,采用包抄方式将歹徒堵截在车厢,将其逼至车厢角落再行围捕。但现在人民群众对治安环境的诉求非常苛求,对此类暴力事件"零容忍"的要求近乎"不计成本",公安机关在这种两难的境地就要改革勤务模式,以线路和站点布警的方式仍是被动警务,尝试主动巡逻的积极警务模式又囿于警力的捉襟见肘,如何在车厢、站厅、站台合理配置警力资源,或者培训"第一反应单元",建立符合地铁环境的快反特色和预防警务模式,这将是未来地铁公安机关的努力方向。

(二)行骗诈骗

传统行骗利用乘客同情善良心理,在地铁站内扮演借手机、换零钱、借路费为由,多对学生群体实施诈骗。此类诈骗比较好处理,公安机关一般是通过视频轨迹或现场证人线索,"顺藤摸瓜",就可以抓获犯罪嫌疑人;而新型诈骗则多为电信网络诈骗,多对老年群体实施诈骗。按照公安部规定,"电信网络诈骗犯罪案件一般由犯罪地公安机关立案侦查,犯罪地包括犯罪行为发生地和犯罪结果发生地。如果由犯罪嫌疑人居住地公安机关立案侦查更为适宜的,可以由犯罪嫌疑人居住地公安机关立案侦查"。地铁涉及的电信网络诈骗,主要是乘客在乘车时发现被诈骗了,于是就地到属地(负责管理地铁治安)公安机关报案,由城市轨道公安机关负责侦办诈骗案件。电信网络诈骗案件一般行骗面较广、异地行骗、无接触式(行骗人不用直接接触受害人)犯罪,带有极强的隐蔽性和智能化的特点,往往受害人发现时,其账户资金早已在网上被转移取走。因此公安机关在处置此类电信诈骗案件时,一定要先行采用"止付"

措施,与"骗子赛跑",用最快速度和最短时间去冻结账户资金。此外,电信网络诈骗宣传非常重要,要告知群众千万不要轻易泄露个人信息、千万提防钓鱼网站、千万不要相信诈骗电话,随时更改密码、直接向110报警服务台报案。

(三) 吸毒贩毒

地铁抓获吸毒贩毒人员是比较多的,源于公安机关强大的情报分析支持能力和地铁强大的安检效果。为此,有境外贩毒集团为了测试走私毒品的风险,在装毒运货前把正常的鹅卵石和藏有冰毒的假石头一起放在背包里通过地铁安检,以此来作"风险分析"①。通常地铁警方接到有吸贩毒人员情报时,虽然封闭车厢不利于犯罪嫌疑人逃跑,但是有可能诱其"狗急跳墙"误伤群众,所以民警通常并不在车厢里进行抓捕行动,而是采用车厢便衣侦查与车站民警密切配合方式。先确定其乘车方向,锁定车厢位置,下游站点专人进行"贴靠",对其异常情况及时发现、跟踪、上报,并确保行车安全;地铁站民警立即匹配力量,在站厅和站台布置警力"守株待兔",注意提前疏散周边群众,避免人员受伤;利用嫌疑人下车和出站的两个绝佳机会,"前后夹击",车厢便衣民警和地铁站民警一起行动,果断抓捕。需要特别值得注意的是,要防止其突然吞食毒品,如某轨交民警在盘查工作中发现一名携带疑似毒品的人员,将其带回警务室继续盘问,该名嫌疑人趁现场警力不防备,快速抢走桌子上的疑似毒品并吞服,民警在制止过程中还被咬伤手指,后经尿检证实嫌疑人吸毒,但其贩毒却因此证据不足。

四、地铁警务行动重点

犯罪的发生都离不开一定的时空条件,通过主客观条件的动态联结,犯罪

---

① 游春亮:《毒贩携毒品过地铁安检测试走私风险》,载《法制日报》2015年2月11日。

场为犯罪意图由"可能"转向"实施"提供时空条件。而阻却各犯罪要素之间的互动联结,制造犯罪决策与行动现实化的障碍,便能抑制犯罪意志的增长与外显。因此,通过增强地铁安检、地铁巡逻等、地铁监控[①]等措施,提高"见警率",增加抑制犯罪抉择的防御力,分解犯罪场要素的耦合度,增大犯罪成本与阻力。

(一)统一行动

探索新时代地铁公安高效指挥和响应机制,统一指挥、协调地铁运营方、消防、民防、交通、医疗、电力等部门联合行动,经常开展反恐严打、救援与疏散演练,并致力于完善反恐情报信息网络共享平台,健全安全监测预警系统、应急救援系统、情报信息智能分析系统和各种地铁专项预案,如成都地铁公交公安分局构建了"1分钟到场,3分钟处置,5分钟恢复"的快速反应处警机制;武汉轨道公安分局实行"情指行"一体化实战运行机制,统筹布置情报预警、实战指挥、应急处置、侦查办案、防范控制、舆情引导等六大警务运行环节;南宁地铁公安分局采取"重点部位定岗值守+防范区域动态巡防+警犬搜爆防控",建立若干"最小作战单元",开启"力量前置、强化巡控、定点备勤、快速反应"常态化警务模式;青岛地铁公安以处置地铁站台可疑爆炸物为主要内容,依托"网格化"区域安防责任制和"地上地下一体化"勤务模式,协调反恐、治安、刑警、特警等警种开展反恐实战演练,全方位检验指挥调度、搜爆排爆、前期处置、协同作战等各项技能;无锡建立以地铁分局指挥中心为龙头,开通直呼热线,建立以派出所指挥室为骨架的二级指挥体系,实现了地铁分局指挥中心与地铁运营控制中心的数据信息资源共享,并按照"一旬一小练、一月一中练、一季一大练、年终一大考"的要求,狠抓应急处突演练。

(二)规范行动

执法规范是公安工作的灵魂,习近平总书记多次对公安民警提出"执法

---

① 建议各个监控摄像头处都应张贴明显标识。

公正"的要求，凸现了新时代公安工作的主旋律和新范式。地铁作为城市公共交通的重要工具和人员相对集中的公共场所，一直是安全保障和秩序维护的重点区域，更需要实行规范化执法。针对民警警务工作中出现的畏首畏尾、瞻前顾后、虚与委蛇、丢三落四，乃至偏差错误的情绪、现象和行为，有必要编制执法规范，开展规范化执法培训，如2022年1月，北京市公安局公交总队组织地铁车站工作人员、安检员、保洁员、保安员和文明引导员等群防群治力量300余人，重点围绕可疑物、精神病人肇事肇祸、个人极端行为、乘客发生恐慌和涉疫警情处置等5个科目，开展了为期五日的业务实战培训；2022年8月，南宁地铁公安分局模拟演练，对地铁站犯罪嫌疑人的"制服、抓捕、搜身、带离"等程序进行了规范演示；广州轨道公安分局制发《地铁突发事件2分钟现场处置简明口诀》，概括地铁突发事件发生后民警、站务、保安员现场反应处置流程和要领，方便一线指战员熟记和运用；2022年月，青岛地铁公安分局制发了《执法质效考核执行方案》《规范执法六级责任追究连带机制实施方案》《盘查核录工作规范（试行）》《关于落实办理刑事案件三级工作机制的意见》《案件审核审批规定》等执法制度，着力构建与公安执法责任改革相适应、与警务机制改革相适应、与执法管理监督体系相衔接的执法体系。

（三）联动行动

地铁安保力量相对薄弱，不仅地铁交巡警有限，乘警或乘务员基本没有，而且安检员配置不足，且普遍缺乏治安管理专业能力，一旦出现突发事件，这些安保人员难以迅速反应，因此，有必要以车站为"格"、中心站为"网"，建立地铁治安联防联动防控网格，明确责任人，明确治安责任制，本着"警力联勤联动、勤务一体承担"的原则，有效整合地铁站资源；布防足够的民警、安保员、治安志愿者等力量巡防，实现线路巡防全覆盖；在运营成本可承受的情况下，增设车载安保员，以对不法分子产生视觉警示；设立地铁综合服务岗亭，集乘客报警、安全提示、紧急疏散、咨询服务等功能为一体，实现多途径报警，丰富轨道区域治安管控手段，高效应对各种突发事件，维护公共安全。

如广州公交公安分局依托"警企共建"和"所站共建"平台，组织发动群防群治力量，使车站工作人员、警务人员、安检人员和车站志愿者、商铺员工参与车站的整体防控、群防群治、共建共治、万人联防。

第 10 章 共同缔造平安地铁

"携手应对全球性挑战，共同缔造人类美好未来。"①地铁是人类文明的共同成果，平安地铁是广大乘客的共同福祉，坚持以人民为中心，大力发展安全、便捷、舒适、智能的地铁系统，努力提高公共交通服务水平，做到市政决策共谋、交通发展共建、地铁建设共管、治安效果共评、治理成果共享，共同缔造平安地铁。

一、共同缔造理念溯源

理念是基于理性认知而形成的洞见、理想与信念，是人们对事物本质的深刻洞察及其对行动的明确指引。"共同缔造"是为纾解新时代治理困境，广泛深入发动群众，共同构建平安社会的重要理念与实践。这一词汇在1982年通过的《中华人民共和国宪法：序言》中就曾使用，"中华人民共和国是全国各族人民共同缔造的统一的多民族国家"。后由"两院院士"吴良镛先生在《广义建筑学》中引入到建设领域，他提出，"共同缔造"理念是人居环境科学与西方参与式规划的融合，倡导以人为核心，统筹多学科、多领域、多主体，共同创造有序空间和宜居环境，让人们能诗意般、画意般地栖居在大地上，让美好环境与和谐社会共同缔造。

新时代随着城镇化进程和"放、管、服"政策的提出，由于政府职权范围过大导致的公众参与不足问题受到重视，"共同缔造""公众参与""社会治理"

---

① 2021年1月25日，习近平在世界经济论坛"达沃斯议程"对话会上的特别致辞。

等理念由广东省云浮市开始应用于城中村、旧城区、乡村社区改造,在辽宁沈阳市推行试点,在福建厦门市日趋成熟,已广泛应用于城乡建设领域,最终进入中央文件。2019年1月,习近平总书记在中央政法工作会议上提出"打造人人有责、人人尽责的社会治理共同体";2019年10月党的十九届四中全会进一步提出"建设人人有责、人人尽责、人人享有的社会治理共同体";2022年5月,中共中央办公厅发布《乡村建设行动实施方案》,正式以中央文件形式提出"共同缔造"这一理念。作为强调多元主体参与的治理策略,"共同缔造"为构建共建共治共享的社会治理格局,在存量发展背景下实施有效的城乡规划提供了极具价值的手段。2022年6月,湖北省第十二次党代会报告提出,以构建"纵向到底、横向到边、共建共治共享"的城乡社会治理体系为目标,广泛开展美好环境与幸福生活共同缔造活动,发动群众决策共谋、发展共建、建设共管、效果共评、成果共享,开展美好环境与幸福生活共同缔造活动,要落实落地并取得预期成果必须始终坚持群众的主体地位,充分发挥群众的积极性、主动性和创造性,将"共同缔造"理念广泛引入社会生产生活领域。

  作为现代大都市"惠民工程""名片工程""良心工程"的地铁,它运能大、效率高、绿色环保的优势,保障了市民安全便捷出行,缓解了城市路面交通拥堵,提升了城市生活品质。共同缔造平安地铁,是治理理念,也是治理实践;是认识论,也是方法论;是源于共同体意识的思想自觉,也是相信群众、依靠群众,和人民群众一起共建美好环境、共创美好生活的社会实践。准确理解共同缔造平安地铁行动理念、精准把脉共同缔造平安地铁难点痛点,是实施共同缔造平安地铁的前提,也是深刻理解共同缔造平安地铁的精髓要义。

二、共同缔造五共机制

  平安,民生所盼、发展之基。党的十八大以来,习近平总书记多次对平安中国建设作出重要指示,2020年12月,中共中央印发《法治社会建设实施纲要(2020—2025年)》明确提出:"加快对社会安全体系的整体设计和战略规划,贯彻落实加快推进社会治理现代化开创平安中国建设新局面的意见。完善平安中国建设协调机制、责任分担机制，健全平安建设指标体系和考核标准"。地铁安全是平安中国的重要组成部分，围绕平安地铁主题，相关部门与人民群众以"五共"机制为路径，积极推动地铁与环境融合发展的体制机制构建实践。

（一）市政决策共谋

地铁是重大市政工程，投资巨大，根据中国轨道交通网最新统计数据显示，截至 2022 年 12 月 31 日，中国共有上海、北京、广州、成都、武汉、南京、深圳等 48 座城市开通运营 266 条城市轨道交通线路，运营线路总里程达 9289.85km，车站 5894 座；全国共有 245 条（段）城市轨道交通线路在建，分布在 50 座城市，总里程达 5072.50 千米，车站 2702 座，投资额高达 37585.83 亿元。而 2022 年全国税收收入 16.1 万亿元（未扣除出口退税），相当于全年税收收入近 1/4 去投资轨道交通了。有研究表明，地铁建设费用十分昂贵，全国平均一公里的造价在 5.5 亿~7.5 亿元之间，是高铁造价的 2 倍以上。以南通地铁为例，南通地铁 1 号线于 2017 年 2 月 18 日开工建设，线路全长 39.182km，共设 28 座车站，总投资 272 亿元，是南通城市建设史上规模最大、投资最多的基础设施工程。计算下来，南通地铁每公里投资高达 6.94 亿元。运营方面，绝大部分地铁公司都依赖巨额的政府补贴，比如 2021 年，北京市补贴地铁公司 214 亿元，苏州市补贴地铁公司 71 亿元，青岛市补贴地铁公司 67 亿元，成都市补贴地铁公司 60 亿元。目前国内开通地铁的 41 个城市，扣除政府的补贴后，只有深圳、武汉、南昌、济南、广州五个城市能实现盈利。而仅有的这几家能够盈利的地铁公司，也都不是靠地铁运营赚钱的。以深圳地铁为例，深圳地铁之所以赚钱，靠的不是地铁票收入，而是房地产收入。深圳地铁有 70% 的营收来自房地产，深圳地铁在地下有购物商场，地上有物业，是一家事实上的商业地产公司，地铁运营收入 39.18 亿，还不到总收入的四分之一。地铁这么大笔的市政投资，每年运营维护费用也不菲，如果地铁客流量太低，反而会成为所在城市发展的负担。为了防止地铁项目的盲目建设和过度投资，对地铁建设这种与人民生产生活和现实利益密切相关的经济社会项目，必须采取多种形式广泛听取群众意见，畅通公众参与重大公共决策的渠道，切实保障公民、法人和其他组织合法权益，充分体现公平正义和社会责任，形成良好的决策共谋式公众参与重大公共决策机制。

(二)交通发展共建

交通是兴国之要、强国之基；交通兴，则百业兴。交通运输在推进地区经济发展中具有先导性、基础性、战略性、服务性的作用。地铁建设对提升所在城市公共交通供给质量和效率、缓解城市交通拥堵、引导优化城市空间结构布局、改善城市环境确实起到了重要作用。但部分城市把地铁当成面子工程，过度举债修建地铁，一旦"土地财政"无以为继，交通发展反而会影响城市的可持续发展。为此，2003年国家发改委要求申报建设地铁的城市一般公共财政预算收入不低于100亿元、地区生产总值不低于1000亿元；2018年国家发改委又上调了申报标准，GDP需要3000亿以上，财政收入需要300亿以上，市区人口需要300万以上，财政状况良好，同时满足四个条件方能申报。此后，又要求短期客流量不低于每日每公里0.7万人次，远期客流规模达到单向高峰小时3万人次以上，才能修建。国家发改委的要求不仅基本断了还没修地铁城市的念想，而且在已有地铁城市新增地铁批复上也严格了很多。比如杭州地铁四期，获得发改委批复的版本相比报批公示版本，缩减了91.9千米，和第一版的299.8千米相比，更是缩减了146.9千米，相当于被砍了将近一半。与此同时，其他形式的轨道交通如轻轨、空轨、云轨、现代有轨电车等又替代地铁，被众多城市提上交通发展的议程。其实，现代城市交通管理并非只靠"轨道经济""轮子经济"，许多慢行系统一样会提高城市生活品质，尤其是当下中国城市化基本结束，大部分城市人口不但不会再像过去那么高速增长，而且还会出现人口负增长，如2022年中国人口减少85万，是我国人口总量首次下降。人口负增长的情况下，地铁等基建项目就要避免由于利用效率太低，造成浪费，并且过去很多地铁线路是地方政府为了建设新城新区而规划的，这导致地铁线路很长，投资巨大，但地铁人流量密度低，运营亏损严重。城市摊大饼的建设，并不科学，也没有可持续性。因此，交通发展要踔厉践行绿色发展理念，布局构建绿色建造技术体系，"铁公机水轨邮"①高度融合、高效衔接，共建综合交通网络。

（三）地铁建设共管

地铁是国家政策大力支持的行业，且主要由政府进行投资，国家制定了一系列发展规划、纲要指导地铁行业发展，并且在税收减免、人才引进等方面给予支持。《交通强国建设纲要》指出大力发展智慧交通，推动大数据、互联网、人工智能、区块链、超级计算等新技术与交通行业深度融合。推进数据资源赋能交通发展，加速交通基础设施网、运输服务网、能源网与信息网络融合发展，构建泛在先进的交通信息基础设施。《交通领域科技创新中长期发展规划纲要（2021—2035年）》提出强化新一代信息技术在交通运输领域广泛应用，明确指出到2035年，地铁科技创新水平总体迈入世界前列。在国家和各级政府的大力支持下，地铁建设共管以交通发展共建形成的地铁安全治理体系为支撑，涵盖群众参与、安全制度、乘客守则三个方面，其价值内涵是"人人有责、人人尽责、人人享有"，引导地铁管理主体履行法定义务承担社会责任，强化乘客规则意识，倡导文明守信，维护公序良俗，引导乘客守法乘坐、文明乘车。同时，以完善地铁安全管理制度、开展治安巡逻和地铁志愿者服务等方式，加强共建成果维护和管理。

（四）治安效果共评

治安效果评价是公安机关与人民群众之间的一种互动关系，在实际工作中，治安效果评价因为在制度设计、评估标准及方法、执行程序等诸多方面很难真正做到客观和准确，所以，发动群众对公安机关的工作和活动等进行评价和反馈，促进工作提升、让群众满意，这就是治安效果共评，常见的有"一感一度一率一评价"，即"一感：群众安全感；一度：公正执法满意度；一率：矛盾纠纷调解有效率；一评价：扫黑除恶行动评价"。通常"一感一度一率一

---

① "铁公机水轨邮"是指铁路、公路、飞机、轮船、轨道交通、快递（物流）。

评价"采用电话（访问）调查法进行，由"第三方"即国家统计局实施，"12340"是全国统计系统社情民意调查专用号码，是国家统计局快速收集人民群众对公共事务的意见和态度，及时帮助百姓反映利益诉求的一个平台。作为公共空间的地铁系统，其治安工作的主要责任单位就是地铁公安分局，由"第三方"进行的匿名抽样调查结果，有助于公安机关找到工作缺陷，有助于发现社会治安薄弱环节，有助于公安机关执法公正。正是"一感一度一率一评价"反馈的信息，使得地铁公安分局能够改进工作，更好地履行执法为民的职能。以下就是进行"一感一度一率一评价"采用电话（访问）调查问卷：

Q1 请问：在目前的社会环境下您感觉安全吗？

答：（1）安全；（2）比较安全；（3）不太安全；（4）不安全

温馨提示

- 民调每半年进行一次，您只需要回答近半年来的情况，以前发生的事和不是发生在自身周围的事情不用讲。

- 请不要用一两起普通的个案来否定地铁治安和谐稳定大局，不要将道听途说和偶然发生的个案随意夸大。请根据自身经历客观评价地铁的社会治安。如果您觉得地铁的社会治安状况很好，请自豪地回答："安全"。

Q2 您对正在开展的扫黑除恶行动的评价是：

答：（1）成效好；（2）成效比较好；（3）成效不太好；（4）没有成效；（5）不了解/不清楚

温馨提示

- 黑恶势力犯罪是指有涉黑、涉恶社会组织性质的犯罪。一般的打架斗殴、滋事闹事不属于黑恶势力犯罪。近年来，地铁公安机关推进常态化扫黑除恶工作走深走实，社会治安秩序持续保持平安稳定。如果您认可我们的工作，请您回答："成效好"。

Q3 您在乘坐地铁时出现矛盾纠纷能不能及时得到处理？

答：（1）不知道向谁反映；（2）反映了，没人管；（3）有人管，效果不好；（4）能得到有效处理；（5）不了解/不清楚

温馨提示

- 调解分为人民调解、行政调解、司法调解,其中人民调解是解决矛盾纠纷的重要方式,村(社区)干部、网格员、志愿者等都是人民调解员的一份子。您在乘坐地铁时发生了矛盾纠纷,只要是辖区干部、网格员来劝解、调解都算是有人处理。如果您遇到的问题能够得到妥善解决,请您回答:"能得到有效处理"。

Q4 您对地铁公安机关的执法工作是否满意?

答:(1)满意;(2)比较满意;(3)不太满意;(4)不满意

温馨提示

- 地铁公安民警是平安地铁建设的主力军,一直在为营造平安和谐的地铁乘坐秩序默默奉献着。如果您认可他们的工作,恳请给予肯定的评价:"满意"。
- 地铁平安建设是我们共同的责任和追求!地铁平安建设需要大家共同参与!如果您接到电话,请您耐心、客观、公正、积极给予评价!

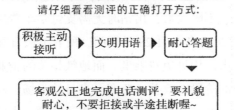

图 10-1　利用电话访问进行治安效果共评

(五)治理成果共享

"成果共享"是指多元主体根据自身能力和优势参与治理,如"出钱、出物、出力、出地、出人、出智、出资源",最终多元主体共享物质与社会空间、产业、治理体系的缔造成果，形成了一种共同治理的社会治理形式，极大地丰富了公共行动的内涵与形式，在实践和理论上形构出了新的治理范式。随着 5G、云计算、物联网、人工智能、大数据等新兴信息技术的飞速发展，在新一代科技革命和产业革命的浪潮推动下，我国地铁数字化、智能化建设步入快速发展阶段，地铁运行效率不断提高，城轨出行体验不断增长，乘客充分享受到"智慧地铁""数字警务""绿色城轨"带来的安全、舒适、便捷的城市交通体验。如中国城市轨道交通协会于 2020 年 3 月发布了《中国城市轨道交通智慧城轨发展纲要》，对"智慧地铁"发展的技术政策、技术规范、发展规划和实施计划等作出指导；天津地铁采用"永磁驱动、智能照明、风水联动、扶梯变频、智慧管理、热源改造、光伏发电"助力"绿色城轨"建设；青岛地铁公安开启"AI 警务实战应用平台"，接入重点车站/重点部位的视频监控进行解析，实现地铁线网人脸识别、比对、布控等功能，推动"数字警务"全面发展。群众作为平安地铁的主要参与者，在地铁改善交通体验、地铁产业发展、良好社会治安氛围营造过程中发挥了重要作用，同时也是缔造成果的直接受益者，充分享受到地铁带来的"城市红利"，如宁波地铁在 2023 年 2 月 13 日至 6 月 30 日期间，每天 20 时后及法定节假日全天，1～5 号线全线免费，免费时段搭乘地铁无需购票，无需刷卡，无需扫码；江苏南通地铁在 2023 年 4 月 28 日至 8 月 31 日期间，每日 20：00 后至运营结束期间，所有进闸乘车的乘客可享受免费乘坐地铁，不限里程、不限次数，出站时无需支付乘车费用；福州地铁此前在 2022 年 12 月 10 日至 2023 年 2 月 28 日期间，所有节假日和周末（共计 28 天），所有地铁及部分公交市民均可免费乘坐。而地铁相关的企业注入资金、技术等资源，取得地铁建设的阶段性效益，拓宽了自身的市场。政府管理部门和地铁规划随着自身角色的转变，在地铁建设中积累了经验，为后续长效机制的构建与推广提供借鉴。总而言之，共同缔造产生的治理成果既是"共同财富"，又是"共同受益"，治理成果最大限度惠及群众，进而推动全面推广、示范创建。

三、共同缔造社会动员

社会动员，就是广义的社会影响，是指人们在某些经常、持久的社会因素影响下，其态度、价值观与期望值变化发展的过程。随着经济社会的发展，社会动员开始转向"由社会进行的动员"，即社会凭借自身力量主动进行的、调动社会各方面力量，组织群众的有效参与，调动社会各方面积极性，依靠人民群众和社会各方面的力量，克服危机、恢复社会正常秩序的行为方式与过程，包括社会单元进行的动员、社区进行的动员、社会团体进行的动员、志愿者个体进行的动员。

地铁安全工作是一项综合的社会系统工程，需要党委、政府高度的重视支持，需要社会各方面的共同努力，需要进行社会动员，调动群众参与的积极行，坚持党建引领、群众主体，将人民对美好生活的需要作为工作的出发点和落脚点，充分听取群众意见、尊重群众意愿，想千方设百计调动人民群众的积极性，始终保持与人民群众的血肉联系，引导群众主动参与，最大程度发挥群众智慧，共同缔造美好环境与幸福生活。

在文明乘车方面，开展携手同行的社会动员活动，宣传地铁文明规范，倡导文明行为，引导市民规范自身行为，提升文明素养，开展文明劝导活动，发放宣讲单、清理站内垃圾、整理站口乱停乱放的车辆等，用实际行动践行文明，引导大家自觉遵守文明行为规范，养成良好文明习惯，以文明之行，兴文明之风，创文明之城。

在应急救援方面，地铁线网所有车站配备急救箱、AED、便携急救包，所有救护设备均纳入车站应急物资管理，做到定期检查更新用品，保障急救设备规范使用并发挥作用；建有一套完善的应急处置机制，行车调度员、列车司机、车站等岗位有效联动，地铁工作人员要接受初级救护员培训或基础急救技能培训，积极救治突发疾病的乘客；广泛开展志愿者服务活动，主动帮助乘坐轮椅的、带大件行李的、还有抱着婴儿的乘客，共同构筑起生命安全的防护保障网，为更多乘客提供更安心、更幸福的出行体验。

在治安管理方面，以民安为目标、以民意为导向、向民力要警力的思路指引下，吸收地铁员工、地铁商铺从业者、政府机关工作人员、人大代表、政协委员、医务人员、应急专业救援人员、地铁周边高校师生、企业白领、社区群众等多层次群体，建立一支由社会力量广泛参与、携手维护地铁安全稳定的

"平安合伙人"，把"局外人"变成"合伙人"，将"平安合伙人"变为地铁公安的"眼睛、耳朵"，群防群治，从而实现地铁治安共建共治共享。

图 10-2　广泛深入的社会动员

四、共同缔造制度安排

地铁因其经济、环保、舒适、高效等独特优势，成为越来越多群众出行的首选方式，其安全运营对保障人民群众生命财产安全、维护社会安全稳定具有重要意义。共同缔造平安地铁，本质上就是引导群众全程参与地铁项目的谋划、建设、管理、评价并享受成果，甚至主动建言献策、投工投劳、调动资源的制度安排，这些制度主要包括有：

(一)利益共同体参与制度

按照与地铁管理相关度,地铁参与人包括有:地铁运营公司、地铁公安机关、地铁安保公司、地铁经营商户、乘客,等等。这些参与人都地铁平安都有一定的责任或义务,他们是拥有共同目标(平安地铁)的利益共同体,共同地参与社会治理,形成共同的治理行动,而不是单一维度的参与。同时,他们既要参与治理的决策和治理的行动,又要参与治理结果的监督和治理绩效的评价,更要参与治理成果的共享,体现为一种全流程、全链条式的参与,体现出良性互动中的协同参与。

1. 地铁运营公司的治安义务

地铁运营公司是地铁运输的承运人,其治安义务主要有:一是应当依法履行地铁治安防范义务,将治安防范工作纳入管理目标,按照规定建立健全治安防范制度,设置治安防范组织,配备安全保卫人员和相应设施设备,为地铁站点和重要部位设置治安防范措施,保障必需的投入。二是地铁站点应当预留安全检查工作区域,设置安全检查通道,配备符合有关标准规范的安全检查设施设备。三是应当建立治安防范教育培训制度,对从业人员开展有关法律法规、岗位职责、安全防范和应急处置能力等方面的培训;对重要岗位工作人员组织开展安全背景审查,对有不适合情形的人员,应当采取调整工作岗位等相应措施;当关注重要岗位人员的身体、心理状况和行为习惯,对重要岗位人员定期开展身体检查、心理疏导,发现其身体或心理状况不适合从事重要岗位工作或者行为异常的,应当及时调整工作岗位或者暂停工作。四是应当建立治安隐患排查和风险预警机制,及时发现、消除可能影响公共安全的风险隐患,重大风险隐患应当及时向公安机关和主管部门报告;在公安机关指导下,制定防范和应对处置各类治安突发事件的预案,开展应急演练;五是在地铁站点和车厢、线路、治安防范重要部位设置视频监控系统、应急报警系统等装置,视频监控图像回放、保存时间应当符合规定;对公安机关为了防范、调查违法犯罪活动需要提供必要的技术支持与协助;六是应当依法落实网络安全等级保护制度和数据安全保护责任,严格数据安全保护和管理,提高安全防范和抗风险能力;

应当采取措施保护用户隐私和数据安全，不得违法收集、使用、泄露个人信息；不得利用服务平台发布法律、法规禁止传播的信息，不得为其他组织和人员发布违法信息提供便利；发现他人利用其服务平台传播违法信息的，应当立即采取有效措施过滤、阻断或者停止传输，保存有关记录，并向公安机关报告。

2. 地铁公安机关的治安责任

地铁公安机关是地铁治安管理的主管部门，其治安责任主要有：一是负责指导监督地铁运营公司、地铁安检公司、地铁经营商户落实治安管理责任，维护地铁治安秩序，依法查处违法犯罪行为。二是会同地铁参与人和消防救援机构采取多种方式，开展地铁治安防范知识宣传教育，增强公众治安防范意识，提高自救和救生能力。三是对地铁经营商户进行治安管理；四是指导地铁安检公司进行安检工作；五是负责处理地铁内的治安案件和刑事案件；六是应当将地铁治安防范知识纳入法治宣传教育的内容。七是完成上级交办的其他工作。

3. 地铁安检公司的治安责任

地铁安检公司是安全检查工作的承包商，其治安责任主要有：一是对进站的乘客、物品和行李实施安全检查；对拒不接受安全检查的，应当拒绝其进站乘车；对安全检查发现的违禁物品和限制物品，依法予以扣留（并立即向公安机关报告）或交还（令其不带进站）；发现涉嫌违法犯罪人员，应当立即向公安机关报告。二是对安检人员进行背景审查，对有不适合情形的人员，应当采取调整工作岗位等相应措施。三是对安检人员进行安全检查工作规范的培训，使其具备安全检查知识，熟悉安全检查规章制度和设施设备操作规程，掌握相应的识别危险物品等安全检查技能，并持证上岗。四是协助公安民警进行应急警务和应急救援。

4. 地铁经营商户的治安义务

地铁经营商户是在地铁空间进行商业经营活动的纳税人，其治安义务主要有：一是守法经营。二是应当履行安全注意义务，发现有违法犯罪行为的，应当制止其乘车，并及时报告公安机关。三是应当自觉遵守地铁的治安管理规定，共同维护地铁的治安秩序。

5. 乘客的治安责任

乘客乘坐地铁时，应遵守《乘客守则》的要求文明乘车，鼓励乘客对正在进行的违法犯罪行为作斗争，符合见义勇为人员条件的，公安机关应当依法予以确认。

（二）志愿者服务管理制度

志愿者也叫义工、义务工作者或志工，他们是在自身条件许可的情况下，参加相关团体，在不谋求任何物质、金钱及相关利益回报的前提下，在非本职职责范围内，合理运用社会现有的资源，服务于社会公益事业，为帮助有一定需要的人士，开展力所能及的、切合实际的，具一定专业性、技能性、长期性服务活动的人。地铁志愿者致力于免费、无偿地为地铁安全贡献自己的力量。他们一般从事治安宣传、帮老助残、维持秩序、提供救援等任务，在遇到地铁违法犯罪案件时也是"第一反应者"，关键时刻需要挺身而出。但是，关于对自愿者的奖励，如果是自愿者组织筹集资金，则毫无疑义；如果是地铁参与人的精神奖励，也是没有争议。但是如果认定为"见义勇为"，理论界还是存在障碍，尽管志愿者的行为可能符合"见义勇为三要素"，即"一是以保护国家、集体的利益和他人的人身、财产安全为目的；二是具有不顾个人安危的情节；三是实施了同违法犯罪行为做斗争或者抢险、救灾、救人的行为"。但是，见义勇为的主体是"非负有法定职责或者义务的自然人；负有法定职责或者义务的主体，在履行法定职责或者义务时，不能成为见义勇为的主体"。有人认为，志愿者服务工作本质上是暂时替代了某些法定义务责任人，他们享受乘坐地铁免费，以及一些附加福利如免费餐饮等，其行为不能算"见义勇为"。鉴于自愿者服务中遭受的侵害或损失，对其保护主要是通过申请补偿的方式来实现：一是向侵权人申请补偿，自愿者可以向侵权人申请补偿，是《侵权责任法》以及民法通则所规定的内容，在司法实践过程中，主要是指自愿者可以向实施危害公共利益的行为人申请赔偿。二是向收益人请求补偿，自愿者在实施了见义勇为行为后，可以向被保护的受益者提出补偿的申请。见义勇为的自愿者可以向受益人提出补偿申请，主要是根据最高法院的相关司法解释以及《侵权责任法》的相关规定。在司法实践中，很多见义勇为行为案例存在侵权人缺失或难以确定的问题，为了切实保护见义勇为行为人的合法权益，根据无因管理的有关原则，受益人要适当为行为人提供补偿。三是向国家申请补偿，在自愿者申请补偿的过程中，如果一旦出现侵害人、受益人不清楚、无法补偿、无力补偿或者不愿补偿等现象，那么自愿者的个人利益将受到严重影响，这对于行为人是非常不公平的。从公共行政的角度进行分析，见义勇为的自愿者实质上是起到了协助公安机关的作用，对社会公共秩序起到了保护作用。国家作为公共利益的代表者和保护着，有必要承担赔偿责任。国家赔偿是自愿者的最终救济途径。

（三）突发事件应急响应制度

地铁列车处于运行状态时，交通枢纽、场站、车站、候车区域、站台和车厢内等人员集中，乘客流量大，一旦发生事故灾难或爆炸恐袭等突发事件，会造成乘客的心理恐慌，行动混乱，极易造成大量人员的死伤。同时还易引发次生灾害，还可能使地铁隧道结构遭受严重损坏，甚至造成隧道塌方事故，并危及临近的地下市政燃气、供电、供水管网，导致更大的次生灾害发生。人员惊恐、忙乱、聚集造成堵塞，易使大量人员无法迅速逃生和疏散，严重影响疏散救援工作的开展，持续不断的引发次生性社会危机事件。为此，依据《中华人民共和国突发事件应对法》《中华人民共和国安全生产法》《生产安全事故报告和调查处理条例》《生产安全事故应急条例》《突发事件应急预案管理办法》《国家突发公共事件总体应急预案》《国家城市轨道交通运营突发事件应急预案》以及省市突发事件应对办法、总体应急预案等相关法律法规，坚持统一领导、属地负责，条块结合、协调联动，快速反应、科学处置的原则，在应急指挥机构的领导下，各有关部门按照职责分工，密切配合，共同做好地铁突发事件的应对工作。

当地铁突发事件发生后进入应急响应期间，地铁参与共同体必须立即实施先期处置，全力控制事件发展态势，必要时及时采取车站关闭、停止运营等手段保障乘客生命财产安全：一要人员搜救，要调派专业力量和装备，在地铁突发事件现场开展以抢救人员生命为主的应急救援工作，根据需要，可动用搜救犬、生命探测仪等辅助实施营救，各相关单位应为现场救援人员提供支持，现场救援队伍之间要加强衔接和配合，做好自身安全防护。应急救援人员的安全防护应严格根据运营突发事件性质、设备设施操作规程和标准执行；二要现场疏散，按照预先制订的紧急疏导疏散方案，有组织、有秩序地迅速引导现场人员撤离事发地点，疏散受影响地铁沿线站点乘客至地铁车站出口；对地铁线路实施分区封控、警戒，阻止乘客及无关人员进入。鼓励建立公安、消防、交通、社区等联动的疏散组织机制，探索高效疏散管理模式。三要乘客转运，根据疏散乘客数量和地铁线路运行方向，及时调整城市公共交通路网客运组织，利用地铁其余正常运营线路，调配地面公共交通车辆运输，加大发车密度，做好乘客的转运工作。四要交通疏导，设置交通封控区，对事发地点周边交通秩序进行维护疏导，防止发生大范围交通瘫痪；开通绿色通道，为应急车辆提供通行保障。五要医学救援，迅速组织医疗资源和力量，对伤病员进行诊断治疗，根据需要及时、安全地将重症伤病员转运到有条件的医疗机构加强救治。视情增派医疗卫生专家和卫生应急队伍，调配急需医药物资，支持事发地的医学救援工作。提出保护公众健康的措施建议，做好伤病员的心理援助。六要抢修抢险，组织相关专业技术力量，开展设施设备等抢修作业，及时排除故障；组织土建线路抢险队伍，开展土建设施、轨道线路等抢险作业；组织供水、排水、燃气等单位开展供水、排水和燃气管道等地下管网的抢修。组织车辆抢险队伍，开展列车抢险作业；组织机电设备抢险队伍，开展供电、通信、信号等抢险作业；组织消防抢险队伍，开展火灾抢险作业。七要全力维护社会稳定，根据事件影响范围、程度，划定警戒区，做好事发现场及周边环境的保护和警戒，维护治安秩序，防止次生、衍生事故发生和人员伤亡、财产损失扩大；严厉打击借机传播谣言制造社会恐慌等违法犯罪行为；做好各类矛盾纠纷化解和法律服务工作，防止出现群体性事件，维护社会稳定。对扰乱地铁运营秩序、妨害地铁运营管理或者公共安全、侵犯人身或者财产安全的行为，由公安部门依法处置。八要社会动员，可根据运营突发事件的性质、危害程度和范围，广泛调动社会力量参与应急处置。组织各方面力量抢救人员，组织基层单位和人员开展自救、互救。同时，鼓励公民、法人和其他组织依法进行捐赠和援助。审计、监察部门对捐赠资金与物资的使用情况进行审计和监督。九要舆情引导，通过政府授权发布、发新闻稿、接受记者采访、举行新闻发布会、组织专家解读等方式，借助电视、广播、报纸、互联网等多种途径，运用微博、微信等客户端或新媒体平台，主动、及时、准确、客观向社会持续动态发布地铁突发事件和应对工作信息，回应社会关切，澄清不实信息，打击谣言，正确引导社会舆论。在地铁突发事件现场处理完毕、次生灾害后果基本消除后，及时组织评估，按照响应分级由相应应急组织指挥机构决定响应终止，并向各专业应急救援队伍下达响应终止命令。当确认具备运营条件后，地铁运营公司应尽快恢复正常运营。

以上应急响应过程中，地铁参与人不仅仅是平时关联度高的几家"利益共同体"，而是动员全社会力量参与应急救援和处置工作，充分演绎"共商、共识、共建、共享、共担"平安地铁的共同缔造。

附：城市轨道交通运营管理规定

城市轨道交通运营管理规定

（中华人民共和国交通运输部令 2018 年第 8 号）

（《城市轨道交通运营管理规定》已于 2018 年 5 月 14 日经第 7 次部务会议通过，现予公布。自 2018 年 7 月 1 日起施行。）

第一章 总 则

第一条 为规范城市轨道交通运营管理，保障运营安全，提高服务质量，促进城市轨道交通行业健康发展，根据国家有关法律、行政法规和国务院有关文件要求，制定本规定。

第二条 地铁、轻轨等城市轨道交通的运营及相关管理活动，适用本规定。

第三条 城市轨道交通运营管理应当遵循以人民为中心、安全可靠、便捷高效、经济舒适的原则。

第四条 交通运输部负责指导全国城市轨道交通运营管理工作。

省、自治区交通运输主管部门负责指导本行政区域内的城市轨道交通运营管理工作。

城市轨道交通所在地城市交通运输主管部门或者城市人民政府指定的城市轨道交通运营主管部门（以下统称城市轨道交通运营主管部门）在本级人民政府的领导下负责组织实施本行政区域内的城市轨道交通运营监督管理工作。

第二章　运营基础要求

第五条　城市轨道交通运营主管部门在城市轨道交通线网规划及建设规划征求意见阶段，应当综合考虑与城市规划的衔接、城市轨道交通客流需求、运营安全保障等因素，对线网布局和规模、换乘枢纽规划、建设时序、资源共享、线网综合应急指挥系统建设、线路功能定位、线路制式、系统规模、交通接驳等提出意见。

城市轨道交通运营主管部门在城市轨道交通工程项目可行性研究报告和初步设计文件编制审批征求意见阶段，应当对客流预测、系统设计运输能力、行车组织、运营管理、运营服务、运营安全等提出意见。

第六条　城市轨道交通工程项目可行性研究报告和初步设计文件中应当设置运营服务专篇，内容应当至少包括：

（一）车站开通运营的出入口数量、站台面积、通道宽度、换乘条件、站厅容纳能力等设施、设备能力与服务需求和安全要求的符合情况；

（二）车辆、通信、信号、供电、自动售检票等设施设备选型与线网中其他线路设施设备的兼容情况；

（三）安全应急设施规划布局、规模等与运营安全的适应性，与主体工程的同步规划和设计情况；

（四）与城市轨道交通线网运力衔接配套情况；

（五）其他交通方式的配套衔接情况；

（六）无障碍环境建设情况。

第七条　城市轨道交通车辆、通信、信号、供电、机电、自动售检票、站台门等设施设备和综合监控系统应当符合国家规定的运营准入技术条件，并实现系统互联互通、兼容共享，满足网络化运营需要。

第八条　城市轨道交通工程项目原则上应当在可行性研究报告编制前，按照有关规定选择确定运营单位。运营单位应当满足以下条件：

（一）具有企业法人资格，经营范围包括城市轨道交通运营管理；

（二）具有健全的行车管理、客运管理、设施设备管理、人员管理等安全

生产管理体系和服务质量保障制度;

(三)具有车辆、通信、信号、供电、机电、轨道、土建结构、运营管理等专业管理人员,以及与运营安全相适应的专业技术人员。

第九条 运营单位应当全程参与城市轨道交通工程项目按照规定开展的不载客试运行,熟悉工程设备和标准,察看系统运行的安全可靠性,发现存在质量问题和安全隐患的,应当督促城市轨道交通建设单位(以下简称建设单位)及时处理。

运营单位应当在运营接管协议中明确相关土建工程、设施设备、系统集成的保修范围、保修期限和保修责任,并督促建设单位将上述内容纳入建设工程质量保修书。

第十条 城市轨道交通工程项目验收合格后,由城市轨道交通运营主管部门组织初期运营前安全评估。通过初期运营前安全评估的,方可依法办理初期运营手续。

初期运营期间,运营单位应当按照设计标准和技术规范,对土建工程、设施设备、系统集成的运行状况和质量进行监控,发现存在问题或者安全隐患的,应当要求相关责任单位按照有关规定或者合同约定及时处理。

第十一条 城市轨道交通线路初期运营期满一年,运营单位应当向城市轨道交通运营主管部门报送初期运营报告,并由城市轨道交通运营主管部门组织正式运营前安全评估。通过安全评估的,方可依法办理正式运营手续。对安全评估中发现的问题,城市轨道交通运营主管部门应当报告城市人民政府,同时通告有关责任单位要求限期整改。

开通初期运营的城市轨道交通线路有甩项工程的,甩项工程完工并验收合格后,应当通过城市轨道交通运营主管部门组织的安全评估,方可投入使用。受客观条件限制难以完成甩项工程的,运营单位应当督促建设单位与设计单位履行设计变更手续。全部甩项工程投入使用或者履行设计变更手续后,城市轨道交通工程项目方可依法办理正式运营手续。

第十二条 运营单位承担运营安全生产主体责任,应当建立安全生产责任制,设置安全生产管理机构,配备专职安全管理人员,保障安全运营所必需的资金投入。

第十三条 运营单位应当配置满足运营需求的从业人员，按相关标准进行安全和技能培训教育，并对城市轨道交通列车驾驶员、行车调度员、行车值班员、信号工、通信工等重点岗位人员进行考核，考核不合格的，不得从事岗位工作。运营单位应当对重点岗位人员进行安全背景审查。

城市轨道交通列车驾驶员应当按照法律法规的规定取得驾驶员职业准入资格。

运营单位应当对列车驾驶员定期开展心理测试，对不符合要求的及时调整工作岗位。

第十四条 运营单位应当按照有关规定，完善风险分级管控和隐患排查治理双重预防制度，建立风险数据库和隐患排查手册，对于可能影响安全运营的风险隐患及时整改，并向城市轨道交通运营主管部门报告。

城市轨道交通运营主管部门应当建立运营重大隐患治理督办制度，督促运营单位采取安全防护措施，尽快消除重大隐患；对非运营单位原因不能及时消除的，应当报告城市人民政府依法处理。

第十五条 运营单位应当建立健全本单位的城市轨道交通运营设施设备定期检查、检测评估、养护维修、更新改造制度和技术管理体系，并报城市轨道交通运营主管部门备案。

运营单位应当对设施设备进行定期检查、检测评估，及时养护维修和更新改造，并保存记录。

第十六条 城市轨道交通运营主管部门和运营单位应当建立城市轨道交通智能管理系统，对所有运营过程、区域和关键设施设备进行监管，具备运行控制、关键设施和关键部位监测、风险管控和隐患排查、应急处置、安全监控等功能，并实现运营单位和各级交通运输主管部门之间的信息共享，提高运营安全管理水平。

运营单位应当建立网络安全管理制度，严格落实网络安全有关规定和等级保护要求，加强列车运行控制等关键系统信息安全保护，提升网络安全水平。

第十七条 城市轨道交通运营主管部门应当对运营单位运营安全管理工作

进行监督检查,定期委托第三方机构组织专家开展运营期间安全评估工作。

初期运营前、正式运营前以及运营期间的安全评估工作管理办法由交通运输部另行制定。

第十八条　城市轨道交通运营主管部门和运营单位应当建立城市轨道交通运营信息统计分析制度,并按照有关规定及时报送相关信息。

第三章　运营服务

第十九条　运营单位应当按照有关标准为乘客提供安全、可靠、便捷、高效、经济的服务,保证服务质量。

运营单位应当向社会公布运营服务质量承诺并报城市轨道交通运营主管部门备案,定期报告履行情况。

第二十条　运营单位应当根据城市轨道交通沿线乘客出行规律及网络化运输组织要求,合理编制运行图,并报城市轨道交通运营主管部门备案。

运营单位调整运行图严重影响服务质量的,应当向城市轨道交通运营主管部门说明理由。

第二十一条　运营单位应当通过标识、广播、视频设备、网络等多种方式按照下列要求向乘客提供运营服务和安全应急等信息:

(一)在车站醒目位置公布首末班车时间、城市轨道交通线网示意图、进出站指示、换乘指示和票价信息;

(二)在站厅或者站台提供列车到达、间隔时间、方向提示、周边交通方式换乘、安全提示、无障碍出行等信息;

(三)在车厢提供城市轨道交通线网示意图、列车运行方向、到站、换乘、开关车门提示等信息;

(四)首末班车时间调整、车站出入口封闭、设施设备故障、限流、封站、甩站、暂停运营等非正常运营信息。

第二十二条　城市轨道交通票价制定和调整按照国家有关规定执行。

城市轨道交通运营主管部门应当按照有关标准组织实施交通一卡通在轨道交通的建设与推广应用,推动跨区域、跨交通方式的互联互通。

第二十三条　城市轨道交通运营主管部门应当制定城市轨道交通乘客乘车规范，乘客应当遵守。拒不遵守的，运营单位有权劝阻和制止，制止无效的，报告公安机关依法处理。

第二十四条　城市轨道交通运营主管部门应当通过乘客满意度调查等多种形式，定期对运营单位服务质量进行监督和考评，考评结果向社会公布。

第二十五条　城市轨道交通运营主管部门和运营单位应当分别建立投诉受理制度。接到乘客投诉后，应当及时处理，并将处理结果告知乘客。

第二十六条　乘客应当持有效乘车凭证乘车，不得使用无效、伪造、变造的乘车凭证。运营单位有权查验乘客的乘车凭证。

第二十七条　乘客及其他人员因违法违规行为对城市轨道交通运营造成严重影响的，应当依法追究责任。

第二十八条　鼓励运营单位采用大数据分析、移动互联网等先进技术及有关设施设备，提升服务品质。运营单位应当保证乘客个人信息的采集和使用符合国家网络和信息安全有关规定。

第四章　安全支持保障

第二十九条　城市轨道交通工程项目应当按照规定划定保护区。

开通初期运营前，建设单位应当向运营单位提供保护区平面图，并在具备条件的保护区设置提示或者警示标志。

第三十条　在城市轨道交通保护区内进行下列作业的，作业单位应当按照有关规定制定安全防护方案，经运营单位同意后，依法办理相关手续并对作业影响区域进行动态监测：

（一）新建、改建、扩建或者拆除建（构）筑物；

（二）挖掘、爆破、地基加固、打井、基坑施工、桩基础施工、钻探、灌浆、喷锚、地下顶进作业；

（三）敷设或者搭架管线、吊装等架空作业；

（四）取土、采石、采砂、疏浚河道；

（五）大面积增加或者减少建（构）筑物载荷的活动；

（六）电焊、气焊和使用明火等具有火灾危险作业。

第三十一条 运营单位有权进入作业现场进行巡查，发现危及或者可能危及城市轨道交通运营安全的情形，运营单位有权予以制止，并要求相关责任单位或者个人采取措施消除妨害；逾期未改正的，及时报告有关部门依法处理。

第三十二条 使用高架线路桥下空间不得危害城市轨道交通运营安全，并预留高架线路桥梁设施日常检查、检测和养护维修条件。

地面、高架线路沿线建（构）筑物或者植物不得妨碍行车瞭望，不得侵入城市轨道交通线路的限界。沿线建（构）筑物、植物可能妨碍行车瞭望或者侵入线路限界的，责任单位应当及时采取措施消除影响。责任单位不能消除影响，危及城市轨道交通运营安全、情况紧急的，运营单位可以先行处置，并及时报告有关部门依法处理。

第三十三条 禁止下列危害城市轨道交通运营设施设备安全的行为：

（一）损坏隧道、轨道、路基、高架、车站、通风亭、冷却塔、变电站、管线、护栏护网等设施；

（二）损坏车辆、机电、电缆、自动售检票等设备，干扰通信信号、视频监控设备等系统；

（三）擅自在高架桥梁及附属结构上钻孔打眼，搭设电线或者其他承力绳索，设置附着物；

（四）损坏、移动、遮盖安全标志、监测设施以及安全防护设备。

第三十四条 禁止下列危害或者可能危害城市轨道交通运营安全的行为：

（一）拦截列车；

（二）强行上下车；

（三）擅自进入隧道、轨道或者其他禁入区域；

（四）攀爬或者跨越围栏、护栏、护网、站台门等；

（五）擅自操作有警示标志的按钮和开关装置，在非紧急状态下动用紧急或者安全装置；

（六）在城市轨道交通车站出入口 5 米范围内停放车辆、乱设摊点等，妨碍乘客通行和救援疏散；

（七）在通风口、车站出入口50米范围内存放有毒、有害、易燃、易爆、放射性和腐蚀性等物品；

（八）在出入口、通风亭、变电站、冷却塔周边躺卧、留宿、堆放和晾晒物品；

（九）在地面或者高架线路两侧各100米范围内升放风筝、气球等低空飘浮物体和无人机等低空飞行器。

第三十五条　在城市轨道交通车站、车厢、隧道、站前广场等范围内设置广告、商业设施的，不得影响正常运营，不得影响导向、提示、警示、运营服务等标识识别、设施设备使用和检修，不得挤占出入口、通道、应急疏散设施空间和防火间距。

城市轨道交通车站站台、站厅层不应设置妨碍安全疏散的非运营设施。

第三十六条　禁止乘客携带有毒、有害、易燃、易爆、放射性、腐蚀性以及其他可能危及人身和财产安全的危险物品进站、乘车。运营单位应当按规定在车站醒目位置公示城市轨道交通禁止、限制携带物品目录。

第三十七条　各级城市轨道交通运营主管部门应当按照职责监督指导运营单位开展反恐防范、安检、治安防范和消防安全管理相关工作。

鼓励推广应用安检新技术、新产品，推动实行安检新模式，提高安检质量和效率。

第三十八条　交通运输部应当建立城市轨道交通重点岗位从业人员不良记录和乘客违法违规行为信息库，并按照规定将有关信用信息及时纳入交通运输和相关统一信用信息共享平台。

第三十九条　鼓励经常乘坐城市轨道交通的乘客担任志愿者，及时报告城市轨道交通运营安全问题和隐患，检举揭发危害城市轨道交通运营安全的违法违规行为。运营单位应当对志愿者开展培训。

第五章　应急处置

第四十条　城市轨道交通所在地城市及以上地方各级人民政府应当建立运营突发事件处置工作机制，明确相关部门和单位的职责分工、工作机制和处置要求，制定完善运营突发事件应急预案。

运营单位应当按照有关法规要求建立运营突发事件应急预案体系，制定综合应急预案、专项应急预案和现场处置方案。运营单位应当组织专家对专项应急预案进行评审。

因地震、洪涝、气象灾害等自然灾害和恐怖袭击、刑事案件等社会安全事件以及其他因素影响或者可能影响城市轨道交通正常运营时，参照运营突发事件应急预案做好监测预警、信息报告、应急响应、后期处置等相关应对工作。

第四十一条　运营单位应当储备必要的应急物资，配备专业应急救援装备，建立应急救援队伍，配齐应急人员，完善应急值守和报告制度，加强应急培训，提高应急救援能力。

第四十二条　城市轨道交通运营主管部门应当按照有关法规要求，在城市人民政府领导下会同有关部门定期组织开展联动应急演练。

运营单位应当定期组织运营突发事件应急演练，其中综合应急预案演练和专项应急预案演练每半年至少组织一次。现场处置方案演练应当纳入日常工作，开展常态化演练。运营单位应当组织社会公众参与应急演练，引导社会公众正确应对突发事件。

第四十三条　运营单位应当在城市轨道交通车站、车辆、地面和高架线路等区域的醒目位置设置安全警示标志，按照规定在车站、车辆配备灭火器、报警装置和必要的救生器材，并确保能够正常使用。

第四十四条　城市轨道交通运营突发事件发生后，运营单位应当按照有关规定及时启动相应应急预案。运营单位应当充分发挥志愿者在突发事件应急处置中的作用，提高乘客自救互救能力。

现场工作人员应当按照各自岗位职责要求开展现场处置，通过广播系统、乘客信息系统和人工指引等方式，引导乘客快速疏散。

第四十五条　运营单位应当加强城市轨道交通客流监测。可能发生大客流时，应当按照预案要求及时增加运力进行疏导；大客流可能影响运营安全时，运营单位可以采取限流、封站、甩站等措施。

因运营突发事件、自然灾害、社会安全事件以及其他原因危及运营安全时，运营单位可以暂停部分区段或者全线网的运营，根据需要及时启动相应应急保障预案，做好客流疏导和现场秩序维护，并报告城市轨道交通运营主管部门。

运营单位采取限流、甩站、封站、暂停运营措施应当及时告知公众，其中封站、暂停运营措施还应当向城市轨道交通运营主管部门报告。

第四十六条　城市轨道交通运营主管部门和运营单位应当建立城市轨道交通运营安全重大故障和事故报送制度。

城市轨道交通运营主管部门和运营单位应当定期组织对重大故障和事故原因进行分析，不断完善城市轨道交通运营安全管理制度以及安全防范和应急处置措施。

第四十七条　城市轨道交通运营主管部门和运营单位应当加强舆论引导，宣传文明出行、安全乘车理念和突发事件应对知识，培养公众安全防范意识，引导理性应对突发事件。

第六章　法律责任

第四十八条　违反本规定第十条、第十一条，城市轨道交通工程项目（含甩项工程）未经安全评估投入运营的，由城市轨道交通运营主管部门责令限期整改，并对运营单位处以2万元以上3万元以下的罚款，同时对其主要负责人处以1万元以下的罚款；有严重安全隐患的，城市轨道交通运营主管部门应当责令暂停运营。

第四十九条　违反本规定，运营单位有下列行为之一的，由城市轨道交通运营主管部门责令限期改正；逾期未改正的，处以5000元以上3万元以下的罚款，并可对其主要负责人处以1万元以下的罚款：

（一）未全程参与试运行；

（二）未按照相关标准对从业人员进行技能培训教育；

（三）列车驾驶员未按照法律法规的规定取得职业准入资格；

（四）列车驾驶员、行车调度员、行车值班员、信号工、通信工等重点岗位从业人员未经考核上岗；

（五）未按照有关规定完善风险分级管控和隐患排查治理双重预防制度；

（六）未建立风险数据库和隐患排查手册；

（七）未按要求报告运营安全风险隐患整改情况；

（八）未建立设施设备检查、检测评估、养护维修、更新改造制度和技术管理体系；

（九）未对设施设备定期检查、检测评估和及时养护维修、更新改造；

（十）未按照有关规定建立运营突发事件应急预案体系；

（十一）储备的应急物资不满足需要，未配备专业应急救援装备，或者未建立应急救援队伍、配齐应急人员；

（十二）未按时组织运营突发事件应急演练。

第五十条　违反本规定第十八条、第四十六条，运营单位未按照规定上报城市轨道交通运营相关信息或者运营安全重大故障和事故的，由城市轨道交通运营主管部门责令限期改正；逾期未改正的，处以5000元以上3万元以下的罚款。

第五十一条　违反本规定，运营单位有下列行为之一，由城市轨道交通运营主管部门责令限期改正；逾期未改正的，处以1万元以下的罚款：

（一）未向社会公布运营服务质量承诺或者定期报告履行情况；

（二）运行图未报城市轨道交通运营主管部门备案或者调整运行图严重影响服务质量的，未向城市轨道交通运营主管部门说明理由；

（三）未按规定向乘客提供运营服务和安全应急等信息；

（四）未建立投诉受理制度，或者未及时处理乘客投诉并将处理结果告知乘客；

（五）采取的限流、甩站、封站、暂停运营等措施，未及时告知公众或者封站、暂停运营等措施未向城市轨道交通运营主管部门报告。

第五十二条　违反本规定第三十二条，有下列行为之一，由城市轨道交通运营主管部门责令相关责任人和单位限期改正、消除影响；逾期未改正的，可以对个人处以5000元以下的罚款，对单位处以3万元以下的罚款；造成损失的，依法承担赔偿责任；情节严重构成犯罪的，依法追究刑事责任：

（一）高架线路桥下的空间使用可能危害运营安全的；

（二）地面、高架线路沿线建（构）筑物或者植物妨碍行车瞭望、侵入限界的。

第五十三条　违反本规定第三十三条、第三十四条，运营单位有权予以制止，并由城市轨道交通运营主管部门责令改正，可以对个人处以5000元以下的罚款，对单位处以3万元以下的罚款；违反治安管理规定的，由公安机关依法处理；构成犯罪的，依法追究刑事责任。

第五十四条　城市轨道交通运营主管部门不履行本规定职责造成严重后果的，或者有其他滥用职权、玩忽职守、徇私舞弊行为的，对负有责任的领导人员和直接责任人员依法给予处分；构成犯罪的，依法追究刑事责任。

第五十五条　地方性法规、地方政府规章对城市轨道交通运营违法行为需要承担的法律责任与本规定有不同规定的，从其规定。

第七章　附　则

第五十六条　本规定自2018年7月1日起施行。

参 考 文 献

1. 储槐植：《犯罪场论》，重庆出版社 1996 年版，第 20 页。
2. 顾保南，叶霞飞：《城市轨道交通工程》，华中科技大学出版社 2007 年版。
3. 胡锦光：《行政法与行政诉讼法》，中国人民大学出版社 2014 年版，第 31 页。
4. 计雷，池宏，陈安：《突发事件应急管理》，北京高等教育出版社 2006 年版。
5. 交通运输部道路运输司：《国内外城市轨道交通事故案例评析》，人民交通出版社 2011 年版。
6. 刘义祥：《火灾调查》，机械工业出版社 2012 年版。
7. 刘志刚，谭复兴：《城市轨道交通安全工程概论》，中国铁道出版社 2010 年版。
8. 李引擎：《建筑防火性能化设计》，化学工业出版社 2005 年版。
9. 马成正、张明春主编：《城市轨道交通运营安全管理》，中国电力出版社 2015 年版。
10. 仇文革：《地下空间利用》，西南交大出版社 2011 年版。
11. 孙章，蒲琪：《城市轨道交通概论》，人民交通出版社 2010 年版。
12. 铁道第三勘察设计院集团有限公司，中铁第四勘察设计院集团有限公司：《高速铁路设计规范》，中国铁道出版社 2014 年版。
13. 闫卫东：《多层多室建筑火灾人员疏散实验研究》，西南交通大学出版社 2010 年版。
14. 于存涛、潘前进主编：《城市轨道交通安全管理》，北京交通大学出版社

2015 年版。

15. 俞可平：《治理与善治》，社会科学文献出版社 2000 年版。

16. 章莉莉：《城市导向设计》，上海大学出版社 2006 年版。

17. 张开冉编著：《城市轨道交通安全》，科学出版社 2013 年版。

18. 蒋益冲：《轨道交通电源网管监控系统设计与开发》，西南交通大学 2017 年硕士学位论文。

19. 刘恩相：《高铁突发事件应急管理相关问题研究》，西南交通大学 2013 年硕士学位论文。

20. 李慕瑶：《性骚扰防治的立法研究——以台湾地区为借鉴》，安徽财经大学 2016 年硕士学位论文。

21. 潘飞：《地铁内爆炸波传播规律及防护消波技术研究》，安徽理工大学 2014 年硕士学位论文。

22. 石勃伟：《地铁车站火灾风险评估及人员疏散研究》，北京工业大学 2007 年硕士学位论文。

23. 王理达：《地铁车站人群疏散行为仿真研究》，北京交通大学 2007 年硕士学位论文。

24. 韦一鸣：《对北京地铁安检争议的法律思考》，清华大学 2015 年法律硕士专业学位论文，第 10 页。

25. 杨阳：《城市地下道路应急疏散评价模型与方法研究》，重庆交通大学 2013 硕士学位论文。

26. 闫惠娇：《我国地铁建设事故致因分析与管理对策研究》，大连理工大学 2022 年硕士学位论文。

27. 张树平：《建筑火灾中人的行为反应研究》，西安建筑科技大学 2004 年博士学位论文。

28. 陈冉：《二线城市掀地铁热，专家批申报材料数据造假》，载《网易财经》2010 年 3 月 31 日。

29. 白雪，邢超：《地铁运营管理创新与实践》，载《农家科技（上旬刊）》2020 年第 3 期，第 198 页。

30. 陈蕾：《地铁安全防范问题研析》，载《森林公安》2011年第5期。
31. 陈丹：《反击性骚扰 联合国在墨西哥设"裸男"地铁座》，新华网2017年4月3日。
32. 程冠楠：《依法加强高铁配套法规建设》，载《郑铁科技》2016年第4期，第58~61页。
33. 邓福寿：《地铁禁食，慎给道德问题开法律药方》，载《人民日报》2014年5月22日，第8版。
34. 耿宝建：《行政授权新论——走出理论与现实困境的一种认知尝试》，载《法学》2006年第4期，第59页。
35. 胡建淼：《有关中国行政法理上的行政授权问题》，载《中国法学》1994年第2期。
36. 焦薇，蒋云涛：《浅谈交通事故中的紧急救援体系》，载《交通运输研究》2007年第7期，第133~135页。
37. 姜卉，黄钧：《重大赛事突发事件情景判定及应对策略与流程研究》，载《项目管理技术》2009年第1期。
38. 昝新宇，张铁峰，苑津莎：《基于改进蚁群算法的移动机器人火灾救援路径规划方法》，载《科学技术与工程》2021年第17期，第43~48页。
39. 孔涛：《浅析我国应急救援法律体系的发展及现状》，载《湖北函授大学学报》2016年第1期，第64~66页。
40. 柯宇航：《用人单位防治性骚扰的劳动法责任——兼评〈妇女权益保障法〉第25条、第80条》，载《中华女子学院学报》2023年第2期，第45~51页。
41. 廖维张，杜修力：《爆炸波在地铁车站中的传播规律研究》，载《防灾减灾工程学报》2010年第5期。
42. 景小峰：《城市地铁反恐解决方案》，载《中国安防产品信息》2005年第3期。
43. 姜晓萍、李敏：《治理韧性：新时代中国社会治理的维度与效度》，载《行政论坛》2022年第3期。

44. 李小鹏:《深刻汲取郑州地铁 5 号线淹水倒灌事件教训》,载《百家号》2021 年 7 月 30 日。

45. 李雪松:《社会治理共同体的再定位:一个"嵌入型发展"的逻辑命题》,载《内蒙古社会科学》2020 年第 4 期,第 40~47 页。

46. 李雪伟、王瑛:《社会资本视角下的社区韧性研究:回顾与展望》,载《城市问题》2021 年第 7 期。

47. 李郁,彭惠雯,黄耀福:《参与式规划:美好环境与和谐社会共同缔造》,载《城市规划学刊》2018 年第 1 期,第 24~30 页。

48. 李舒:《北京地铁安检将成为常态 奥运后治安秩序不滑坡》,载《搜狐财经》2008 年 9 月 24 日。

49. 李红,蔡丽丽:《公共场所安全检查立法初探》,载《北京警察学院学报》2018 年第 3 期,第 23~26 页。

50. 李文蕊:《北京地铁安检被疑形同虚设,管制刀具可以轻松过关》,载《中国广播网》2012 年 5 月 7 日。

51. 蓝克遥:《灭火救援中的安全防护技术与方法》,载《消防界(电子版)》2022 年第 1 期,第 48~50 页。

52. 刘必宁:《疯狂的地铁》,载《财经文摘》2010 年 3 月 30 日第 2 版。

53. 刘诗雨:《浅析女性车厢的重要性》,载《知识文库》2019 年 6 期。

54. 刘哲昕:《"7.23"动车追尾事故应急处理引发的法律思考》,载《法学》2011 年第 8 期,第 10~16 页。

55. 刘卫,王名雷,曾明生:《我国铁路反恐怖防范标准的实施问题探讨》,载《铁道警察学院学报》2021 年第 1 期。

56. 刘畅,韩程:《地铁运营安全管理的实践研究》,载《农家科技(上旬刊)》2020 年第 3 期,第 205 页。

57. 马亿南:《民法典时代妇女权益保障的进展与挑战》,载《中华女子学院学报》2021 年第 1 期。

58. 纽约事件:《纽约地铁犯罪的死亡螺旋》,载《澎湃新闻》2022 年 4 月 17 日。

59. 欧阳涛，柯良栋：《试论性犯罪的概念及其特征》，载《公安大学学报》1989年第3期，第62~66页。

60. 人民网-舆情频道：《2017年上半年公共交通性骚扰报告》，2017年7月28日。

61. 唐云玲：《性骚扰，骚到了谁的软肋》，载《江淮法治》2012年第14期。

62. 温玉顺：《纽约地铁色狼性骚扰被抓30次或面临终身监禁》，载《北京晚报》2012年6月29日第6版。

63. 万向阳：《聚集性活动中集合逃亡行为对策分析》，载《湖北警官学院学报》2012年第7期。

64. 王晓宇，陈燕申：《英国伦敦地铁的安全认证与监管制度介析》，载《城市轨道交通》2011年增刊第1期。

65. 王彦富，蒋军成：《地铁火灾人员疏散的研究》，载《中国安全科学学报》2007年第7期，第26~31页。

66. 王志刚：《中美铁路安全法规制度比较及借鉴》，载《中国安全科学学报》2018年第2期，第11~16页。

67. 王波：《城市地下空间开发利用问题的探索与实践》，载《中国地质大学学报》2013年第5期。

68. 王发曾：《城市规划与设计的犯罪防控效应》，载《河北法学》2009年第11期。

69. 王文龙：《落实乡村振兴战略应厘清五大问题》，载《吉首大学学报（社会科学版）》2020年第2期，第82~90页。

70. 魏鹏，刘金：《地铁运营管理的突发事故防范与解决策略浅析》，载《农家科技（上旬刊）》2019年第1期，第179页。

71. 徐方，魏东：《公众聚集场所人群疏散基础数据的分析》，载《中国安全科学学报》2008年第4期，第137~145页。

72. 徐立凡：《"不及中国三线城市"的纽约地铁，为什么戒不掉脏乱差》，载《新京报》2017年10月24日，第7版。

73. 徐国祥，王芳：《上海市民地铁安全意识与安全评价调研报告》，载《科学发展》2011 年第 5 期。

74. 西窗：《里程虽长但线路"饱饿不均"，南京地铁半年亏 3.6 亿》，载《搜狐城市》2022 年 9 月 5 日。

75. 祥洛：《杭州实名公示"地铁色狼"，是否过度惩罚》，载《北大法律信息网》2023 年 5 月 12 日。

76. 杨绍波：《英国伦敦轨道交通概览》，载《综合运输》2003 年第 2 期。

77. 肖国清，温丽敏，陈宝智：《建筑物火灾疏散中人的行为研究的回顾与发展》，载《中国安全科学学报》2001 年第 11 期，第 6 页。

78. 郁建兴：《社会治理共同体及其建设路径》，载《公共管理评论》2019 年第 1 期。

79. 佚名：《北京一男子掉入地铁 2 号线轨道触电身亡》，载《人民网》2010 年 8 月 27 日。

80. 张艳琼，陈祖琴，苏新宁：《基于云模型的突发事件分级模型研究》，载《情报学报》2015 年第 1 期，第 76～84 页。

81. 张东平：《论城市地铁安全与犯罪防控》，载《河北法学》2013 年第 10 期，第 133～140 页。

82. 张累累：《公共交通性骚扰有多严重？最新报告：深圳近一半女性遭性骚扰》，载《女权之声》，2017 年 12 月 27 日。

83. Boadu E F, Wang C C, Sunindijo R Y, "Characteristics of the construction industry in developing countries and its implications for health and safety: an exploratory study in Ghana", International Journal of Environmental Research and Public Health, 17(2020), p. 11.

84. Col. Joelleson, "Assessing and Managing the Terrorism Threat", Office of Justice Programs Bureau of Justice Assistance, Washington DC, 2005, p. 25.

85. Gaden E. R., Owen M., Gwynne S. Principles and Practice of Evacuation Modeling, London: CMS Press, 1997, pp. 35-42.

86. Hung Y H, Smith-Jackson T, Winchester W, "Use of attitude congruence to identify safety interventions for small residential builders", Construction

Management & Economics, 29(2011), pp. 113-130.
87. Kang H J, Busser J A, "Impact of service climate and psychological capital on employee engagement: The role of organizational hierarchy", International Journal of Hospitality Management, 75(2018), pp. 1-9.
88. Kepaptsoglou K, Karlaftis M G, Gkountis J. "A fuzzy AHP model for assessing the condition of metro stations", Ksce Journal of Civil Engineering, 2013, 17 (5), PP. 1109-1116.
89. Oregon, Government standards and practices laws: A Guide for Public Officials, 2003.
90. Vicki Schultz, Reconceptualizing Sexual Harassment, 107 Yale Law J. 1683-1805 (1998).
91. Zhou Z P, Irizarry J, Li Q. "Using network theory to explore the complexity of subway construction accident network (SCAN) for promoting safety management", Safety Science, 64(2014), pp. 127-136.

跋

少时读书排除万难，中年教书勉为其难，老年写书执经问难！

这本书从当初信誓旦旦准备一气呵成，结果整整拖了十个年头。期间给自己找了若干借口，譬如孩子上学接送呀、老婆开店帮忙呀、父母生病照顾呀，直至孩子上了大学、老婆换了门店、父母居家养老，终于理屈词穷了。

其实真不是我不愿意动笔，只是觉得倘若还是文字的堆砌与重复，那就辜负了那些粉身碎骨化成纸浆的大树！为此我也努力了一把，一口气从图书馆搬回了八十多本书，但是越读越惶恐：曾经自以为的创新和观点，发觉早就印成了文字。期间尝试写过几行寂寞，然后就弃之阁楼，这真是"万事开头难"呀！

只是想写本关于地铁安全方面的书，这念头一直没有泯灭，一方面来源于每天接送孩子都乘坐地铁，又快又舒适又趟次多，享受地铁的发展红利，自然心存好感；另一方面来源于课题研究需要，我承担某部级课题，跟地铁安全从业者多次合作，当然也比普通乘客更留意地铁的变化，突出的直观感受：一是地铁乘客越来越多，甚至出现限流的情形；二是地铁安检越来越严，经常听到因此而抱怨的乘客；三是地铁秩序越来越好，让座成为社会普遍风尚。

于是终于动笔了，期间在湖北省高校人文社科重点研究基地社会治安治理研究中心和湖北警官学院治安管理系的倾力帮助下，一气呵成，总算为地铁安全尽绵薄之力！

最后，再次感谢所有为本书提供帮助的朋友，没有你们，所有还只是废纸堆。

万向阳　于汉江湾
2023.6.30